Arrêts de règlement

Rechtshistorische Reihe

Band 493

Zur Qualitätssicherung und Peer Review der vorliegenden Publikation

Die Qualität der in dieser Reihe erscheinenden Arbeiten wird vor der Publikation durch einen der Herausgeber der Reihe geprüft.

Notes on the quality assurance and peer review of this publication

Prior to publication, the quality of the work published in this series is reviewed by one of the editors of the series.

Daniel Jordanov

Arrêts de règlement

Gerichtliche Gesetzgebung im frühneuzeitlichen Frankreich am Beispiel des Parlements de Provence

PETER LANG

Bibliografische Information der Deutschen Nationalbibliothek
Die Deutsche Nationalbibliothek verzeichnet diese Publikation in der Deutschen Nationalbibliografie; detaillierte bibliografische Daten sind im Internet über http://dnb.d-nb.de abrufbar.

Zugl.: Münster (Westf.) Univ., Diss. der Rechtswissenschaftl. Fakultät, 2019

Die vorliegende Arbeit wurde von Prof. Dr. Peter Oestmann
zur Aufnahme in die Reihe empfohlen.

Umschlagabbildung:
Justitia. Allegorie der Gerechtigkeit. Druck aus dem 17. Jahrhundert.

D 6
ISSN 0344-290X
ISBN 978-3-631-82329-3 (Print)
E-ISBN 978-3-631-83295-0 (E-PDF)
E-ISBN 978-3-631-83296-7 (EPUB)
E-ISBN 978-3-631-83297-4 (MOBI)
DOI 10.3726/b17455

Peter Lang – Berlin · Bern · Bruxelles · New York ·
Oxford · Warszawa · Wien

Diese Publikation wurde begutachtet.

www.peterlang.com

Meinen Eltern

Pour les fautes d'impression, je n'en suis garand,
qu'autant qu'un Autheur le peut estre,
C'est à dire du sens & non des lettres.

Hyancinthe Boniface

Vorwort und Danksagung

Diese Arbeit wurde 2019 von der Rechtswissenschaftlichen Fakultät der Westfälischen Wilhelms-Universität Münster als Dissertation angenommen.

Mein Interesse an einem Forschungsprojekt zu den französischen arrêts de règlement entstand im Verlauf einiger Unterhaltungen mit Prof. Dr. Peter Oestmann. Obwohl ich mir zunächst unsicher war und nicht recht wusste, wie ich ein solches Thema sinnvoll verarbeiten kann, bestärkte Herr Oestmann mich darin, die Herausforderung einer zweisprachigen Quellenarbeit anzunehmen. Seine Erfahrung leitete mich in meiner Zielsetzung und half mir, stets die Methode im Blick zu halten. Mein Dank gilt deswegen in erster Linie seiner herausragenden akademischen Betreuung, die es mir überhaupt ermöglicht hat, eine anspruchsvolle Untersuchung durchzuführen und diese Dissertation zu schreiben. Außerdem bedanke ich mich bei Prof. Dr. Jean-Louis Halpérin von der École normale supérieure (Paris), der die Fallstricke einer zweisprachigen Arbeit kennt, für sein zügig erstelltes und sehr ausführliches Zweitgutachten.

In einem Zeitraum von drei Jahren intensiver Forschungsarbeit konnte ich insgesamt drei Reisen zum Departementalarchiv Bouches-du-Rhône in Aix-en-Provence unternehmen. Den zweiten längeren Aufenthalt in Aix Ende 2016 verdanke ich der Förderung des Graduate Centres der Universität Münster über das IP-Stipendium aus den Mitteln des DAAD. Zu meinem Bedauern wurde das Archivzentrum in Aix Anfang 2018 geschlossen und die Bestände nach Marseille überführt. Für die freundliche Unterstützung bei der Arbeit mit den Archivalien gilt den Mitarbeitern mein Dank.

Ich bedanke mich auch bei Clara Günzl, Björn Czeschick und Marcel Tillmann für ihre wertvollen Hinweise und die tatkräftige Unterstützung am Ende des Projektes.

Während ich diese letzten Zeilen vor der Veröffentlichung schreibe, bin ich in meinen Gedanken bei meiner Verlobten Jenna Katherine und blicke ohne Sorgen in eine ungewisse Zukunft.

Berlin im Mai 2020

Inhaltsverzeichnis

A. Einleitung

„Un Arrêt de Règlement est une loi publique que personne n'est censé d'ignorer."[1]

Ein arrêt de règlement ist ein öffentliches Gesetz, das niemand missachten darf.

I. Das Thema und seine Begriffe

Die arrêts de règlement sind eine Gattung gerichtlicher Quellen aus Frankreich. Der Begriff meint sowohl die Dokumente als auch die damit verkörperten historischen Rechtsakte, die das unmittelbare Ergebnis der Arbeit von Gerichten im Königreich Frankreich vornehmlich vom 16. Jahrhundert bis zum Ende des Ancien Régime 1789 waren.

Die Bedeutung der arrêts de règlement gründete ungeachtet ihres gerichtlichen Ursprungs vor allem auf ihrer Funktion in der Verwaltung und ihrer Gesetzeskraft. Zeitgenössische Theorie und moderne Forschung sprechen ihnen teilweise die Rolle gerichtlicher Gesetze zu. Daher rührt auch das heutige wissenschaftliche Interesse an diesem massenhaft überlieferten Quellentypen[2], sowohl in seiner Theorie als auch in der gelebten Praxis der Zeitgenossen[3].

Das Aufkommen der arrêts de règlement deckt sich mit der Bildung der ersten modernen Großstaaten des europäischen Kontinents[4] in der Frühen Neuzeit. Sie zeichneten sich durch stehende Heere einerseits und ausdifferenzierte Verwaltungsapparate andererseits aus, die sie nach außen unabhängig machten und die Ausübung der herrschaftlichen Gewalt über ein großes zusammenhängendes Territorium innerhalb fester Grenzen ermöglichten. Das Königreich Frankreich ist das herausragende Beispiel für die Entstehung einer großen staatlichen Gesellschaft unter einer zentralen Herrschaft im frühneuzeitlichen Europa. Anders als in Mitteleuropa und insbesondere im Alten Reich konnten die kleineren Territorien weder ihre Unabhängigkeit noch ihre Eigenständigkeit bewahren.

---

1 ein Janety, Journal du palais de Provence, ou, Recueil des arrêts rendus depuis les derniers Journalistes, Bd. 2, S. 138.

2 Sh. dazu A.II. Forschungsstand.

3 Vgl. Payen, Les arrêts de règlement du Parlement de Paris au XVIIIe siècle, S. 15ff.

4 Dazu gehören neben Frankreich, Spanien und England auch Portugal, Dänemark, Brandenburg-Preußen, Bayern, Österreich, Schweden und Russland.

Die königliche Verwaltung spielte in diesem Prozess der Herrschaftsverdichtung, Vereinheitlichung und Staatsbildung eine entscheidende Rolle. Sie ersetzte in der Frühen Neuzeit schrittweise die personell geprägten Strukturen der vormals selbständigen Landesteile und verband sie dauerhaft mit dem Königtum. Die königlichen Funktionsträger arbeiteten zunächst nur in begrenzten Aufträgen und in einem wenig geordneten Gefüge. Eine Ausnahme bildeten die Gerichte, die nicht nur Streitfragen in Parteiverfahren klärten, sondern auch allgemein rechtssetzend tätig wurden. Sie waren schon lange mit Vertretern des Königs besetzt und hierarchisch organisiert[5]. Das Gerichtswesen war die Stütze der frühneuzeitlichen Verwaltung des Ancien Régimes. An seiner Spitze standen die Parlements[6], die die arrêts de règlement erließen.

1. Arrêts de règlement und Parlements

Die Parlements und die arrêts de règlement sind eng miteinander verbunden. Die Parlements waren Gerichtshöfe und die arrêts de règlement ihre Entscheidungsakte. Die Parlements definierten sich über das exklusive Privileg zum Erlass von arrêts de règlement, materiellen Gesetzen im Urteilsgewand. Denn die Bedeutung der Parlements als Institution speiste sich maßgeblich daraus. Die arrêts demonstrierten in ihrer Reichweite und ihrem Durchsetzungsanspruch eine Art der Herrschaft, die ansonsten dem König vorbehalten war. So war sein Gesetzesmonopol in erster Linie nur ein Formmonopol. Und selbst die Anwendung königlicher Gesetze hing von den Parlements als regionale Autoritäten ab. Im Rahmen dieser quasisouveränen Gewalt verfügten die Parlements über zwei Instrumente, deren eines die arrêts de règlement bildeten.

a) Die Institution

Die Parlements waren die obersten Gerichtshöfe in den Provinzen des frühneuzeitlichen Frankreichs[7]. Ihre Anzahl variierte über die Zeit. Zunächst stieg sie im Spätmittelalter rasch an mit der Einrichtung neuer Parlements in den Gebieten, die nacheinander der Krone zufielen[8]. Später veränderte sie sich aufgrund der

---

5 Zur Einführung in die Institutionengeschichte sh. Sautel, Harouel, Histoire des institutions publiques.

6 Für einen Überblick zur Geschichte der Parlements außerhalb des Ressorts von Paris sh. Poumarède, Thomas, Les Parlements de Province.

7 Royer, Histoire de la justice, S. 54f.

8 Für einen knappen Überblick zu den Gründungen außerhalb von Paris sh. B.I.2. Die Parlements in den Provinzen.

territorialen Erweiterung und innerer Reformen des Königreichs bis sich die Zahl in dem Jahrhundert vor der Französischen Revolution bei 13[9] eingependelt hat. Die Parlements waren die höchsten Instanzen für eine Fülle von Rechtsfragen auf dem Gebiet der jeweiligen Provinz[10], für die sie eingerichtet waren. In ihrem sog. Ressort[11] arbeiteten sie als Cours souveraines[12] ohne vorfestgelegte sachliche Zuständigkeiten. Nur der Conseil du Roi[13], also der Rat des Königs, konnte Entscheidungen der Parlements aufheben[14], wenn der König selbst ein Interesse an dem Fall hatte oder es den Parteien gelang, die Sache vor ihn zu bringen[15].

b) Die Instrumente

Das politische Gewicht der Parlements war enorm[16]. Das hatte zwei ganz bestimmte funktionelle Gründe. Beide lassen sich nicht unter eine klassische gerichtliche Tätigkeit der Parlements ordnen, sondern stehen eng im Zusammenhang mit der königlichen Gesetzgebung. Es war nämlich zunächst Aufgabe der Parlements, königliche Rechtsakte durch sog. arrêts d'enregistrement aufzuzeichnen, damit diese in ihren Ressorts verbindlich wurden. Diese „Aufzeichnungsgewalt" soll aus einer Gewohnheit aus dem 14. Jahrhundert[17] entstanden sein, als die Cours souveraines mit der Aufzeichnung der königlichen Briefe (lettres patentes) zu Dokumentationszwecken begannen. Als der König diese Form für die Veröffentlichung seiner Urkunden vorschrieb, um deren Verbreitung und

---

9 Royer, Histoire de la justice, S. 55.

10 Olivier-Martin, Histoire du droit français, S. 537f.

11 Ressort meint nicht den gegenständlichen Verantwortungsbereich, sondern den Gerichtssprengel. Die Terminologie dieser Arbeit orientiert sich stark an der Sprache der Quellen. Auch die französischsprachige Forschung bevorzugt trotz modernen Alternativen diese Bezeichnung für die geografisch abgesteckten Zuständigkeitsbereiche der Parlements, vgl. zuletzt Payen, Les arrêts de règlement du Parlement de Paris au XVIIIe siècle und Lemonnier-Lesage, Les arrêts de règlement du Parlement de Rouen.

12 Diese Bezeichnung leitet sich von der hohen Stellung der Gerichtshöfe ab. Sie fasste auch andere Gerichte mit speziellen Zuständigkeiten mit ein, vgl. Panckoucke, Agasse, Encyclopédie méthodique, „Cour souveraine", Bd. 3, S. 393ff.

13 In seiner Zusammensetzung als Conseil d'État privé.

14 Olivier-Martin, Histoire du droit français, S. 540.

15 Guyot, Répertoire universel de jurisprudence, Bd. 3, sh. « Arrêt ».

16 Vgl. Olivier-Martin, Histoire du droit français, S. 545 ; Vgl. die Übersicht zur Literatur unter diesem Blickwinkel bei Payen, Les arrêts du Parlement de Paris au XVIIIe siècle, S. 14f.

17 Olivier-Martin, Histoire du droit français, S. 541.

Ausführung zu gewährleisten, wurde daraus allmählich eine konstitutive Voraussetzung für ihre Anwendbarkeit. Die Cours souveraines konnten den König unter Druck setzen, indem sie die erforderliche Aufzeichnung verweigerten bzw. Bedingungen daran knüpften, die mal mehr und mal weniger mit dem betreffenden Akt zu tun hatten. Das geschah vor allem im 17. Jahrhundert sehr häufig[18]. Im Falle einer solchen remontrance[19] war der König gezwungen, sich erneut mit der Redaktion seines Rechtsaktes zu beschäftigen und ggf. anzupassen, was einen erheblichen Einfluss der Gerichte auf die königliche Rechtsetzung markiert. Dieser Umstand machte die Parlements zu potentiellen Opponenten der Herrschaft des Königs[20]. Und doch verlief die Zusammenarbeit in der Regel friedlich[21]. Der unmittelbare Widerstand gegen die Aufzeichnung war nicht immer das geeignete Mittel, die Interessen der Gerichte zu wahren, zumal das Recht der remontrances 1667 stark eingeschränkt wurde[22]. Denn immerhin waren die Parlements auch nach der Aufzeichnung von Gesetzen für ihre Ausführung in den Provinzen verantwortlich. Dafür erließen sie auch arrêts de règlement, um die es in dieser Untersuchung geht. Das waren „Entscheidungen“[23] mit Verordnungscharakter[24], die auf unterschiedliche Sachverhalte und Rechtsfragen eingingen und dafür von allen Untertanen zu beachtende Regeln aufstellten (Règlements)[25]. Weil die

18 Olivier-Martin, Histoire du droit français, S. 542ff.

19 Das ist der formelle Akt der Zurückweisung eines Aufzeichnungsersuchens des Königs unter der Darstellung der dafür zwingenden Gründe seitens der Parlements, sh. dazu Olivier-Martin, Histoire du droit français, S. 542.

20 Sh. zu diesem Thema den Überblick bei Olivier-Martin, Histoire du droit français, S. 545ff.

21 Vgl. Hamscher, The Conseil privé and the parlements in the age of Louis XIV: A study in French absolutism, Transactions of the American Philosophical Society, Bd. 77, Nr. 2, S. 147f.

22 Mit der Ordonnance sur la réformation de la justice civile von 1667 (Isambert, Recueil général des anciennes lois françaises, Bd. 18, S. 103ff.) legte Ludwig XIV. ein genaues Verfahren für die remontrances der Parlements fest, das unter anderem eine nur sehr kurze Frist dafür vorsah, dazu ausführlicher Olivier-Martin, Histoire du droit français, S. 547f.

23 Die Bezeichnung ist problematisch, weil arrêts de règlement häufig außerhalb jeglicher Parteiverfahren erlassen wurden, sodass die Parlements strenggenommen gar nicht zwischen Rechtsansichten zu entscheiden hatten. Deswegen bieten sich neutrale Begriffe an, die nicht den Eindruck eines Gerichtsstreits vermitteln, wo es gar keinen gab.

24 Olivier-Martin, Histoire du droit français, S. 540.

25 Arrêt de règlement“ und „Règlement“ sind inhaltlich synonym, wenn man von der Außenform absieht. Es kommt auf den allgemeinverbindlichen Gehalt an.

Parlements sie in ihre exklusive Form (arrêt) kleideten, nannte man diese allgemeinverbindlichen Rechtsakte arrêts de règlement. Weil sie mit ihren Ausführungen, ihren Gegenständen und ihrem Gehalt den königlichen Gesetzen nahekamen, bezeichneten sie Zeitgenossen des 18. Jahrhunderts als Gesetze[26].

Sie sind in einer rechtshistorischen Betrachtung streng von den vorgenannten arrêts d'enregistrement zu trennen, mit denen sie all zu oft thematisiert[27], sogar vermengt[28] werden. Teilweise erkennt die Forschung bei den beiden Bereichen sogar einen Bedeutungsgegensatz, da die arrêts de règlement vor allem als rechtliche Prärogative einzuordnen seien und weniger als politisches Instrument[29]. Dennoch trugen sie schon wegen ihrer Allgemeinverbindlichkeit und mit ihrem Bezug zur königlichen Gesetzgebung maßgeblich zum politischen Gewicht der Parlements bei. Die arrêts de règlement waren ein Instrument nicht nur für die Klärung rechtlicher Fragen, sondern ganz allgemein zur Ordnung des gesellschaftlichen Lebensalltages der Untertanen, der Police[30].

Das Regelungsgebiet der arrêts de règlement[31] war daher weit. Die Inhalte der überlieferten Akte reichen von Streitfragen des materiellen Rechts[32] über Vorschriften zum Gerichtsprozess bzw. zur Gerichtsverwaltung[33] bis hin zu Police-Règlements des Markt- und Berufsrechts, des Seuchenschutzes und der guten Sitten[34]. Dazu kommen hin und wieder merkwürdig spezielle Ausführungsanweisungen und Disziplinarmaßnahmen, manchmal gegenüber nur einem Beamten[35]. Schon mit den breitgefächerten Themen erhält die Materie

---

26 A.I.2.b) Der Quellenbegriff.

27 Esmein, Cours élémentaire d'Histoire du droit français, S. 507; Regnault, Manuel d'histoire du droit français, S. 222

28 Payen, Les arrêts de règlement du Parlement de Paris au XVIIIe siècle, S. 14.

29 Payen, Les arrêts de règlement du Parlement de Paris au XVIIIe siècle, S. 14.

30 Payen, Les arrêts de règlement du Parlement de Paris au XVIIIe siècle, S. 174. Er führt dafür ein Zitat des zeitgenössischen Kirchenhistorikers Claude Fleury (1640 bis 1723) an, der die Police genauso beschrieb: „[C]e sont les Ordonnances et Règlemens sur les choses nécessaires à la vie, et à la conduite des Particuliers."; Olivier-Martin, Histoire du droit français, S. 540.

31 Royer, Histoire de la justice, S. 70. Das lässt sich auch unmittelbar anhand der Quellen nachvollziehen: Ein zeitgenössischer Überblick findet sich bei Delamare, Traité de la police; sh. ferner II. Typische Regelungsgebiete und Gegenstände.

32 Olivier-Martin, Histoire du droit français, S. 539.

33 Olivier-Martin, Histoire du droit français, S. 539f.

34 Olivier-Martin, Histoire du droit français, S. 540. Sh. dazu auch C.II. Typische Regelungsgebiete und Gegenstände.

35 Z. B. der arrêt de règlement des Parlements de Provence vom 29. Mai 1670 „Prince d'amour", ADBR, B 3699, der die Wahl zu einem rein zeremoniellen Amt regelt sowie

ungeachtet ihres einheitlichen Begriffs ein komplexes Gepräge. Dazu kommt, dass die inhaltliche Vielseitigkeit unmittelbar mit verschiedenen prozeduralen Situationen und den dazugehörigen Formalitäten zum Erlass von arrêts de règlement zusammenhing. So gingen sie manchmal mit Urteilen in Parteiverfahren einher, entstanden aus einer erbetenen Gleichsetzung unterer Verwaltungsträger oder beruhten allein auf Anfragen der königlichen Vertreter am Gerichtshof. Und die Vielfalt der zugrundeliegenden Themen wirkte sich auch auf den normativen Gehalt der arrêts aus. Fragen des materiellen Zivil- oder Strafrechts erhielten die abstrahierte Lösung des Urteils in den jeweiligen Parteierfahren, an die das Parlement die unteren Gerichte in ihrer Judikatur abschließend per arrêt de règlement band. Missstände in der Justizverwaltung und Verfahrensgrundsätze wurden auf die gleiche Art gelöst, erforderten aber mitunter besondere Durchsetzungsanweisungen und Disziplinarmaßnahmen gegen einzelne Beamte, ebenfalls in Form von arrêts de règlement. Auf die Gefahren des Alltags reagierte das Parlement in der Regel mit neuen policeylichen arrêts de règlement[36], die konkrete Maßnahmen und ihre sofortige Umsetzung über untere Verwaltungsträger sicherstellten und häufig ausdrückliche Regeln für die eigene Bekanntmachung enthielten. Die diversen Gegenstände führten also zu ganz unterschiedlichen Anordnungen.

2. Vom Quellenbegriff zum Forschungsbegriff

Das uneinheitliche Gepräge der arrêts de règlement als Quellengattung wirft Fragen nach Gemeinsamkeiten auf. Normative und gegenständliche Variationen der arrêts scheinen die Klammern eines definitorischen Begriffes arrêt de règlement zu sprengen. Dabei gibt es allerdings einige Kriterien, die die Einordnung als arrêt de règlement für die heutige Forschung rechtfertigen, auch wenn die Einzelakte mitunter erhebliche Unterschiede aufweisen. Diese Kriterien deckte

der arrêt de règlement des Parlements de Provence vom 13. Mai 1672, der in einer Disziplinarsache gegen nur einen Gerichtsvollzieher des Parlements erging, ADBR, B 3699.

36 Ähnlich wie bei den in der Forschung zur „Policey" der Frühen Neuzeit thematisierten Ordnungen (vgl. etwa Stolleis, Policey im Europa der Frühen Neuzeit; ders., Härter, Repertorium der Policeyordnungen) soll „policeylich" zum Quellenverständnis aufschließen. Weil ein vergleichbarer französischer Quellenbegriff nicht überliefert ist und der französische Forschungsbegriff „arrêts de police" (vgl. Delcer, Les arrêts de police du Parlement de Paris) auch nicht differenziert, allerdings von den Parlements als Entscheidungsträger ablenkt, bevorzuge ich die Klarstellung über das vorangestellte Adjektiv.

schon die zeitgenössische Rechtswissenschaft auf. Auf das Verständnis, das ihre Quellen offenbaren, kann sich die moderne Forschung zu den arrêts de règlement stützen. Für eine unbefangene Herangehensweise möchte ich aber den Blick zunächst auf den Begriff lenken, wie er heute von Juristen verstanden wird (a). Erst dann möchte ich mich den Ausführungen der zeitgenössischen Autoren des 18. Jahrhunderts zuwenden, um den historischen Begriff in seinen Quellen nachzuzeichnen (b). Auf Grundlage des Quellenverständnisses werde ich die konkurrierenden Forschungsbegriffe „arrêt de police“ und „arrêt de règlement“ beleuchten (c), um mich letztlich für einen von beiden zu entscheiden (d).

a) Der Zugang der modernen Rechtswissenschaft

„Arrêt de règlement“ ist selbst beim ersten Lesen eine griffige Formel. Sie lässt sich zunächst semantisch zerlegen. Das Wort „arrêt“ versteht in der heutigen französischen Sprache ein Urteil bzw. die Entscheidung eines höheren Gerichts[37]. Dabei kommt es nicht auf den Inhalt an. Der arrêt ist die klassische Außenform höherer gerichtlicher Entscheidungen. Das Attribut „règlement“ ist nicht ganz so einfach zu fassen. Es ergänzt den inhaltlichen Aspekt und entspricht dem deutschen Wort Regel bzw. Regelung, mit dem es den lateinischen Ursprung sowie seine moderne Bedeutung im Wesentlichen teilt[38]. Das vermittelt vorerst keine genauere Vorstellung über ein solches „Urteil“, enthält doch jede gerichtliche Entscheidung irgendeine Regelung[39]. Etwas genauer ist die Verwendung des Wortes „règlement“ in der modernen juristischen Fachsprache[40]. Auch dort sind die Dinge zwar nicht so eindeutig[41], zumal der Begriff seit der Revolution einem fast ständigen Bedeutungswandel unterworfen war[42]. Nach dem heutigen Verständnis sind règlements aber jedenfalls normative Akte einer nichtparlamentarischen Autorität auf Gesetzesrang und mit allgemeiner Bedeutung für formell-gesetzlich nicht geregelte Gegenstände[43]. So unscharf die Abgrenzung

---

37 Puigelier, Dictionnaire juridique, „Arrêt“, Nr. 429; Rey, Dictionnaire historique, „Arrêt“.

38 Duden: Deutsches Universalwörterbuch, „Regel“: Richtschnur, Maßstab.

39 So auch zum Teil das allgemeine Verständnis im Französischen: Larousse, „règlement“, S. 569; Sachs, Villatte, Handwörterbuch, Bd. I, „règlement“, S. 764.

40 Den Vergleich strengt auch Olivier-Martin an, Histoire du droit français, S. 540.

41 Kada, Mathieu, Dictionnaire d'administration publique, „Règlement“.

42 Zum Verständnis im Ranggefüge normativer Texte in der Revolutionszeit: Verpeaux, La naissance du pouvoir règlementaire, S. 408, 411; Begriffsgeschichte bei Rey, Dictionnaire historique, „Règle“.

43 Rey, Dictionnaire historique, „Règle“.

auch sein mag, lenkt sie den Blick unmittelbar auf die staatliche Verwaltung, wo das Règlement als außenwirksame Handlungsform einen angestammten Platz hat. Damit entspricht ein Règlement im heutigen Sinne der Rechtsverordnung im deutschen Verwaltungsrecht[44]. Die Übersetzungen sind angesichts unterschiedlicher juristischer Traditionen überraschend konsequent. So fasst die französische Fachsprache parallel zur deutschen auch den eigenständigen Verordnungsbegriff des Europarechts unter „règlement".

In der geschichtslosen Zusammenschau könnte man unter einem arrêt de règlement also ein „Verordnungsurteil" verstehen. Im Hinblick auf den Grundsatz der Gewaltenteilung müssen sich Juristen schon beim Vernehmen dieses Wortes die Nackenhaare aufstellen. Ein solches Urteil, das nicht wie gewöhnlich nur einen Fall entscheidet, sondern allgemeine Bestimmungen für eine Vielzahl von Adressaten und ähnliche Sachverhalte enthält, ist einerseits stets ein obiter dictum und andererseits das Ergebnis allgemeiner richterlicher Normsetzung außerhalb des Gesetzes. Das erscheint umso schlimmer, wenn es andere Hoheitsträger – wie ein Gesetz – unmittelbar an seinen Inhalt bindet. Das Konfliktfeld zwischen den staatlichen Gewalten scheint eröffnet. Genau in dieser problematischen Nische kann man den arrêt de règlement in der modernen Rechtswissenschaft Frankreichs verorten, auch wenn er nur selten thematisiert wird[45]. Seinen Platz in der heutigen Rechtstheorie verdankt er seinem ausdrücklichen Verbot im Code Civil, das seit der Einführung 1804 gilt.

„Il est défendu aux juges de prononcer par voie de disposition générale et réglementaire sur les causes qui leur sont soumises."[46]

> Es ist den Richtern verboten, in allgemeingültiger und reglementarischer Weise über die Sachen zu urteilen, die ihnen vorgelegt werden.

Juristische Schriften, die von einer materiellen richterlichen Gesetzgebung handeln, kommen um die Thematisierung dieses Verbots und den Begriff der arrêts de règlement nicht herum. Sie begnügen sich mit der knappen Erklärung, dass

---

44 So auch einige Übersetzungsvarianten, Larousse, „règlement", S. 569; Sachs, Villatte, Handwörterbuch, Bd. I, „règlement", S. 764. Vgl. auch Olivier-Martin an, Histoire du droit français, S. 540.

45 Zu den Ausnahmen gehören Gouron, Jurisprudence de la Cour de Cassation et arrêts de règlement, in: Europäische und amerikanische Richterbilder, Beigner, Les arrêts de règlement, Droits. Revue française de théorie juridique, 1989 Nr. 9; Audinet, Faut-il ressusciter les arrêts de règlement, Mélanges offerts à Jean Brèthe de la Gressaye; Sinay, La résurgence des arrêts de règlement.

46 Art. 5 des Code Civil.

diese arrêts der Parlements aus der Sicht der Revolutionäre den Parlements und der Justiz insgesamt zu viel Macht über das Recht einräumten. Dabei bleibt die (ursprüngliche) Bedeutung der Formel unklar. Sie anhand von Quellen nachzuzeichnen bringt, der modernen Rechtswissenschaft aber auch herzlich wenig. Schließlich liegt der einzige Anknüpfungspunkt an die arrêts de règlement in einem über 200 Jahre alten Verbot, das auf Erfahrungen des Ancien Droit baut und seit seiner Einführung keinen (als solchen anerkannten) Verstoß hinnehmen musste.

Aus der rechtshistorischen Perspektive ist die moderne Handhabung des Begriffs bedeutungslos. Seine heutige Verwendung vermittelt nur eine trügerische Kontinuität, die uns zu falschen Rückschlüssen verleitet. Der Begriff entstammt, wie gesagt, der Zeit des Ancien Régimes Frankreichs vor der berühmten Revolution von 1789. Das war, als die aufklärerischen Ideale sich gerade artikulierten und noch lange nicht umgesetzt waren und Gesetzgebung, Rechtsprechung und Verwaltung noch nicht klar voneinander trennbar waren. Der angesprochenen Problematik der modernen Rechtswissenschaft um die arrêts de règlement fehlte die notwendige „vertikale Dimension". Damit meine ich die nebeneinander stehenden, nach unten auf die Gesellschaft einwirkenden Gewalten mit voneinander getrennten Befugnissen. Auch hat die Auseinandersetzung mit arrêts de règlement in der heutigen Rechtswelt aus rechtshistorischer Sicht einen völlig anderen Anknüpfungspunkt. Mit der konsequent ausgeführten Gewaltenteilung der modernen französischen Rechtsordnung[47] dokumentiert das Verbot der arrêts de règlement im Artikel 5 des Code Civil nämlich lediglich einen Wendepunkt der Rolle des Richters. Das Verbot ist nur noch ein formeller Ausdruck eines grundlegenden Prinzips der Rechtsprechung und eignet sich nicht als Ausgangspunkt einer rechtshistorischen Betrachtung der arrêts de règlement. Das ist auch nicht schlimm. Für eine Arbeit zu den historischen arrêts de règlement der Parlements kommt es ebenso wenig auf das Verständnis der modernen Rechtswissenschaft an, wie es der modernen Rechtswissenschaft umgekehrt auf die historische Bedeutung eines modernen Begriffs ankommt. Der für die rechtshistorische Forschung entscheidende Begriff ist auf der Grundlage der Quellen seines unmittelbaren zeitlichen Umfelds auszumachen.

---

47 Dazu Fourrier, der in L'impossible Sixième Rèpublique die Gewaltenteilung historisch beleuchtet und den Grundsatz in seinen derzeitigen Ausprägungen der Fünften Republik gegenüberstellt, und Duverger, La Monarchie rèpubilcaine, der die Eigenheiten der Verfassungsordnung der Sechsten Republik beschreibt.

b) Der Quellenbegriff

Während die Primärquellen[48] keine konsequente Eigenbezeichnung kennen, taucht der Begriff arrêt de règlement sehr häufig in französischen Schriften der frühen Neuzeit vor allem aus dem 18. Jahrhundert auf[49], woher auch seine Verwendung in der modernen Rechtswissenschaft und Forschungsliteratur rührt[50]. Dort ist er sowohl Bezeichnung für die betreffenden Entscheidungsakte als auch Terminus für den speziellen Gehalt des „Urteils". Für die Abgrenzung zu übrigen arrêts erscheint das enthaltene Règlement maßgeblich. Als Begriff verwenden zeitgenössische Quellen fast nur die Paarformel „arrêt de règlement", die sich auf eben diese besonderen Entscheidungen der Cours souveraines bezieht. „Règlement" hat wiederum keine besondere Eigenbedeutung. Die Zerlegung und isolierte Betrachtung der Bestandteile des Terminus vermittelt deswegen auch für dieses zeitliche Umfeld keine aufschlussreiche Erklärung. Das belegen die juristischen Wörterbücher des Ancien Droit. In der Regel verzichten sie auf eine isolierte Betrachtung von „arrêt" und „règlement", um den Gesamtbegriff zu definieren. Nur die Erklärung in der berühmten Enzyklopädie[51] von Diderot[52] stellt die Bestandteile ausnahmsweise getrennt dar:

„On comprend sous ce terme tout ce qui est ordonné pour maintenir l'ordre et la règle; tels sont les ordonnances, édits et déclarations, et les arrêts rendus en forme de réglement."[53]

> Unter diesem Terminus versteht man alles, was angeordnet wird, um die Ordnung und die Regel aufrechtzuerhalten; dies sind die Ordonnanzen, Edikte und Erklärungen, und die arrêts in Form von Règlements.

Demnach versteht man unter einem Règlement alles, was zur Aufrechterhaltung der Ordnung verfügt wird. Als Beispiele halten dafür die königlichen Gesetze

---

48 Sh. C.I.1. Archivquellen – die handschriftlichen arrêts de règlement in den Registern

49 Gouron, Jurisprudence de la Cour de Cassation et arrêts de règlement, in: Europäische und amerikanische Richterbilder, S. 62f.

50 Sh. A.II. Forschungsstand.

51 Diderot, D'Alembert (Hrsg.), Encyclopédie ou Dictionnaire raisonné des sciences, des arts et des métiers.

52 Denis Diderot (1713–1784), frz. Schriftsteller, Philosoph und Kunsttheoretiker. Nach dem Studium der Theologie und der Philosophie an der Sorbonne wandte er sich der Kunst zu und sicherte seine Rezeption als Aufklärer nachhaltig über die erwähnte Encyclopédie.

53 Boucher d'Argis, Diderot, Encyclopédie, „Règlement".

her. Daneben verweist der Autor des Artikels, Boucher d'Argis[54], aber auch auf die arrêts, die in Règlement-Form erlassen werden. Die Definition erschöpft sich für den Gegenstand dieser Arbeit also in einem nutzlosen Zirkelschluss.

Die Suche nach dem Gesamtbegriff „arrêt de règlement" ist sinnvoller und die Befunde sind ergiebiger. Er taucht häufig in den gängigen rechtswissenschaftlichen Werken des 17. und 18. Jahrhunderts auf. Es gibt zwar keine ausschließlich dem Thema der arrêts de règlement gewidmete Abhandlung. Allerdings enthalten alle in Frankreich bedeutenden juristischen Lexika und Wörterbücher der Zeit mindestens einen Artikel oder zumindest Ausführungen zum arrêt de règlement in einem übergeordneten Abschnitt. Sie knüpfen oft an das Stichwort „arrêt" an. So bezeichnet man seit jeher Urteile höherer Gerichtshöfe. Die Auffassungen der Autoren offenbaren dabei einige bedeutende Unterschiede, wie die Nebeneinanderstellung der Ausführungen im Folgenden zeigen soll. Aus den Überschneidungen lässt sich aber ein harter Bedeutungskern ermitteln.

Die Erklärungen benennen arrêts de règlement als eine durch bestimmte Merkmale geprägte Gattung von höchstgerichtlichen Urteilen. Im Vordergrund steht die Form der Entscheidungen. Ausgehend von der formalen Ebene vergleicht man sie auch nach ihrem Gehalt mit königlichen Gesetzen[55]. So wird ein arrêt de règlement fast durchgehend als das Urteil eines Gerichts beschrieben, das untergeordnete Justiz- oder Verwaltungsinstanzen im jeweiligen Zuständigkeitsbereich wie ein Gesetz an einen bestimmten Inhalt bindet. So in etwa erklärt es Guyot[56], ein später zeitgenössischer Autor, in seinem großen Repertoire universel von 1775:

„Les Parlements font quelques fois, dans des assemblées de toutes les chambres, des règlements, soit sur la procédure, soit sur des affaires de droit ecclésiastique ou de droit civil : Ces règlements faits sous le bon plaisir du roi, qui ne les désavoue pas, doivent tenir lieu dans tous les tribunaux ecclésiastiques ou séculiers du ressort du Parlement : C'est pourquoi on les envoie dans ces tribunaux pour y être publiés, comme les édits, ordonnances et déclarations du roi."[57]

Die Parlements erlassen hin und wieder in den Versammlungen aller Kammern Règlements, entweder zum Verfahren oder zu Gegenständen des kirchlichen Rechts oder des

---

54 Antoine Gaspard Boucher d'Argis (1708–1791), frz. Advokat und Autor einiger juristischer Werke. Seine Bekanntheit erlangte er maßgeblich durch die Beiträge zur Encyclopédie.

55 Vgl. dazu Olivier-Martin, Les lois du roi.

56 Joseph-Nicolas Guyot, (1728–1816), französischer Rechtswissenschaftler und Verfasser mehrerer umfassender Rechtslexika.

57 Guyot, Répertoire universel de jurisprudence, Bd. 3, sh. « Arrêt ».

[weltlichen] Rechts: Diese Règlements, erlassen nach dem Wohlgefallen des Königs, der sie nicht ablehnt, müssen in all den kirchlichen und weltlichen Tribunalen des Ressorts des Parlements [Anwendung finden]: Deswegen versendet man sie an die Tribunale, damit sie dort wie die Edikte, Ordonnanzen und Erklärungen des Königs veröffentlicht werden.

Die Parlements erlassen nach seiner Erklärung manchmal in Versammlungen aller Kammern „règlements", entweder zum Verfahrensrecht oder zu materiellen Rechtsfragen. Und weil die geistlichen und weltlichen Gerichte im Ressort des Parlements sie eben wie die Gesetze des Königs beachten müssen, versende man sie gleichermaßen an die Untergerichte. In seiner Definition stellt Guyot damit die schon genannten wesentlichen Aspekte zusammen: Gesetzliche Autorität und Veröffentlichung. Dabei versteht er, anders als Boucher d'Argis in Diderots Enzyklopädie[58], unter der Kurzform „règlements" ausschließlich die arrêts de règlement[59]. Er weist auch auf ihre inhaltliche Reichweite hin, die für ihn offenbar unbegrenzt ist, da Fragen des (gerichtlichen) Verfahrens genauso Gegenstand sein können wie (materielle) Fragen des kirchlichen und weltlichen Rechts. Außerdem bemerkt er, dass die Parlements ihre Règlements nur manchmal und dann mit versammelten Kammern, nach dem Wohlgefallen des Königs treffen. In einem später veröffentlichten Supplement zum Repertoire universel weicht der Autor ausdrücklich von diesem Verfahrensmerkmal ab:

„Nous disons que ces règlements doivent se faire dans l'assemblée de toutes les chambres ; et en effet, comme aucune de ces chambres n'a autorité sur les autres, elle ne sauroit les lier par aucune décision sans leur consentement, ou du moins sans qu'elles aient été consultées [. . .]. Il y a cependant bien des arrêts en forme de règlements qui n'ont été portés que par une chambre, sans consulter les autres, et qui ne laissent pas d'être respectés comme des lois. Mais si on les examine bien, on verra qu'il n'en est presque point qui constituent un droit nouveau. Ils ne font pour la plupart que confirmer des usages anciens et reconnus de tout le monde, ou éclaircir quelques ambiguïtés qui pouvaient se trouver dans la pratique de ces usages. A l'égard de ceux qui ont introduit quelque nouveauté, ils n'ont acquis force de loi que par l'adoption que les autres chambres en ont faite."[60]

Wir sagen, dass diese règlements in Versammlungen aller Kammern getroffen werden; und tatsächlich kann [keine einzelne], da keine dieser Kammern über den anderen steht,

58 Boucher d'Argis, Diderot, Encyclopédie, „Règlement".

59 Die Gleichsetzung mit arrêts de règlement ergibt sich schon aus dem Bezug zum Stichwort „arrêts".

60 Guyot, Supplement, Bd. 2, „Arrêts".

durch [eine] Entscheidung die [anderen] ohne deren Zustimmung, oder zumindest ohne dass sie konsultiert wurden, binden [...]. Es gibt allerdings viele andere arrêts in Form von Règlements, die von nur einer Kammer erlassen worden sind, ohne dass die anderen gefragt wurden, und die nicht weniger als Gesetze beachtet werden. Wenn man sie sich aber genauer ansieht, erkennt man, dass fast keiner von ihnen (ein) neues Recht schafft. Sie bestätigen überwiegend nur alte und von jedermann anerkannte Gewohnheiten oder beseitigen etwaige Mehrdeutigkeiten, die in der Praxis dieser Gewohnheiten auftreten können. Diejenigen von ihnen, die etwas Neues eingeführt haben, haben nur durch die Annahme [durch] die anderen Kammern Gesetzeskraft erlangt.

Die Klarstellungen des Supplements sind kritisch und betreffen nicht nur die begriffliche Ebene. Sie beziehen sich unmittelbar auf die verfahrenstechnische Voraussetzung, so wie Guyot sie im Répertoire ursprünglich verstand, dass die Entscheidungen von allen Kammern des Parlements in einer Versammlung getroffen werden[61]. Diese Einschränkung findet sich hier insoweit relativiert, als dass auch einzelne Kammern arrêts de règlements erlassen. Für die Anerkennung und Anwendung als Gesetz benötigen sie allerdings eine Art Autorisierung durch die anderen Kammern, die hier nur mit „adoption“ umschrieben ist. Vermutlich konnte in diesem Sinne eine implizite Zustimmung[62] genügen, womit praktisch doch auch eine einzelne Kammer arrêts de règlements erlassen konnte[63]. Das ist eine wichtige Korrektur der Definition des Répertoires.

Im Gegensatz zu Guyots unbegrenzter gegenständlicher Reichweite der règlements versteht der Autor des Artikels zum Stichwort „arrêt“ in Diderots Enzyklopädie, Louis Jean-Marie Daubenton[64], unter den arrêts de règlement nur Urteile, die Verfahrensfragen regeln:

„Les arrêts de réglemens sont ceux qui établissent des règles et des maximes en matière de procédure : il est d'usage de les signifier à la communauté des avocats et procureurs.“[65]

61 Guyot, Répertoire universel de jurisprudence, Bd. 3, sh. „Arrêt“, s.o.

62 Das erinnert an den tacitus consensus der Herrschers für die gesetzliche Autorität von Gewohnheitsrecht, vgl. in Bezug auf die arrêts de règlement Olivier-Martin, Histoire du droit français, S. 540. Dieser Grundsatz soll in der zweiten Hälfte des 18. Jahrhunderts allerdings Widerspruch erfahren haben, Meder, Rechtsgeschichte, S. 254f.

63 Das ist zumindest auch für das Parlement de Provence der Regelfall, wie zahlreiche arrêts belegen, sh. a) Die Einleitung unter C.III. Aufbau, Form und Stil.

64 Louis Jean-Marie Daubenton (Auch: d'Aubenton) (1716–1799), französischer Arzt und Naturforscher.

65 Daubenton, Diderot, Encyclopédie, „Arrêt“.

Die arrêts de règlement sind solche, die Regeln und Grundsätze im Bereich des Verfahrens aufstellen[;] Sie werden gewöhnlich der [Anwaltsvereinigung] mitgeteilt.

Neben der unpräzisen Verschränkung auf Verfahrensmaximen bemerkt er die Gewohnheit, die arrêts den anwaltlichen Vereinigungen mitzuteilen. Das hebt seine Definition von anderen ab, ist aber ganz offensichtlich kein notwendiger Bestandteil. Dessen ungeachtet ist Daubentons Beschreibung allerdings die engste aller hier aufgeführten. Die entschiedene Ausklammerung materieller Rechtsfragen für den Gegenstand der arrêts de règlement macht sie zu einer reinen Verfahrensrechtsquelle. Das steht im Kontrast zu Guyots weiter Auffassung. Daubenton war allerdings Arzt und nicht Jurist und Diderots Enzyklopädie streng genommen kein juristisches Werk.

Insofern darf man an einer gegenständlichen Begrenzung der arrêts auf das Verfahren zweifeln, wenn Claude-Joseph de Ferrière[66], Autor eines Einführungswerks zu juristischen Begriffen, wie Guyot keine solche Einschränkung vornimmt. Ferrières Erklärung vergleicht die arrêts de règlement ebenfalls unmittelbar mit den Gesetzen, bezeichnet sie aber ausdrücklich als Entscheidungen der Cours souveraines, also aller höheren Gerichtshöfe einschließlich der Parlements[67]:

„Arrêt de règlement des Cours Souveraines, sont les décisions que les Cours Souveraines font pour être observées comme Loix dans l'étenduë de leur ressort."[68]

Arrêts de règlement der Cours Souveraines sind die Entscheidungen, die die Cours Souveraines erlassen, um wie Gesetze in der Ausdehnung ihres Ressorts beachtet zu werden.

Wie Guyot nimmt er den wichtigen Veröffentlichungsaspekt auf und weist ihn als Kennzeichen der arrêts de règlement aus. Ferrière besteht ferner auf den Vermerk am Ende der Entscheidung, dass sie als Règlement dienen soll:

„La marque qu'un Arrêt est Arrêt de règlement, c'est quand il est dit à la fin qu'il servira de reglement, & qu'il sera lù & publié à cet effet."[69]

---

66 Claude-Joseph de Ferrière (ca. 1680–1748), französischer Rechtswissenschaftler und insbesondere Rechtshistoriker mit einer Leidenschaft für das Römische Recht. Er war vor seiner Tätigkeit an der Sorbonne Advokat am Pariser Parlement.

67 Royer, Histoire de la justice, S. 54f. Zu den Cours souveraines im weiteren Sinne zählten auch die hohen Fachgerichte wie die Cours des aides bzw. Chambres des comptes, die für öffentlichen Finanzen zuständig waren.

68 Ferrière, Introduction ou Dictionnaire, „Arrêt", Bd. 1, S. 96

69 Ferrière, Introduction ou Dictionnaire, „Arrêt", Bd. 1, S. 96

Das Kennzeichen dafür, dass ein arrêt ein arrêt de règlement ist, ist wenn es am Ende gesagt wird, dass er als Règlement dienen wird und dass er zu diesem Zweck verlesen und veröffentlicht wird.

Auch Jean-Batiste Denisart[70], Begründer einer berühmten Reihe von Entscheidungssammlungen[71], stellt die arrêts de règlement auf eine Stufe mit den Gesetzen. Er grenzt sie aber stärker von den übrigen Urteilen der Cours souveraines ab und hebt dabei ihre besondere Form hervor:

„[Il] y a d'autres Arrêts rendus en forme de Règlemens, qui doivent être observés comme Loix dans le Ressort des Cours qui les ont rendus."[72]

Es gibt andere, in Form von Règlements erlassene arrêts, die im Ressort der Gerichtshöfe, die sie erlassen haben, wie Gesetze beachtet werden müssen.

Denisart sagt, übereinstimmend mit den Erklärungen von Guyot und Ferrière, dass diese arrêts stets veröffentlicht und dafür an die Untergerichte des Ressorts versendet werden, um dort wiederum wie die königlichen Gesetze veröffentlicht zu werden:

„Ces sortes d'Arrêts sont toujours rendus publics, & envoyés à cet effet dans les Jurisdictions du Ressort, pour y être publiés, de même que les Edits et Déclarations du Roi."[73]

Diese Art von arrêts werden immer öffentlich gemacht und zu diesem Zweck an die Gerichte des Ressorts versandt, um dort veröffentlicht zu werden, so wie die Edikte und Erklärungen des Königs.

Damit vergleicht er die arrêts de règlement nicht nur in ihrer Autorität oder Verbindlichkeit, sondern auch ausdrücklich in der Weise ihrer Veröffentlichung mit den königlichen Gesetzen. Weiterhin geht er auf die Art der Bekanntmachung ein, um zu erklären, dass eine bestimmte Gattung von Urteilen ebenfalls den arrêts de règlement zuzuordnen ist, weil die Abgrenzung eben nur auf einer äußerlichen Unterscheidung beruht, die den Règlements gemein ist:

---

70 Jean-Batiste Denisart (1713–1765), Jurist und Procureur am Grand Châtelet in Paris.

71 Denisart, Collection de décisions nouvelles et de notions relatives a la jurisprudence actuelle, erschienen in 7 Auflagen, Paris zwischen 1754 und 1771.

72 Denisart, Collection de décisions nouvelles et de notions relatives a la jurisprudence actuelle, „Arrest", Bd. 1, S. 138.

73 Denisart, Collection de décisions nouvelles et de notions relatives a la jurisprudence actuelle, „Arrest", Bd. 1, S. 138.

„Les Arrêts rendus en robes rouges, que nous trouvons cités dans plusieurs Auteurs, ne sont d'autres que des Arrêts de Règlemens qui se prononçoient anciennement d'une maniere solemnelle, la veille des grandes Fêtes.“[74]

> Die [arrêts en robes rouges], die wir von vielen Autoren zitiert finden, sind nichts anderes als arrêts de règlement, die [man] früher feierlich am Vorabend großer Feiertage verkündete.

Er bezieht sich auf die in vielen zeitgenössischen juristischen Werken als „arrêts en robes rouges“ betitelten Urteile[75]. Diese Einordnung nach der Kleidung der Richter in rote Gewänder[76] knüpft – wie bei den arrêts de règlement – an die traditionelle Art und Weise der öffentlichen Verlesung zur Bekanntmachung der Urteile[77] an.

Dabei gehen die Auffassungen der zeitgenössischen Autoren auch zur Einordnung der arrêts en robes rouges auseinander. Während die heutige Forschung sie nicht pauschal mit den arrêts de règlement gleichsetzt[78], stellt sich die Sache in der Rechtswissenschaft des Ancien Régime gar nicht so eindeutig dar. Viele Werke und darunter die meisten juristischen Wörterbücher, verzichten gänzlich auf den Terminus. Und in Diderots Enzyklopädie offenbart Daubenton wiederum ein Verständnis, das deutlich von Denisarts Ansicht abweicht:

„Arrêts en robes rouges, étoient des arrêts que les chambres assemblées avec solennité et dans leurs habits de cérémonie, prononçoient sur des questions de droit dépouillées de circonstances, pour fixer la jurisprudence sur ces questions.“[79]

---

74 Denisart, Collection de décisions nouvelles et de notions relatives a la jurisprudence actuelle, „Arrest“, Bd. 1, S. 139.

75 So z.B. die Sammlung von Duvair, Arrests notables, sh. C.I.2. a) Die arrêtistes.

76 Vgl. auch die deutsche Erklärung in einem Wörterbuch von 1771, die vermutlich von Denisart inspiriert ist: „So nannte man ehmals in Frankreich diejenigen Urtheile, welche die Parlementsherren in Ceremonienkleidern öffentlich und feyerlich aussprachen, wenn sie eine vorher streitige Rechssache, oder Rechtsfrage, entscheiden und gesetzmässig veststellen wollten.“, Schmidlin, Catholicon Ou Dictionnaire Universel De La Langue Françoise, Band A., S. 500, „Arrêt“.

77 Déteix, Les arrêts de règlement du Parlement de Paris, S. 20.

78 Payen, La physiologie de l'arrêt de règlement, S. 353; Regnault, Les Ordonnances civiles du chancelier Daguesseau, S. 12; Déteix, Les arrêts de règlement du Parlement de Paris, S. 20.

79 Daubenton, Diderot, Encyclopédie, „Arrêt“.

Arrêts en robes rouges waren die Entscheidungen, die die versammelten Kammern feierlich und in ihren Zeremonialgewändern für Fragen [aus] den Umständen [des Falles] verkündeten, um die Rechtsprechung zu diesen Fragen [festzusetzen].

Seine Erklärung fügt sich nicht in die Ausführungen zu den arrêts de règlement ein. Die Beschreibung hält die außenwirksame feierliche Verkündung der arrêts en robes rouges fest, ohne sie mit den Veröffentlichungsmodalitäten der arrêts de règlement in Verbindung zu bringen. Daubenton geht nur davon aus, dass die versammelten Kammern arrêts en robes rouges erließen, um die Rechtsprechung zu bestimmten Rechtsfragen zu „fixieren". Auf welche Weise das geschah, erklärt er nicht. Immerhin erscheint nach dieser Betrachtung eine Überschneidung mit den arrêts de règlement möglich, die ja ebenfalls Untergerichte in ihrer Rechtsprechung binden sollten[80].

Demgegenüber wahrt der praktisch erfahrene Autor Prost de Royer[81] ein exklusives Verständnis der arrêts de règlement gegenüber den arrêts en robes rouges:

„[L]es arrêts rendus en robes rouges [...] ne doivent pas avoir l'autorité des arrêts de règlement, quelque respectables qu'ils soient d'ailleurs [...] les arrêts de règlement sont ceux dont l'envoi été fait aux sièges inférieurs, avec injonction de les faire publier à leurs audiences, & de les faire transcrire sur leurs registres."[82]

Die [arrêts en robes rouges] sollen nicht die Autorität der arrêts de règlement haben, seien sie auch noch so respektabel. Die arrêts de règlement sind solche, deren Versendung an die Untergerichte mit der Anweisung ausgeführt wurde, sie in ihren Anhörungen veröffentlichen und in ihre Register überschreiben zu lassen.

Prost de Royer stellt heraus, dass die arrêts de règlement an die Untergerichte verschickt werden, die dann gehalten sind, sie zu veröffentlichen. Sein Abgrenzungskriterium ist damit vielmehr die in den arrêts vorgeschriebene konkrete Form der Bekanntmachung als die Bekanntmachung selbst. Damit scheint es aber nicht ausgeschlossen, dass in einem arrêt en robes rouges gleichzeitig ein arrêt de règlement bestehen kann, wenn die jeweiligen Voraussetzungen vorliegen[83]. Prost de Royers Auffassung engt die arrêts de règlement nur auf die Anweisung der Veröffentlichung eines verkündeten arrêts ein, die sich jedenfalls

80 So sieht es auch Payen, La physiologie de l'arrêt de règlement, S. 353.

81 Antoine-François Prost de Royer (1729–1784), französischer Anwalt, Verwaltungsbeamter (Lieutenant-général de Police) und Rechtswissenschaftler.

82 Prost de Royer, Dictionnaire de jurisprudence, Bd. 6, S. 679.

83 Payen, La physiologie de l'arrêt de règlement, S. 353.

am Parlement gleichwohl ganz feierlich in Form eines arrêts en robes rouges vollziehen kann.

Insgesamt sieht es auch so aus, als habe es keine offene zeitgenössische Diskussion über das Verhältnis dieser Termini zueinander gegeben. Es kam bei der Zuordnung zu den arrêts en robes rouges ganz offensichtlich nur auf die öffentlichkeitswirksame Art der Entscheidungsverkündung an und nicht auf den Gehalt des jeweiligen arrêts[84]. Nach den zitierten Autoren handelte es sich nicht um eine inhaltlich begründete Gattung von Entscheidungen. Die Annahme, dass arrêts de règlement zum Teil arrêts en robes rouges waren, ist dann nachvollziehbar, wenn man lediglich den gleichartigen Veröffentlichungsaspekt als das Merkmal der arrêts en robes rouges und den gemeinsamen Nenner mit den arrêts de règlement versteht.

Für eine positive Definition der arrêts der règlement ist damit aber nichts gewonnen. Vor dem Hintergrund der unterschiedlich ausfallenden Erklärungen in den Quellen der Zeitgenossen ist es schwer, selbst für eine bestimmte Zeit eine einheitliche Bedeutung des arrêts de règlement nachzuzeichnen. Die zitierten Werke wurden nur mit Ausnahme Ferrières in der zweiten Hälfte des 18. Jahrhunderts veröffentlicht. Ihre Deutungen gehen aber unter wichtigen Einzelaspekten auseinander. Und einige weitere Autoren lösen die uneinheitlich erklärten Elemente gar nicht auf. Daher kann man auch für die rechtshistorische Perspektive nur eine eher formale Kerndefinition für den Quellenbegriff ausmachen. Nach den übereinstimmenden Ausführungen handelt es sich um Entscheidungen eines höheren Gerichtshofes mit Gesetzeskraft, die durch eigene Anweisung öffentlich gemacht wurden.

c) Der Forschungsbegriff: arrêts de règlement statt arrêts de police

Ausgehend von den gezeigten Begriffserklärungen lässt sich das wichtigste inhaltliche Merkmal der arrêts de règlement festhalten: Ihre Gesetzeskraft. Einige zeitgenössische Autoren stellen das noch deutlicher heraus als Denisart oder Guyot.

„Ils sont véritablement des Loix, ils en ont le caractère, la forme, le langage, et nous les recueillerons avec soin[.]“[85]

---

84 Der allgemeinverbindliche Gehalt eines arrêts erscheint hier eher als verbindendes Kriterium. Allerdings erreichten das die arrêts en robes rouges auf andere Weise als die arrêts de règlement, vgl. Prost de Royer, Dictionnaire de jurisprudence, Bd. 6, S. 664.

85 Prost de Royer, Dictionnaire de jurisprudence, Bd. 1, S. XXX.

Sie sind echte Gesetze, sie haben deren Eigenschaft, die Form, die Sprache und wir sammeln sie sorgfältig.

Prost de Royer[86] benennt die arrêts de règlement ausdrücklich als Gesetze und schreibt ihnen alle deren Eigenschaften zu. Leider unterlegt er diesen Befund nicht genauer. Gerade im Hinblick auf die angeblich gleichförmige Sprache tun sich nämlich Zweifel auf. Dessen ungeachtet wiederholt er die Bewertung als Gesetze an anderer Stelle:

„Quelquefois les Cours donnent des loix sous le titre de règlement[.]"[87]

Manchmal erlassen die Gerichtshöfe Gesetze unter dem Titel Règlement.

Auch Julien[88] schließt sich dieser Ansicht an, wenn auch mit einer etwas vorsichtigeren Formulierung, die an Guyots und Denisarts Beschreibungen erinnert:

„Les [arrêts de règlement] sont regardés comme des loix générales dans le ressort de la Cour qui les a rendus[.]"[89]

Die arrêts de règlement werden als allgemeine Gesetze angesehen in dem Ressort des Gerichtshofes, der sie erlassen hat.

Weil die Quellen die Gesetzeskraft der arrêts de règlement hervorheben, beschäftigt sich sie die Forschung mit ihnen als Produkt richterlicher Gesetzgebung[90]. Weil man die Rolle der Parlements aber traditionell als Gerichte im Blick hatte, hingen die Autoren[91] lange an der Vorstellung, dass es sich um *Urteile* handelte, die Gesetzeskraft entfalteten.

Mit diesem Paradigma lässt man allerdings einen wichtigen Aspekt aus den Augen. Viele der überlieferten arrêts de règlement gingen gar nicht aus einem

86 Antoine-François Prost de Royer (1729–1784), französischer Anwalt, Verwaltungsbeamter und Rechtswissenschaftler.

87 Prost de Royer, Dictionnaire de jurisprudence, Bd. 3, S. 7.

88 Jean-Joseph Julien (1704–1789), Rechtswissenschaftler und Beamter am Parlement de Provence und Cour des Aides de Provence.

89 Julien, Nouveau commentaire sur les Statuts de Provence, Bd. 1, S. XX.

90 Payen, Les arrêts de règlement du Parlement de Paris au XVIIIe siècle; Olivier-Martin, Les lois du roi.

91 Die älteren Einführungswerke gingen davon aus, dass die arrêts de règlement in erster Linie aus Parteiprozessen zu strittigen Fragen vornehmlich aus dem Zivil- und Strafrecht hervorgingen, so etwa Esmein, Cours élémentaire d'histoire du droit français, S. 595; offenbar auch Regnault, Manuel d'histoire du droit français, S. 227 und nach der Reihenfolge der Aufzählung zu urteilen auch noch Olivier-Martin, Histoire du droit français, S. 538 sowie ausdrücklich Dölemeyer, Coing, Handbuch der Quellen, Bd. 2, 2. Teilband, S. 220.

Parteiverfahren hervor und waren damit materiell keine Urteile, weil ein Rechtsstreit nicht entschieden wurde. Oftmals war der Anlass für einen arrêt de règlement eine Anfrage eines gerichtlichen Beamten, der die Beseitigung eines öffentlichen Missstandes durch arrêt des Parlements ersuchte. Für daraus hervorgegangenen Akte hat sich in der Forschung vorübergehend und zum Teil die Bezeichnung arrêts de police[92] durchgesetzt. Denn oft handelte es sich dabei um arrêts de règlement, die die allgemeine (sittliche) Ordnung angingen. Damit spielen die arrêts de police in den Gegenstand der deutschsprachigen Policeyforschung[93], denn die „gute Ordnung" verbindet sie mit den frühneuzeitlichen Policeyordnungen. Arrêts de police und Policeyordnungen sind daher inhaltlich gut vergleichbar[94]. Auch haben beide wenig mit gerichtlichen Entscheidungen in Parteiprozessen zu tun.

Anders als Urteile bzw. arrêts, die materielle oder prozessuale Rechtsfragen aus Parteiprozessen heraus beantworteten, waren die arrêts de police allgemeinverbindliche Verfügungen, mit denen die Parlements auf praktische Problemlagen für die Rechtsgemeinschaft im jeweiligen Ressort reagierten. In Abgrenzung zu bloßen Ausführungsakten unterer Verwaltungsträger enthielten die arrêts de police nach dem Leitbild einer den Parlements vorbehaltenen höheren „Police générale"[95] die allgemeinen Regeln zur Herstellung und Wahrung der allgemeinen Sicherheit und sittlichen Ordnung[96]. Sie waren nur in die alternativlose

92 Diesen Begriff begründete wohl Delcer mit seinem Werk Les arrêts de police du Parlement de Paris. Auch Payen verwendet ihn bzgl. der arrêts außerhalb des Privatrechts, Les arrêts de règlement du Parlement de Paris au XVIIIe siècle, S. 19. In den Quellen selbst taucht er selten auf und wenn, dann mit einem engeren Bedeutungskreis, wie z.B. in der weiter unten thematisierten Sammlung von Grimaldi de Régusse (sh. C.I.2. Gedruckte Quellen – die Sammlung von Grimaldy de Régusse), die damit einen arrêt mit sehr umfangreichen Verfügungen zum Seuchenschutz bezeichnet, arrêt de règlement „Pour la Police" vom 15. Januar 1682, Régusse, Les arrêts de règlement du Parlement de Provence, S. 145ff.

93 Vgl. auch den deutschen Forschungsbegriff Policey, dazu ausführlich Stolleis, Policey im Europa der Frühen Neuzeit; ders., Härter, Repertorium der Policeyordnungen; außerdem Iseli, Bonne police, S. 167.

94 So sieht es auch Iseli in ihrem Werk zur Police in Frankreich, Bonne police. Sie verwendet deswegen den deutschsprachigen Forschungsbegriff „Policey", wohl weil die französischen Quellen keinen Begriff enthalten, der die Abgrenzung zu modernen Polizeibehörden ermöglicht.

95 Synonym dazu auch „haute" oder „grande" police genannt, vgl. Prost de Royer, Dictionnaire de jurisprudence, Bd. 2, S. 834 und S. 847. Das diente stets der Abgrenzung zu den einfachen Ausführungsmaßnahmen auf der Ebene der Durchsetzung der Police.

96 Payen, Les arrêts de règlement du Parlement de Paris au XVIIIe siècle, S. 162ff.

Außenform des arrêts eingekleidet. Obwohl die Parlements diese Verfügungen wie auch die echten Urteile als *arrêts* (de règlement) erließen, sahen sie die Zeitgenossen nicht als Ausprägung der justiziellen Befugnisse der Gerichte. Der frühneuzeitliche Staatsrechtler Loyseau[97] begründete diese Eigenständigkeit mit der aus der heutigen Forschungssicht nachvollziehbaren Reichweite und dem Verfahren der „règlements de police":

„[L]e droit de Police consiste proprement à pouuoir faire des reglemens particuliers, pour tous les citoyens de son distroit & territoire: ce qui excede la puissance d'vn simple Iuge, qui n'a pouuoir, que de prononcer entre le demandeur & defendeur; & non pas de faire des reglemens, sans postulation d'aucun demandeur, ni d'audition d'aucun défendeur[.]"[98]

Das Police-Recht besteht eigens darin, besondere Règlements schaffen zu können für alle Bürger [des] Bezirks und Territoriums: was über die Fähigkeit eines einfachen Richters hinausgeht, der nur zwischen Kläger und Beklagtem urteilen kann; und keine Règlements schaffen kann, ohne Vortrag eines Klägers und Anhörung eines Beklagten.

In dem Text unter dem Kapitel zum „Police-Recht"[99] bezieht er sich auf die Règlements der Parlements[100]. Da „simple juges" nur in Parteiverfahren urteilen können, seien die besonderen (policeylichen) Règlements „pour tous les citoyens" gerade nicht von den gewöhnlichen richterlichen Befugnissen umfasst. Leider geht Loyseau nicht auf den Unterschied zu allgemeinregelnden arrêts de règlement ein, die Parteiverfahren entspringen. Die beschriebenen „reglemens particuliers" stellte er im Sinne einer Rechtsquellenhierarchie unter die „loys générales" des Souveräns[101] und nimmt ihnen damit ein gutes Stück der zuvor zugestandenen gesetzlichen Autorität[102]. Denn die règlements de police sollen den höheren allgemeinen Gesetzen nicht widersprechen können[103]. Dass das nur ein theoretisches Gebot war, wird diese Arbeit noch an anderer Stelle zeigen[104].

97 Charles Loyseau (1564–1627), bedeutender französischer Staats- und Rechtswissenschaftler, Beamter und Richter.

98 Loyseau, Traité des seigneuries, Kap. 9, Nr. 3, S. 91.

99 „Droit de police" (Traité des seigneuries, Kap. 9) ist hier wiederum nicht als „Polizeirecht" zu verstehen. Loyseau fasst darunter die allgemeinen Befugnisse der Parlements zur Rechtssetzung im Hinblick auf die Herrschaft des Fürsten bzw. Königs.

100 Das ergibt sich aus dem Zusammenhang mit einem späteren Absatz, Loyseau, Traité des seigneuries, Kap. 9, Nr. 8, S. 92.

101 Loyseau, Traité des seigneuries, Kap. 9, Nr. 7, S. 91.

102 Loyseau, Traité des seigneuries, Kap. 9, Nr. 3, S. 91.

103 Loyseau, Traité des seigneuries, Kap. 9, Nr. 7, S. 91.

104 Sh. D.I. Das Parlement de Provence: Gesetzgeber im Gewand eines Gerichtshofes.

Trotzdem bieten Loyseaus Gedanken der Forschung zu den arrêts de règlement einen guten Anknüpfungspunkt: Wenn schon die Zeitgenossen sie nicht als Ausprägung der Rechsprechungshoheit der Parlements ansahen, sollte man sie auch heute als eigenständige, nicht der Gerichtsfunktion entspringende Akte betrachten. In der Konsequenz heißt das, dass auch wenn Richter des Parlements arrêts de règlement verfügt haben[105], damit zwar arrêts, aber keine Urteile erlassen wurden.

Insofern waren die arrêts de règlement also funktionell von anderen Akten der Parlements zu trennen. Die häufig genannte Vermischung von Gewalten im Ancien Régime stellt sich damit eher als ein Zusammenlaufen von unterschiedlich gearteten Aufgaben auf die Parlements als einheitliche regionale Herrschaftsträger dar. Sie waren in ihrer rechtsprechenden und rechtsetzenden Funktion, in modernen Kategorien ausgedrückt, Gericht und Gesetzgeber zugleich. Allerdings bezogen sich die arrêts de règlement für die allgemeine Ordnung häufig auf königliche Gesetze. Die in arrêts geregelten Sachverhalte fielen oftmals schon unter weiter gefasste Ordonnanzen. Im Sinne einer Normenhierarchie kann man die Police als das Feld der Parlements verstehen, in dem sie per arrêt de règlement den Gesetzen im Sinne der allgemeinen Ordnung zu einer effektiven Durchsetzung verhalfen. Die arrêts de police lassen sich dann als präzisierendes bzw. ergänzendes Instrument ohne eigenen gesetzgeberischen Anspruch, wie es zumindest einige Zeitgenossen verstanden[106], ansehen. Die Übergänge sind aber fließend, zumal jede Konkretisierung oder Ergänzung den Regelungsgehalt bestehender Normen erweitert. Und gegenständlich war eine Beschränkung auf Fragen der Police für eine echte Abgrenzung zu Gesetzen zu grob und ungenau[107], wie Guyot herausstellt:

„[O]n ne peut pas fixer d'une manière bien précise ce qu'on entend et ce qu'on doit entendre par la haute police."[108]

Man kann nicht genau festlegen, was man unter der Police versteht und verstehen soll.

Dennoch gab es eine Art praktischen Konsens für die klassischen Themen der Police, wie zeitgenössische Abhandlungen zeigen[109]. Mit deren Hilfe lassen sich arrêts de police gut typisieren[110]. Gleichwohl lassen sie sich auch darüber nicht

105 Das rechtfertigt es, die arrêts de règlements zumindest zusammenfassend unter den allgemeinen Begriff von Entscheidungen zu fassen.

106 Z. B. Le Bret, Traité de la Souveraineté, Buch I, Kapitel 9, S. 73.

107 Payen, Les arrêts de règlement du Parlement de Paris au XVIIIe siècle, S. 164f.

108 Guyot, Repertoire de jurisprudence, Bd. 11, S. 533.

109 Delamare, Traité de la Police; Duchesne, Code de la Police.

110 Sh. C.II. Typische Regelungsgebiete und Gegenstände.

gut von anderen arrêts de règlement abgrenzen. Der in der Police mitschwebende Zweck des Allgemeinwohls[111] weist eine so offene Zielrichtung auf, dass sich darunter fast alle Rechtsnormen der Zeit ordnen lassen[112]. Deswegen sind die arrêts de police nicht von ihren Gegenständen her zu fassen, so wie die deutsche Policey[113]. Arrêts de police sind nicht einmal eindeutig von arrêts de règlement mit Regelungen zum materiellen Privatrecht zu trennen[114]. Für eine Zuordnung gibt es in jedem arrêt de règlement nur Indizien, die sich als halbwegs zuverlässig erweisen. Darunter fällt auch der für die Akte der Police häufig betonte Missbrauchs- bzw. Gefahrenaspekt, den die arrêts oft im Wortlaut anführen. Für ein einheitliches Verständnis von Missbrauchsprävention und Police fehlte es allerdings an klaren begrifflichen Bedeutungslinien[115]. Dessen ungeachtet bleibt die praktische Konzentration vieler arrêts de règlement auf bestimmte Gegenstände, die die Zeitgenossen der Police ausdrücklich zuordneten[116], hilfreich für eine typisierende Einordnung.

Die Police-arrêts genossen, wie schon gesagt, kraft ihrer Form die gesetzliche Ausstrahlung der arrêts de règlement im Allgemeinen[117]. Im Gegensatz zu den Gesetzen sollten insbesondere die policeylichen arrêts de règlement aber einen provisorischen Charakter[118] aufweisen, der manchmal in ihren

---

111 „Bien public" als umfassender Begriff, Harouel et al., Histoire des institutions, S. 350f., Rn. 368.

112 Harouel et al., Histoire des institutions, S. 350f., Rn. 368.

113 Iseli, Bonne police, S. 21,22, 307.

114 Z. B. der arrêt de règlement vom 13. Dezember 1664, der die Altersgrenzen für die zustimmungsbedürftige Eheschließung festsetzte, Régusse, Les arrêts de règlement du Parlement de Provence, S. 58. Dass er aus einem Prozess hervorgegangen ist, ergibt sich nur aus der kurzen Formulierung, dass er auf eine „requête judiciairement faite" ergangen ist. Ansonsten präsentiert er sich als ein klassisches Verbot auf dem Gebiet der Police.

115 Vgl. die Erklärung im Dictionnaire historique de la langue française, Band 1, S. 362; Guyot, Repertoire de jurisprudence, Bd. 11, S. 533. Vgl. zur vielseitigen Verwendung auch den *Appel comme d'abus* als Berufungsinstrument gegen missbräuchliche Entscheidungen weltlicher oder kirchlicher Gerichte, sh. dazu Aubert de La Chesnaye-Desbois, Dictionnaire historique des mœurs, usages, et coutumes des François, Band 1, S. 93.

116 Delamare, Traité de la Police; Duchesne, Code de la Police.

117 Prost de Royer, Dictionnaire de jurisprudence, Bd. 3, S. 7; Julien, Nouveau commentaire sur les Statuts de Provence, Bd. 1, S. XX.

118 Sueur, Histoire du droit public français, Bd. 2, S. 144f.; Payen, Les arrêts de règlement du Parlement de Paris au XVIIIe siècle, S. 463ff.

Verfügungen zum Ausdruck kommt und von den Zeitgenossen wie Le Bret[119] beschworen wurde:

„L'on fait encore cette demande: savoir si les cours souveraines ont aussi le droit de faire des lois. A quoi l'on répond qu'elles peuvent bien faire des règlements publics selon les occasions qui se présentent aux formes de la justice et de la police et par provision seulement."[120]

> Man stellt noch immer diese Frage: zu wissen, ob die Cours souveraines auch das Recht haben, Gesetze zu erlassen. Worauf man antwortet, dass sie wohl öffentliche Règlements nach den Begebenheiten erlassen können, die sich den Formen der Justiz und der Police präsentieren, und nur provisorisch.

Ganz anders als Prost de Royer[121] und Julien[122] bestreitet Le Bret die eigene gesetzliche Autorität der arrêts de règlement der Cours souveraines und stellt sie ähnlich wie Loyseau[123] als eine eigene Gruppe öffentlicher, also allgemeingültiger, aber eben provisorischer Regelungen nach Maßgabe der Umstände des Einzelfalles dar. Interessanterweise unterscheidet er nebenbei auch ihre einerseits Justiz- und andererseits Police-Funktion, was für ihre fehlende Gesetzeskraft aber ohne Bedeutung zu sein scheint.

Der provisorische Charakter relativiert sich bei der Betrachtung einiger arrêts de règlement[124], wie sich in dieser Arbeit auch für das Parlement de Provence zeigen wird[125]. Letztlich muss man ihn als allgemeine Zuschreibung im Sinne einer Rechtfertigung dafür verstehen, dass die Parlements in bestimmten Fällen eben doch Regelungen schufen, die keine konkrete gesetzliche Vorlage hatten und einer ausdrücklichen königlichen Autorisation entbehrten. Denn das rückte arrêts de règlement, insbesondere arrêts de police zu nahe an die eigentlich exklusive Gesetzgebung des Königs.

---

119 Cardin Le Bret oder Lebret (1558–1655), französischer Jurist, Politiker und einer der ersten Vertreter der absolutistischen Theorie.

120 Le Bret, Traité de la Souveraineté, Buch I, Kapitel 9, S. 73.

121 Prost de Royer, Dictionnaire de jurisprudence, Bd. 3, S. 7.

122 Julien, Nouveau commentaire sur les Statuts de Provence, Bd. 1, S. XX.

123 Loyseau, Traité des seigneuries, Kap. 9, Nr. 3, S. 91.

124 Payen, Les arrêts de règlement du Parlement de Paris au XVIIIe siècle, S. 464f.

125 Ein gutes Beispiel dafür ist der arrêt de règlement des Parlement de Provence vom 22. Mai 1625 (Régusse, Les arrêts de règlement du Parlement de Provence, S. 12), der Regeln für die Abgabe von Gütern aus Kaperfahrten aufstellt, lange bevor diese Materie durch eine königliche Ordonnance geregelt wurde.

Und so beharrt auch Grimaldi de Régusse[126] als wichtigster Kompilator der arrêts de règlement aus Aix-en-Provence auf der Meinung, dass es sich bei den Règlements genau genommen nur um ein besonderes Rechtsprechungsprivileg handelt, das nichts mit der Gesetzgebung an sich zu tun hat.

„[M]ais dès qu'une fois la loy est établie, le Prince en commet l'execution à ses Parlemens, & [...] leur permet de fixer une jurisprudence, quand il n'a pas decidé. Ces illustres Compagnies sont les seules à qui le Souverain donne le droit de faire des Reglemens."[127]

> Aber sobald das Gesetz aufgestellt ist, überträgt der [König] die Ausführung seinen Parlements, und erlaubt ihnen eine Rechtsprechung festzusetzen, wenn er noch nicht entschieden hat. Diese illustren Gesellschaften sind die einzigen, denen der Souverän das Recht gibt, Règlements zu erlassen.

Régusse versteht die arrêts de règlement also nicht als Gesetze, sondern als Ausführungsakte auf einem niederen Rang[128]. Hierbei unterscheidet er auch weder nach dem Anlass der arrêts, also danach, ob sie in einem Parteiverfahren oder auf Anfrage eines Gerichtsbeamten[129] erlassen wurden, noch nach dem Gegenstand bzw. Gehalt der Verfügungen. Nur ganz grob trennt er arrêts de règlement gegen ungesetzliche Urteile niederer Gerichte einerseits und arrêts de règlement andererseits, die neuen Missbräuchen vorbeugen sollen:

„[Les Parlements] ne se determinent à publier leurs sages dispositions, que quand il passe sous leurs yeux des Jugemens où l'Ordonnance, les Édits & les Declarations de Sa Majesté ont été violés, ou quand ils aperçoivent des abus nouveaux qui intéressent l'ordre judiciaire. Dans le premier cas [...] ils aprennent par leurs Arrêts aux subalternes, la regle dont ils s'étoient écartés ; dans le second, ils corrigent le vice [...] en faisant aux Juges inferieurs des inhibitions & des défenses de retomber en pareille faute, ou en leur prescrivant par des injonctions, la route qu'ils doivent suivre: ces sortes d'Arrêts s'appellent Reglemens."[130]

---

126 Sh. C.I.2.b) .

127 Régusse, Arrêts de Règlement, S. i.

128 Im Gegensatz zu Loyseau, Traité des seigneuries, Kap. 9, Nr. 3, S. 91, beschränkt er ihre Funktion streng auf die Ausführung der königlichen Gesetze.

129 Der fehlende Bezug auf Règlements aus Parteiverfahren erklärt sich allerdings schon mit der fast ausschließlich auf Police-arrêts beschränke Überlieferung für die Provence, was sich wiederum aus dem Droit écrit erklärt und nicht etwa mit fehlenden Kompetenzen. Die Lösungen des Römischen Zivilrechts waren schlichtweg ausdifferenziert und bedurften nur selten allgemeiner Ergänzungen.

130 Régusse, Arrêts de Règlement, S. i,ii.

> Die Parlements [veröffentlichen] ihre weisen Vorschriften nur, wenn ihnen Urteile unter ihre Augen kommen, wo die [Ordonnanzen], Edikte und Deklarationen Seiner Majestät verletzt wurden, oder wenn sie neue Missbräuche erkennen, die die gerichtliche Ordnung betreffen. Im ersten Falle lehren sie durch ihre arrêts den Untergerichten die Regel, von der sie sich entfernt haben; im zweiten [Falle] korrigieren sie den Mangel, indem sie den unteren Richtern [Verbote] auferlegen, [den Fehler zu wiederholen], oder indem sie ihnen mit Anordnungen den Weg vorschreiben, dem sie folgen sollen: Diese Arten von arrêts nennen sich Règlements."

Régusse benennt dafür zwei Situationen, in denen die Parlements ihre Regelungen veröffentlichten[131]. Einerseits wenn sie von Urteilen unterer Gerichte Kenntnis erlangten, die gegen die Gesetze des Königs verstießen. Andererseits wenn sie sich neuen Missbräuchen ausgesetzt sahen, die das Gerichtswesen angingen. Dieser Hinweis auf die Justiz scheint jedoch keine Beschränkung auf die inneren Angelegenheiten der Justizverwaltung, sondern eher ein allgemeiner Verweis auf die umfassende Zuständigkeit der Gerichte zu sein. Jedenfalls behoben die Parlements auftretende Mängel, indem sie Verfügungen an die Untergerichte erließen, um derlei Fehler bei deren Rechtsanwendung zu vermeiden. In beiden Situationen („ces sortes d'Arrêts") handelte es sich nach Régusse um arrêts de règlement. Mit dem herausgestellten Missbrauchsaspekt kann man den arrêts im zweiten Fall einen policeylichen Charakter zuschreiben. Allerdings scheint der Missbrauchsbegriff auch in Régusses Sprache so unbestimmt, dass man hierunter keine Beschränkung auf klassische Themen der Police verstehen muss – auch wenn gerade dort besonders oft von Missbrauch gesprochen wurde. Selbst die sorglose Anwendung unklarer oder zu lockerer Vorschriften konnte missbräuchlich sein.

d) Kritik

Insgesamt ist es besser, arrêts de police nicht als klar abgrenzbare homogene Gruppe innerhalb der arrêts de règlement zu verstehen und den Begriff sparsam zu verwenden, zumal er sich mit den Quellen kaum belegen lässt[132]. Die Ausrichtung vieler arrêts auf tatsächliche Gefahrenzustände rechtfertigt keine strenge

131 Er verzichtet auf eine Formulierung, die sie als Rechtsschöpfer herausstellt.

132 In den Quellen selbst taucht er selten auf und wenn, dann mit einem engeren Bedeutungskreis, wie z.B. in der weiter unten thematisierten Sammlung von Grimaldi de Régusse (sh. C.I.2. Gedruckte Quellen – die Sammlung von Grimaldy de Régusse), die damit einen arrêt mit sehr umfangreichen Verfügungen zum Seuchenschutz bezeichnet, sog. arrêt de règlement „Pour la Police" vom 15. Januar 1682, Régusse, Les arrêts de règlement du Parlement de Provence, S. 145ff.

Kategorisierung. Die positive Abgrenzung scheitert an der unbestimmten Fülle der Police[133]. Auch die Abwesenheit eines Parteiprozesses als Verfahrenskriterium kann den Begriff nicht hinreichend verfeinern: Viele als „règlements" überlieferte arrêts betrafen das Gerichtsverfahren oder sehr konkrete Sachverhalte mit namentlich erwähnten Betroffenen ohne jeglichen Bezug zu einem Parteiverfahren[134]. Dabei steht nur fest, dass die arrêts de règlement und Police derart zusammengehören, dass die arrêts „de police" einen großen Teil der überlieferten arrêts de règlement ausmachen[135]. Auch fast alle der vom Parlement de Provence überlieferten arrêts de règlement sind Themen gewidmet, die in den zeitgenössischen Werken der Police zugeordnet werden[136]. Sie weisen darüber hinaus jedoch keine besonderen formalen Kriterien auf. Für den konkreten Untersuchungsgegenstand[137] der vorliegenden Arbeit ist die Unterscheidung zwischen arrêts de police und übrigen arrêts de règlement deshalb ohne Bedeutung. Deswegen halte ich es für angebracht, in dieser Arbeit nur von arrêts de règlement zu sprechen.

Der Police-Charakter der überlieferten arrêts de règlement und ihr Erlass außerhalb von Parteiverfahren sind also in gewisser Weise der Normalfall – entgegen der früher verbreiteten Ansicht[138]. Diese beiden Kriterien eignen sich damit nicht für eine konsequente Kategorisierung. Der Aspekt der Police bleibt aber schlicht interessant im Hinblick auf die rechtspraktische Doppelnatur der arrêts de règlement. Die arrêts de règlement füllten die Lücke zwischen den allgemeinen Gesetzen und ihren Ausführungsakten, während sie

---

133 Guyot, Repertoire de jurisprudence, Bd. 11, S. 533.

134 Vgl. Payen, Les arrêts de règlement du Parlement de Paris au XVIIIe siècle, 449f.

135 Payen, Les arrêts de règlement du Parlement de Paris au XVIIIe siècle, S. 162ff.

136 Für die 19 arrêts de règlement des Jahres 1672 sind es z. B. 15. Ein anderer größerer Teil ist dem Verfahren vor den Gerichten in der Provence gewidmet. In der getroffenen Auswahl an arrêts aus den Registern befinden sich sonst nur noch einige arrêts, die keiner einheitlichen Gruppe zuzuordnen sind, womit arrêts de règlement und arrêts de police in dieser Untersuchung praktisch zusammenfallen.

137 Sh. C.I. Der überlieferte Bestand.

138 Wie schon oben gesagt, gingen die älteren Einführungswerke davon aus, dass die arrêts de règlement in erster Linie aus Parteiprozessen zu strittigen Fragen vornehmlich aus dem Zivil- und Strafrecht hervorgingen, so etwa Esmein, Cours élémentaire d'histoire du droit français, S. 595; offenbar auch Regnault, Manuel d'histoire du droit français, S. 227 und nach der Reihenfolge der Aufzählung zu Urteilen auch noch Olivier-Martin, Histoire du droit français, S. 538 sowie ausdrücklich Dölemeyer, Coing, Handbuch der Quellen, Bd. 2, 2. Teilband, S. 220.

Merkmale beider Instrumente aufwiesen[139]. Das erlaubte es den zeitgenössischen Theoretikern, arrêts de règlement in ihrer Wirkung mit Gesetzen zu vergleichen[140] und ihre Verfügungen zugleich als provisorisch[141] und untergesetzlich[142] einzustufen, was einen Kompromiss mit dem Konzept der strengen königlichen Souveränität[143] erlaubte, die allein dem Herrscher die gesetzgeberische Autorität vorbehielt, wie auch Ferrière im Zusammenhang mit den arrêts zu erkennen gibt:

„[Arrêts de règlements] sont les décisions que les cours souveraines font [...] sous le bon plaisir de sa Majesté, comme étant à cet égard les dépositaires du pouvoir souverain du Prince.“[144]

> Arrêts de règlement sind die Entscheidungen, die die cours souveraines unter dem Wohlgefallen seiner Majestät, als – in dieser Hinsicht – die Inhaber der souveränen Macht des [Fürsten] erlassen.

II. Forschungsstand

Das Verständnis der arrêts de règlement als einheitliche Gruppe ist auch Ausdruck eines gewandelten Forschungsinteresses. Arrêts de règlement, Police und Verwaltung sind in der Forschung zum Ancien Régime nicht mehr voneinander zu trennen[145]. Während die arrêts de règlement in der Vergangenheit vor allem als Teil der eigenständigen Justizgeschichte Frankreichs angesehen wurden, verstehen sie sich in der jüngeren Forschung als Teil der breiter angelegten Verwaltungsgeschichte, die auch die rechtsprechenden Verwaltungsträger einfasst. Für einen Abriss des älteren und neueren Forschungsstandes eignet sich eine kurze Zusammenfassung der wenigen deutschsprachigen Werke, die zumindest den Begriff kennen, um anschließend die wichtigen französischsprachigen Beiträge zu dem Thema zu benennen und zu bewerten.

---

139 Oliver-Martin, Les lois du roi, S. 187ff.

140 Prost de Royer, Dictionnaire de jurisprudence, Bd. 3, S. 7., Julien, Nouveau commentaire sur les Statuts de Provence, Bd. 1, S. XX.

141 Le Bret, Traité de la Souveraineté, Buch I, Kapitel 9, S. 73.

142 Loyseau, Traité des seigneuries, Kap. 9, Nr. 3, S. 91., Régusse, Arrêts de Règlement, S. i.

143 Sh. B.II.2 Souveränität und Rechtsprechungshoheit.

144 Ferrière, Dictionnaire de droit et de pratique, Bd. 1, S. 116.

145 Vgl. Payen, Les arrêts de règlement du Parlement de Paris au XVIIIe siècle.

1. Deutschsprachige Literatur

Die arrêts de règlement sind eng mit den französischen Parlements der Frühen Neuzeit verbunden. Das Thema bleibt damit auf Frankreich begrenzt. Das hat Auswirkungen auf die wissenschaftliche Auseinandersetzung. Im deutschsprachigen Raum ist schon der Begriff arrêt de règlement kaum bekannt[146]. Er findet sich aktuell nur selten erwähnt und bisweilen unrichtig eingeordnet[147]. Wer sich aber mit der Rechtsgeschichte, der Staatsgeschichte oder der politischen Geschichte unseres Nachbarlandes auseinandersetzt, hat fast keine Chance, diesen Begriff zu überlesen. Gleichwohl gibt es keine deutschsprachige Monographie, die den arrêts de règlement gewidmet ist. Ältere Wörterbücher und Lexika enthalten nur manchmal eine Erklärung unter dem Stichwort „arrêt".[148]

Die mangelnde Auseinandersetzung mit der Materie erklärt sich unter anderem mit dem allgemein überschaubaren Bestand deutscher Literatur zur Rechtsgeschichte Frankreichs. Aus dem 19. Jahrhundert gibt es nur ein auf Deutsch verfasstes Werk, das sich umfassend mit der französischen Staats- und Rechtsgeschichte beschäftigt[149] und immerhin ein Kapitel den Cour souveraines widmet. Dort, im Band zur Staatsgeschichte, geht Leopold Warnkönig in einem institutionengeschichtlichen Abriss der Parlements immerhin mit einem Absatz auf die arrêts de règlement ein, die er als Bescheide[150] mit allgemeinen Rechtsnormen charakterisiert[151]. Warnkönigs Ausführungen zur Grundlage dieser Befugnis sind jedoch sehr ungenau und enthalten Unterstellungen. So behauptet er, dass sich die Parlements als das „Organ des Gesetzgebers erklärten" und die „Gemeinbescheide [...] vom König missbilligt" ihre Kraft verloren[152]. Diese

146 Allerdings beschäftigt sich die rechtshistorische Forschung in Deutschland mit den Gemeinen Bescheiden des Reichskammergerichts, mit denen es Prozessrechtsfragen allgemein klärte, Oestmann, Gemeine Bescheide. Sie standen in normengeschichtlicher Betrachtung wie die arrêts de règlement „auf der Grenze zwischen Gesetzgebung, Verwaltungsanordnung und Einzelfallentscheidung".

147 So z. B. Schmoeckel, Vom Allgemeinbekannten zum Gerichtsbekannten, ZRG KA 133 (2016), 200–241, der die arrêts de règlement schlicht mit den actes de notoriété gleichsetzt.

148 Z. B. Sachs-Villatte, Deutsch-französisches Wörterbuch, „Arrêt".

149 Warnkönig, Stein, Französische Staats- und Rechtsgeschichte.

150 Mit der Übersetzung als Bescheid trifft er jedoch die normengeschichtliche Bedeutung.

151 Warnkönig, Französische Staats- und Rechtsgeschichte, Bd. 1, S. 591.

152 Warnkönig, Französische Staats- und Rechtsgeschichte, Bd. 1, S. 591.

Beobachtung fügt sich in ein schon überkommenes Bild von den Gerichtshöfen als unliebsame Antagonisten des absolutistischen Königs[153].

In der jüngeren Forschung stößt man jedoch auf ein größeres Interesse an der Rechtsgeschichte Frankreichs. Die arrêts de règlement tauchen dementsprechend in der deutschen Literatur wieder vereinzelt in Monographien und anderen Schriften auf, die sich entweder mit gesamteuropäischen Phänomenen beschäftigen oder konkrete rechtshistorische Vergleiche bemühen. So nähert sich Heinz Mohnhaupt dem Thema[154] in seiner 1972 erschienenen Abhandlung zur gesetzgebenden Gewalt im Ancien Régime. Er spricht sie auch kurz in einem Beitrag zur Geschichte der Gesetzgebung an, wo er sie für vergleichbar mit den „decreta communia", also den Gemeinen Bescheiden des Reichskammergerichts hält[155]. Walter hingegen behandelt die arrêts in seiner Dissertation zur französischen Rechtsprechung im Ancien Régime[156], ebenfalls 1972. Miersch erwähnt die arrêts de règlement beiläufig in seiner Arbeit zu den Auslegungsverboten in der Neuzeit[157]. Zudem gibt es seit 1973 einen wichtigen, wenn auch kurzen Handbucheintrag zu arrêts de règlement im Handbuch der Quellen und Literatur der neueren Europäischen Privatrechtsgeschichte von Dölemeyer. Ihnen ist dort immerhin eine Einleitung[158] mit umfassender Quellenübersicht unter dem Kapitel „Gesetzgebung in Frankreich" gewidmet, wo sich auch die Übersetzung als „Verordnungsurteile" findet.

2. Französischsprachige Literatur

Wenig überraschend geht die rechtshistorische Forschung in Frankreich auf diesem Gebiet viel weiter. Allerdings bilden die französischsprachigen Monographien zu den arrêts de règlement auch einen überschaubaren Bestand. Sie beschränken sich zudem angesichts der Menge der Quellen auf die

153 Vgl. Hamscher, The Conseil privé and the parlements in the age of Louis XIV: A study in French absolutism, Transactions of the American Philosophical Society, Bd. 77, Nr. 2, S. 147f.

154 Mohnhaupt, Potestas legislatoria und Gesetzgebung im Ancien Régime, Ius Commune IV, S. 188–239 (229).

155 Mohnhaupt, Grundlinien in der Geschichte der Gesetzgebung auf dem europäischen Kontinent vom 16. bis 18. Jahrhundert. Ein experimenteller Überblick, ZNR 2006, S. 124ff. (163).

156 Walter, Die französische Rechtsprechung des Ancien Régime und ihre Sammlungen, S. 32–34.

157 Miersch, Der sogenannte référé législatif, S. 27.

158 Dölemeyer, Coing, Handbuch der Quellen, Bd. 2, 2. Teilband, S. 220.

Rechtsprechung einzelner Parlements in bestimmten Zeitabschnitten. Einen größeren Überblick geben die jüngeren und älteren Einführungs- bzw. Standardwerke, die aber selbstverständlich nicht auf Einzelheiten eingehen. Insgesamt ist es mit der rechtshistorischen Forschung zu den arrêts de règlement wie bei vielen anderen Themen im Zusammenhang mit dem Ancien Droit: Paris nimmt den überwiegenden Teil der Aufmerksamkeit der Autoren für sich in Anspruch.

a) Monographien

Philippe Payen hat mit einem noch relativ jungen zweibändigen Werk (1997) die bisher größte und ausführlichste Darstellung für die arrêts de règlement aus Paris verfasst. Die Untersuchung konzentriert sich auf die oben angesprochenen arrêts de police[159], also gerichtliche Akte außerhalb von Parteiprozessen, die in etwa den deutschen Policeyordnungen entsprechen[160] und wählte einen verwaltungsgeschichtlichen Zugang. Dabei geht es im ersten Band[161] um die wesentlichen Merkmale der arrêts, ihre Funktion und Einordnung gegenüber Gesetzen im Zusammenhang mit der Police. Der zweite Band[162] behandelt den Aufbau, die Entstehung und das Verfahren der Entscheidungen. Payens Erkenntnisse haben die Literatur zu dem Thema stark beeinflusst[163]. Die quellennahe Arbeit mahnt Autoren zu sorgfältigerer Differenzierung, insbesondere bei der Frage nach Verwendung und Nutzen der arrêts de règlements[164].

Die schon älteren Dissertationen von Déteix[165] (1930) und Delcer[166] (1959) beziehen sich ebenfalls auf das Pariser Parlement, sind aber nicht zuletzt wegen ihres geringen Umfangs von untergeordneter Bedeutung[167]. Allerdings kann man Delcer zuschreiben, den Blick der Forschung auf den policeylichen bzw. verwaltungsgeschichtlichen Blick gelenkt zu haben – wenn auch erst einige Zeit nach der Veröffentlichung des Werks.

---

159 Sh. A.I.2.c) Von arrêts de règlement zu arrêts de police.

160 Sh. dazu ausführlich Stolleis, Policey im Europa der Frühen Neuzeit; ders., Härter, Repertorium der Policeyordnungen.

161 Payen, Les arrêts de règlement du Parlement de Paris au XVIIIe siècle.

162 Payen, La physiologie de l'arrêt de règlement du Parlement de Paris au XVIIIe siècle.

163 Vgl. schon Lemonnier-Lesage, Les arrêts de règlement du Parlement de Rouen, die sich in ihren Ausführungen durchgehend auf Payen stützt.

164 Imbert im Vorwort zu Payen, Les arrêts de règlement du Parlement de Paris au XVIII siècle, S. 9

165 Déteix, Les arrêts de règlement du Parlement de Paris.

166 Delcer, Les arrêts de police du Parlement de Paris.

167 Payen, Les arrêts du Parlement de Pairs au XVIIIe siècle, S. 20f.

Einen weiteren jüngeren Beitrag hat Virginie Lemonnier-Lesage mit ihrer Untersuchung zu den arrêts de règlement des Parlements de Rouen[168] (1999) geleistet. Die Dissertation stützt sich an vielen Stellen auf die Erkenntnisse von Payen und bestätigt seine Beobachtungen für ein provinzielles Parlement. Leider kommen die Quellen hier nicht oft genug zu Wort. Der Autorin kam es mehr auf eine Ordnung der arrêts de règlement nach unterschiedlichen Kriterien an. Allerdings handelte es sich bis hierher um das einzige Werk, das ausschließlich den arrêts de règlement eines anderen Parlements als Paris gewidmet ist.

Robert beschäftigte sich in seiner Dissertation von 1912[169] mit der gesamten Rechtsprechungstätigkeit des Parlements in Aix-en-Provence und verfolgte dabei eine sozialgeschichtliche Perspektive aus dem Innern des Gerichts heraus, in der er die politischen Ziele der Richter herausstellte. Diese Ausrichtung war schon im 19. Jahrhundert in der französischen Geschichtsforschung nicht ungewöhnlich, wie die Werke einiger berühmter Autoren[170] belegen. Dennoch sind die arrêts de règlement des Parlements de Provence dabei nur ein kleiner Teil von Roberts Betrachtung und nicht Gegenstand einer eingehenden Untersuchung. Dem Werk fehlen vor allem die wichtigen Quellennachweise, die seine Erkenntnisse nachvollziehbar machen. Inwieweit Robert sich in seiner Analyse tatsächlich auf die arrêts de règlement gestützt hat, legt er nur unzureichend offen. Seine Aussagen konzentrieren sich jedenfalls nicht auf diesen Gegenstand. Und nach Payen eignen sich die arrêts de règlement auch nicht für eine auf die politischen Neigungen der Entscheidungen angelegten Analyse[171].

Auch Louis Wolff behandelt in seiner Arbeit von 1920[172] ausschließlich die Organisation und das Verfahren des Gerichtshofes in Aix, ohne auf seine Regelungsinstrumente einzugehen. Dabei eignet sich das Parlement de Provence in dieser Hinsicht, weil es zu seiner Zeit zumindest einige Versuche[173] gegeben hat, seine arrêts zu sammeln, und auch eine große Anzahl seiner Entscheidungen in den Archivbeständen[174] überliefert ist.

---

168 Lemonnier-Lesage, Les arrêts de règlement du Parlement de Rouen, fin XVIième au XVIIème siècle.

169 Robert, Les remontrances et arrêtés du Parlement de Provence au XVIIIe siècle.

170 Jules Michelet (1789–1874) als bedeutender französischer Vertreter des Historizismus, François Guizot (1787–1874), Augustin Thierry (1795–1854) vor allem mit seinen Werken zur Geschichte des Dritten Standes.

171 Payen, Les arrêts de règlement du Parlement de Paris au XVIIIe siècle, S. 14.

172 Wolff, Le Parlement de Provence au XVIIIe siècle: organisation, procédure.

173 Unter anderem die Sammlungen St. Jean, Duvair, Boniface, Régusse, Sh. C.I.2.a) Die arrêtistes.

174 Sh. Abschnitt „Arrêts in den Registern“.

b) *Standardwerke*

Neben den genannten Monographien verarbeiten die Standardwerke zur französischen Rechtsgeschichte die arrêts de règlement meist im Zusammenhang mit den Parlements und ihren Befugnissen. Vor allem die älteren Kompendien und Lehrbücher stützen sich dafür nur auf die zeitgenössische Theorie. Neben der Provenienz der Quellen bieten sich damit unterschiedliche thematische Anknüpfungspunkte. Häufig stolpert man deswegen über die arrêts de règlement, wenn man von der Beteiligung der Parlements an der königlichen Rechtssetzung oder von ihren quasi-gesetzgeberischen bzw. außergerichtlichen Befugnissen liest.

Dabei ist unter den Autoren neuerer Werke Jean-Pierre Royer[175] zu nennen, der zunächst eine Einordnung der arrêts de règlement vermeidet, indem er sie als Teil der „nicht-justiziellen" Kompetenzen der Parlements behandelt, aber mit Verweis auf Loyseau als quasi-gesetzgeberisches Ausfüllungsinstrument kennzeichnet. Royer stützt sich in seinen Ausführungen z.B. zur gebotenen Unterscheidung zwischen arrêts particuliers und généraux ganz offen auf Payen[176] und zitiert den Autoren eines herausragenden, aber älteren Standardwerks[177] François Olivier-Martin mit der lebendigen Rolle der arrêts de réglements[178].

Auch das institutionengeschichtliche Kompendium von Timbal und Castaldo[179] widmet den arrêts de règlement einen eigenen Absatz[180]. Hier ordnet man sie wie frühere Autoren als eine Form der Beteiligung der Parlements an der königlichen Rechtsschöpfung ein, was Payen in seinem Werk entschieden kritisiert[181]. Schließlich impliziert das eine direkte und gleichberechtige gesetzgeberische Funktion der Parlements neben dem König ungeachtet der unterschiedlichen Instrumente der Gerichte. Die Betrachtung versäumt dann auch die Erklärung der gesetzgeberischen Teilhabe, die sie eingangs behauptet. Die wohl von Chénon[182] inspirierten Ausführungen beschränken sich nämlich auf die Herleitung und das Verhältnis der arrêts de règlement zu den anderen Entscheidungen der Parlements.

---

175 Royer, Histoire de la Justice.

176 Royer, Histoire de la Justice, S. 71.

177 Olivier-Martin, Histoire du Droit Français, s.u.

178 Royer, Histoire de la Justice, S. 71.

179 Timbal, Castaldo, Histoire des institutions publiques

180 Timbal, Castaldo, Histoire des institutions publiques, Rn. 644.

181 Payen, Les arrêts de règlement du Parlement de Paris au XVIIIe siècle, S. 12ff.

182 Vgl. Chénon, Histoire générale du droit français public et privé des origines à 1815, Bd. 1, S. 527.

In der historischen Einführung zum französischen Recht von Jean Gaudemet und Brigitte Basdevant-Gaudemet[183] thematisiert man die arrêts de règlement[184] vorsichtiger als einen rechtsschöpferischen Beitrag der Parlements. Sie verzichten auch auf eine Einordnung und geben stattdessen einen Überblick zu den modernen Unterscheidungstendenzen.

Sueur[185] gibt einen kurzen, stichwortartig gegliederten Überblick[186] zu den arrêts de règlement als selbständige Kategorie der regen Parlement-Tätigkeit. Nach einer oberflächlichen Herleitung zählt er die Hauptmerkmale auf. Auch er unterscheidet zwischen arrêts, die einem Prozess entsprangen, und policeylichen arrêts.

Das sozialgeschichtlich angelegte Werk von Garrisson[187] hingegen vernachlässigt die arrêts de règlement völlig in seiner Illustration der Rechts- und Institutionengeschichte Frankreichs und geht nur auf die remontrances ein[188], die mit den arrêts d'enregistrement tatsächlich zu einer Beteiligung der Parlements an der königlichen Rechtsetzung gehören.

Die älteren französischsprachigen Standardwerke greifen die arrêts de règlement ebenfalls unter dem Aspekt der richterlichen Teilhabe an der Gesetzgebung des Ancien Régime oder als Vorrechte bzw. Befugnisse der Parlements auf. Wie aber bereits angedeutet und von Payen kritisiert, geschieht das zum Teil undifferenziert und zusammen mit den sog. remontrances und arrêts d'enregistrement, die streng von den arrêts zu trennen sind[189].

Olivier-Martin führt in seinem Werk zur Geschichte des Französischen Rechts von 1948[190] beide Instrumente in einem langen Abschnitt zu den Cours souveraines auf. Er beschreibt sie jedoch thematisch strikt getrennt voneinander[191], nicht zuletzt, um die für ihn interessanteren remontrances besser zu erklären. Die arrêts de règlement teilt er nachvollziehbar in Entscheidungen, die aus einem Parteiprozess vor dem Parlement hervorgingen, und arrêts, die auf Anfragen der königlichen Vertreter in den Parlements beruhen. Es ist diese zweite Kategorie, die mehr oder weniger mit den arrêts de police übereinstimmen[192],

183 Gaudemet, Gaudemet, Introduction historique au droit
184 Gaudemet, Gaudemet, Introduction historique au droit, Rn. 254.
185 Sueur, Histoire du droit public
186 Sueur, Histoire du droit public, S. 145.
187 Garrisson, Histoire du droit et des institutions.
188 Garrisson, Histoire du droit et des institutions, S. 209.
189 Payen, Les arrêts du Parlement de Pairs au XVIIIe siècle, S. 12f.
190 Olivier-Martin, Histoire du Droit Français des origines à la Révolution.
191 Oliver-Martin, Histoire du Droit Français, S. 538ff.
192 Sh. A.I.2.c) Von arrêts de règlement zu arrêts de police.

die den Gegenstand des oben aufgeführten Werks von Payen ausmachen. Olivier-Martin sieht sie mit problematischen Fragestellungen um Zuständigkeiten im Kontext der Zeit verknüpft. Mit zahlreichen Quellenverweisen und vorsichtigen Schlüssen zeichnet er ein plausibles Bild von der Rolle der Parlements im Hinblick auf dieses besondere Instrument. In einem Werk zur Gesetzgebung des Königs[193] gewährt er den arrêts de règlement den Rang von Gesetzen und fasst sie dabei treffend in den markanten Begriff lex animata bzw. loi vivante[194], den Payen aufnimmt[195].

In seiner unvollendeten Geschichte des französischen Privat- und Öffentlichen Rechts[196] behandelt Chénon, Lehrer von Olivier-Martin, die arrêts de règlement in einem Kapitel gemeinsam mit den remontrances und in einem weiteren Kapitel getrennt voneinander. Die Darstellung zusammen mit den remontrances im ersten Band bettet er in Ausführungen um die Rolle des Königs ein. Sie erschöpft sich daher zunächst in einer kurzen historischen Herleitung der arrêts als quasi-gesetzgeberisches Recht der Parlements[197]. Im zweiten Band kommt Chénon für die sog. monarchische Epoche des postfeudalen Frankreichs gesondert auf sie zurück. Hier geht er auch auf die Form der arrêts und ihre Verkündung ein und beschreibt sie ausführlicher als ein oft genutztes Mittel direkter Teilhabe an der Gesetzgebung[198]. Mehrmals stellt er sie den „anderen" Entscheidungen der Cours souveraines gegenüber.

Regnault widmet den Parlements in seinem Handbuch zur Geschichte des Französischen Rechts einen ganzen Paragraphen[199], kommt darunter aber nur an dritter und letzter Stelle auf die politischen Machtbefugnisse zu sprechen. Dort grenzt er die arrêts de règlement im Widerspruch zur Überschrift als gesetzgeberische Maßnahme von den königlichen Ordonnances ab, um dann etwas überraschend und abrupt festzustellen, dass es im Ancien Droit ohnehin keine Unterscheidung zwischen Rechtsprechungsbefugnissen und dem Recht zum Verordnungserlass[200] gab.

---

193 Olivier-Martin, Les lois du roi.

194 Olivier-Martin, Les lois du roi, S. 192.

195 Payen, Les arrêts de règlement du Parlement de Paris au XVIIIe siècle, S. 455.

196 Chénon, Histoire générale du droit français public et privé des origines à 1815

197 Chénon, Histoire générale du droit français public et privé des origines à 1815, Bd. 1, S. 527.

198 Chénon, Histoire générale du droit français public et privé des origines à 1815, Bd. 2, S. 362.

199 Regnault, Manuel d'Histoire du Droit Français, S. 223.

200 Sog. droit de réglementer, Regnault, Manuel d'Histoire du Droit Français, S. 227

Das Lehrbuch zur allgemeinen Geschichte des Französischen Rechts von Déclareuil[201] vermittelt einen institutionengeschichtlichen Blick, der kaum bis in die Ecke der arrêts de règlement reicht. Ein Absatz zur These, der König habe sich wie ein oberster Richter in die Justiz eingemischt, verarbeitet das Thema oberflächlich unter der hier etwas obskuren Formel „pouvoir règlementaire“[202].

Das Werk von Esmein[203] folgt mit fast gleichlautendem Titel demselben institutionengeschichtlichen Konzept. Allerdings breitet Esmein die sog. politischen Rechte der Parlements (hier als gesetzgeberische Befugnisse erwähnt) sorgfältiger aus. Seine Ausführungen scheinen die kurzgegriffenen Feststellungen von Regnault erklären und auffüllen zu wollen. So geht er auf die ideengeschichtlichen Hintergründe der Befugnis ein, allgemeinregelnde Entscheidungen zu treffen, und bildet die staatstheoretisch geprägte zeitgenössische Diskussion ab.

3. Bewertung

Insgesamt erschöpft sich die neuere wissenschaftliche Bearbeitung in einem wichtigen Werk und dazu wenigen, zum Teil veralteten Monographien und den verallgemeinernden Kurzdarstellungen von Lehrbüchern und Kompendien. Eine übergreifende, ggf. vergleichende und kategorisierende Betrachtung der arrêts de règlement gibt es bisher nicht. In Anbetracht der gewaltigen Menge relevanter Dokumente, die in den Archiven lagern, dürfte das aber auch zumindest in absehbarer Zeit kaum möglich sein. Schon der zeitgenössische Kompilator Prost de Royer[204] war der Meinung, die Sammlung aller arrêts de règlement übersteige die menschlichen Fähigkeiten[205]. Ihre lückenlose Erschließung wird nur in einem größeren Projekt und mit technischen Hilfsmitteln gelingen können. Bis ein Ressort-übergreifender Vergleich möglich ist, muss noch viel Forschungsaufwand auf diesem Gebiet betrieben werden. Das rechtfertigt auch den Fokus auf die arrêts de règlement des Parlements de Provence in dieser Arbeit.

Demgegenüber verfolgt diese Untersuchung einen verwaltungsgeschichtlichen Ansatz, der die arrêts de règlement unabhängig von ihrem Kontext

---

201 Déclareuil, Histoire générale du Droit Français.

202 Déclareuil, Histoire générale du Droit Français, S. 815. Allerdings hat Payen den Begriff aufgenommen und in seiner Untersuchung mit einer Bedeutung versehen, Les arrêts de règlement du Parlement de Paris au XVIIIe siècle, S. 37ff.

203 Esmein, Cours élémentaire de l'histoire du Droit Français.

204 Antoine-François Prost de Royer (1729–1784), für seine Ausführungen zu den arrêts de règlement sh. A.I.2.b) Der Quellenbegriff.

205 Prost de Royer, Dictionnaire de jurisprudence, Bd. 1, S. LXXXVIII.

gerichtlicher Rechtssetzung betrachtet. Das ist ein wesentlicher Unterschied zur bestehenden Überblicksliteratur, die sich dem Vorwurf aussetzen muss, zu den arrêts de règlement seit ca. 100 Jahren einen überholten Zugang zu verwenden. In neueren wie in älteren Lehrbüchern und Standardwerken dominiert noch immer die Perspektive der Justizgeschichte. Einige Autoren scheuen dabei sogar die begründete[206] Betrachtung als Gesetze. Im Einklang mit der legizentrischen Tradition der modernen französischen Rechtswissenschaft spricht man ihnen in der Forschung eine solche Bedeutung zum Teil ab[207]. Doch während das Gebiet der Parlements in der Folge immer wieder Untersuchungen zu ihrer politischen Rolle erhielt[208], schlummern in den Registern der Cours souveraines noch immer die wichtigsten Zeugnisse der Verwaltung des Königreichs bis zur Herrschaft Ludwigs XIV[209]. Die arrêts de règlement sind als Verwaltungsinstrumente der Parlements noch immer nicht ausreichend erschlossen[210].

III. Zielsetzung und Themenbegrenzung

Die ursprüngliche Absicht meiner Arbeit war es angesichts der Forschung zu den arrêts de règlement des Parlements de Paris, die arrêts de règlement eines anderen Parlements auf ihre gesetzgeberische Funktion hin zu untersuchen. Doch bei der Auswertung der arrêts de règlement des Parlements de Provence im Lichte der zeitgenössischen Literatur zeigte sich schnell, wie unbestimmt ein solches Vorhaben im Hinblick auf die vielseitigen arrêts de règlement ist[211] und wie leicht sich diese Akte als materielle Gesetze im Forschungssinne beschreiben lassen[212]. Statt den Blick der zeitgenössischen Theorie parallel zur praktischen Bedeutung der arrêts de règlement nachzuvollziehen, weckte die Arbeit mit den Quellen in mir das Interesse, die arrêts de règlement aus sich heraus zu beschreiben: Ihre Überlieferung, ihre formalen und inhaltlichen Gemeinsamkeiten und den Ablauf des Verfahrens, alles auf der Grundlage ihrer eigenen Dokumentation. Denn dafür gab es bislang kein eingehendes Forschungswerk, obwohl es

206 Olivier-Martin, Les lois du roi, S. 7, 101, 160, 192; Payen, Les arrêts du Parlement de Pairs au XVIIIe siècle, S. 454ff.

207 Zénaty, La jurisprudence, S. 38.

208 Payen, Les arrêts du Parlement de Paris au XVIIIe siècle, S. 14

209 Payen, Les arrêts du Parlement de Pairs au XVIIIe siècle, S. 15.

210 Vgl. Olivier-Martin, Histoire du Droit Français, S. 512.

211 Vgl. dazu C.II. Typische Regelungsgebiete und Gegenstände.

212 Vgl. Olivier-Martin, Les lois du roi, S. 101, 160, 192; Payen, Les arrêts du Parlement de Paris au XVIIIe siècle, S. 454ff.

sich um ein spannendes und quellenreiches Thema handelt. Das Vorhaben ist daher nicht nur in der deutschsprachigen Auseinandersetzung mit der Französischen Rechtsgeschichte ein Anstoß für ein hier bisher völlig unbeachtetes Thema, sondern auch ein Beitrag zur französischsprachigen Forschung auf dem Gebiet der arrêts de règlement der Parlements.

Ziel dieser Untersuchung ist es demnach, die Quellen in den Mittelpunkt zu stellen und die arrêts de règlement selbst zu Wort kommen zu lassen. Nach einer kurzen Einführung in die Geschichte der Parlements und in die zeitgenössische Staatstheorie (B) geht es in diesem Werk daher um die arrêts de règlement des Parlements de Provence (C) im Hinblick auf ihre Inhalte, ihren Aufbau und ihr Verfahren zum Erlass. Für diese Gesichtspunkte war eine eingehende Untersuchung der überlieferten arrêts de règlement des Parlements de Provence notwendig. Das sind in erster Linie die handschriftlichen Dokumente im alten Parlement-Register. Dabei handelt es sich um handfestes und kaum erforschtes Quellenmaterial. Dazu kommt eine bisher wenig beachtete historische Kompilation der arrêts de règlement des Parlements de Provence. Sowohl die Register als auch die Kompilation erhalten jeweils eine eigenständige Illustration, die ihre quellenkundlichen Aspekte würdigt. Die Kombination beider Quellentypen mit ihren jeweils eigenen Erkenntnishorizonten ist das wesentliche methodische Fundament, auf das sich die folgende Darstellung stützt.

B. Die Parlements: Gerichte für die Verwaltung des Königreichs

Die Parlements waren herausragende Träger in der Verwaltung des Ancien Régimes, auf denen die Macht des Königtums mindestens bis zur Einführung der Intendanten ruhte. Während sie in den Provinzen fernab von Paris[213] die großzügig verstandene Rechtsprechungsgewalt ausübten, eigneten sie sich weitergehende Befugnisse an als die bloße Beurteilung von Rechtsstreitigkeiten. Doch funktionell handelte es sich bei den Parlements zunächst um Höchstgerichte für Parteiverfahren. Das war der Sinn ihrer Einrichtung[214]. Diese Funktion blieb auch ihr wesentliches Merkmal von den Anfängen ihrer Geschichte beim Königshof in Paris (I) bis zur endgültigen Auflösung im Zuge der Revolution 1790. Ihre Stellung, die zwischenzeitlich von hohen Provinzgerichten zu politisch bedeutsamen gesetzgeberischen Akteuren angewachsen war, suchte die absolutistische Theorie der Frühen Neuzeit in ein Staatsmodell einzukleiden, das sich nur am Monarchen orientierte und für die schillernden arrêts de règlement eine Gewalt sui generis zeichnete (II).

I. Geschichte der Parlements

Die Parlements genossen ab dem ausgehenden Mittelalter die Bezeichnung Cours souveraines, also „souveräne Gerichtshöfe“[215]. Diese Idee ließ sich mit der Herrschaft des Königs begründen, der das Parlement in Paris ursprünglich aus seinem Hof herauslöste und mit Aufgaben und Befugnisse betraute (1), um eigenständig zu arbeiten. Auch wenn es sich nie wirklich um souveräne Gerichtshöfe gehandelt hat angesichts des übergeordneten Conseils du Roi[216], verfügten die später in den Provinzen eingerichteten Parlements (2) über ein hohes Maß an Unabhängigkeit[217]. Denn dort war der König fern und sie hatten

213 Ausgenommen ist selbstverständlich das Parlement de Paris, das schon über seine ständige Nähe zum königlichen Hof eine vielbekundete Sonderrolle einnahm.

214 Olivier-Martin, Histoire du Droit Français, S. 230.

215 Olivier-Martin, Histoire du Droit Français, S. 528.

216 Olivier-Martin, Histoire du Droit Français, S. 528.

217 Vgl. Kaplan, Bread, Politics and Political Economy in the Reign of Louis XV, Bd. 1, S. 20.

das Sagen[218]. Das gilt insbesondere für das Parlement in Aix-en-Provence, das auf eine angesehene Vorgängerinstitution aufbaute (3). Den Untertanen der Provence entgegnete es als höchster regionaler Träger einer Herrschaft, mit der sie kaum unmittelbaren Kontakt hatten.

1. Curia Regis und das Parlement in Paris

Das Parlement von Paris war erst nicht mehr als ein Teil der Curia Regis[219] des französischen Königs, der die justiziellen Aufgaben wahrnahm[220]. Die Curia Regis oder der Königshof war das wohl wichtigste Gremium des Königs, in dem er alle seine öffentlichen Angelegenheiten diskutierte. Die Curia diente der Vorbereitung, Verteilung und Überwachung des Herrscherhandelns im Einklang mit den ranghöchsten Gefolgsleuten.

a) Curia Regis

Die Curia Regis war noch bis zu Beginn des 12. Jahrhunderts eine einheitliche beratende Versammlung unter Vorsitz des Königs, in die er die geistlichen und weltlichen Größen des Königreichs zusammenrief[221]. Sie knüpfte an die Tradition der karolingischen placita an.[222] In der Curia agierte der König als politischer Entscheider, oberster Richter und Normgeber zugleich. Nicht nur die Berater, sondern auch die zu erörternden Sachfragen unterlagen der Auswahl des Königs.[223] Die versammelten Prälaten und Vasallen standen ihm bei der Entscheidung mit Rat und Hilfe zur Seite[224]. Seit Philipp I begründeten die Kurialen genannten Sitzungen ungeachtet eines wechselnden Personenbestandes[225] eine zwar nicht regelmäßig tagende[226], aber gleichwohl feste Institution.[227]

War der König in der Curia Regis ursprünglich formeller Entscheider im Kreise seiner Berater, sollte sich seine Rolle in dieser ständigen Runde mit

---

218 Das ist ganz typisch für intermediäre Gewalten, vgl. Hattenhauer, Europäische Rechtsgeschichte, S. 473.

219 Auch : Cour du Roi, vgl. Olivier-Martin, Histoire du Droit Français, S. 221ff.

220 Garisson, Histoire du droit, S. 209

221 Declareuil, Histoire générale, S. 451; Timbal, Histoire des institutions, Rn. 530

222 Timbal, Histoire des institutions, Rn. 530

223 Timbal, Histoire des institutions, Rn. 534 ; Olivier-Martin, Histoire du Droit Français, S. 228.

224 Declareuil, Histoire générale, S. 451

225 Olivier-Martin, Histoire du Droit Français, S. 228 ; Esmein, Histoire du droit, S. 419

226 Declareuil, Histoire générale, S. 451

227 Declareuil, Histoire générale, S. 453

dem wachsenden Einfluss der königlichen Gewalt auch über die Grenzen der Domäne hinaus wandeln. Bedingt durch die größere Vielfalt und Komplexität der Aufgaben und die ständige Erweiterung herrschaftlicher Strukturen[228], bildeten sich aus der Curia Regis Gremien heraus, die sich mit ihren diversen Gegenständen arbeitsteilig und unabhängig vom König befassen konnten. Unter diesen „sections" befand sich die Curia in parlamento[229]. Ihre Aufgabe war es zunächst, sich mit der rasant gewachsenen Menge von Streitfällen der Vasallen, Prévôts[230], Baillis[231] und Grundherren zu beschäftigen[232].

Neben der organisatorischen Verselbständigung dieses Kurialteils beförderte maßgeblich ein personeller Aspekt seine Eigenständigkeit. Schon am Anfang ihrer Herrschaft gelang es den Kapetingern, persönliche Berater aus dem Königshaus auch in die Sitzungen des Königshofs einzubinden.[233] Sie waren weder Adelige noch hochrangige Dienstleute. Sie erlangten ihr Ansehen vielmehr aufgrund ihrer Fähigkeiten in der Erörterung komplizierter Angelegenheiten. Diese consiliarii[234] suchte der König zunächst vor allem unter Klerikern aus[235]. Mit der Wiederentdeckung des Römischen Rechts fanden sich unter ihnen mehr und mehr Legisten[236], die sich mit komplizierten Regeln auseinandersetzen konnten. Mit der ständigen Einfassung der Beratungen der Curia in ein verbindliches prozedurales Regelkostüm unter dem Einfluss des gelehrten Rechts sank die Beteiligung der Laien-Berater[237] des Königs zugunsten der consiliarii, die nunmehr die Sitzungen anleiteten.

228 Timbal, Histoire des institutions, Rn. 533 ; Declareuil, Histoire générale, S. 453

229 Timbal, Histoire des institutions, Rn. 536 ; Nach Declareuil mit Einschränkung auch schon Parlamentum, Histoire générale, S. 454; Olivier-Martin, Histoire du Droit Français, S. 228f.

230 Im 12. Jahrhundert vom König in der Krondomäne zur Finanzverwaltung eingesetzte Dienstleute.

231 Den Prévôts übergeordnete königliche Dienstleute, denen die Gerichtsbarkeit territorialer Einheiten oblag, später die erste königliche Stufe des Gerichtszuges im Ancien Régime.

232 Olivier-Martin, Histoire du Droit Français, S. 229.

233 Esmein, Histoire du droit, S. 419; Olivier-Martin, Histoire du Droit Français, S. 219, 229.

234 Auch: Palatins, vgl. Olivier-Martin, Histoire du Droit Français, S. 218f. u. 229.

235 Olivier-Martin, Histoire du Droit Français, S. 228.

236 Esmein, Histoire du droit, S. 419; Olivier-Martin, Histoire du Droit Français, S. 228.

237 Olivier-Martin, Histoire du Droit Français, S. 228.

b) Parlement de Paris

Die Curia in parlamento schaffte den Sprung von einer organisatorischen Einheit des Königshofs zu einem selbständigen Funktionsträger mit eigenen Entscheidungsbefugnissen. Dafür erhielt sie auch eigene Verfahrens-Regeln[238]. In der Mitte des 13. Jahrhunderts nahm sie den Namen Parlement an[239] und stellte seit dem Ende der Herrschaft Ludwig IX. ein selbständiges, differenziertes Organ dar. Dementsprechend nahmen Magistri bzw. mestres den Vorsitz am Gerichtshof wahr, bei denen es sich um consiliarii handelte, die der König auswählte. Allerdings waren sie nicht seine Berater. Sie nahmen die Fälle nunmehr als eigene Aufgaben wahr: Die Beschwerden waren ihnen und nicht dem König vorzutragen[240]. Demensprechend traten sie ab der zweiten Hälfte des 13. Jahrhunderts als Richter auf.[241]. Ungeachtet der Trennung vom Königshof als politischem Kerngremium konnte das Parlement seine Rolle als Appellationsinstanz durch sein königsnahes Herkommen erhalten und ausbauen[242]. Und so tagte es dauerhaft unabhängig vom König und bezog einen zunehmend festen Sitz in Paris[243].

Damit waren mit dem Übergang vom 13. zum 14. Jahrhundert die Weichen für die Entwicklung eines vom König unabhängigen Justizkörpers gestellt.[244]

---

238 Die berühmte königliche Ordonnance von 1278 (Esmein, Histoire du droit, S. 421; Guilhiermoz, Enquêtes et procès, S. 600) enthält zum Teil sehr detaillierte Regeln zur Arbeitsweise des Parlements. Davon sind mehrere Abschriften zeitgenössischer Übersetzungen ins Französische überliefert, die die Forscher Langlois (Textes, N° LXXII, S. 95ff.) und Guilhiermoz (Enquêtes et procès, S. 604ff.) vor ca. 100 Jahren jeweils nach eigenen Kriterien zu aufschlussreichen Gesamttexten zusammengefügt haben. Auszüge aus diesen redigierten Fassungen geben einen Einblick in den Inhalt der Ordonnance: „§ 1. Premièrement l'an doit garder pour l'abregement des parlemenz que l'on ne retiegne nulles causes es parlemenz qui puissent ou doivent estre amenées devant les baillis." (Entlastung des Parlements durch die Baillis); „§ 16. Les requestes soient ouiez en la sale par aucun des mestres, et seront portées au roi celles qui contandront grâce; et des autres l'an comandera au baillif ce que l'an devra [com] mander." (Anfragen an die mestres am Parlement, ausnahmsweise an den König). Beide Exzerpte aus der Edition von Langlois, Textes, N° LXXII, S. 95ff.

239 Esmein, Histoire du droit, S. 420; Olivier-Martin, Histoire du Droit Français, S. 228f.

240 Olivier-Martin, Histoire du Droit Français, S. 229.

241 Olivier-Martin, Histoire du Droit Français, S. 229.

242 Vgl. Esmein, Histoire du droit, S. 425.

243 Olivier-Martin, Histoire du Droit Français, S. 229f.; Vgl. auch die Liste der abgehaltenen Sitzungen des Parlement bei Langlois, Textes, S. 229ff.

244 Garisson, Histoire du droit, S. 209; Olivier-Martin, Histoire du Droit Français, S. 230.

Während sich der König als oberster Justizherr das letzte Wort in den Entscheidungen vorbehielt, wurde seine Anwesenheit bei den Beratungen mit der Zeit zur Ausnahme. Er konnte gleichwohl und wie zuvor dem Parlement vorsitzen und die Urteile durch ein sogenanntes lit de justice selbst treffen. Das blieb bis in die Frühe Neuzeit sogar üblich[245]. Erstaunlicherweise trat der König im 13. Jahrhundert aber auch selbst als Kläger an seinem eigenen Gericht auf[246]. Das ist ein deutlicher Hinweis auf die früh vollendete institutionelle Unabhängigkeit des Parlements. Ein anderer Hinweis ergibt sich aus der Besetzung: Im 14. Jahrhundert entschied das Gericht zwar über die Zusammensetzung des nächsten Parlements, allerdings tagte es mit einem weitgehend gleichbleibenden Personal[247], darunter einige Mitglieder mit lebenslang ausgezahlten Vergütungen für ihre Tätigkeit[248]. Schließlich wurde die Aufgabe des Beraters, conseiller au Parlement, mit der Ordonnance vom 15. März 1344 zu einem Amt erhoben[249].

2. Die Parlements in den Provinzen

Als sich das Parlement von der Person des Königs löste und den Weg eines selbständigen Gerichtshofs beschritt, stand der Einrichtung gleichartiger Gerichte in den Provinzen nichts entgegen[250]. Es war die fortschreitende Vergrößerung des Königreichs ab dem 15. Jahrhundert, die die Herausbildung weiterer eigenständiger Verwaltungsträger erforderte. Die territoriale Expansion brachte zahlreiche neue Untergerichte mit sich, die wiederum zahlreiche Fälle zur endgültigen Klärung an das Parlement verwiesen.

Das Parlement in Paris war ständig überlastet[251]. Die Streitparteien mussten außerdem zum Teil weite und gefährliche Wege für die Klärung ihrer Sache in Kauf nehmen[252]. Zugleich hatte der König bei der Eingliederung vormals

---

245 Dementsprechend behauptete der frühneuzeitliche Autor im Staatsrecht Charles Loyseau in seinem Werk über die Ämter, dass man bei den Gerichten deswegen stets einen Platz für den König frei lasse: „En France le roy est le vray chef du Parlement ; c'est pourquoy on laisse toujours en la grand'chambre d'iceluy la première place vuide, comme estant la place du roy, appelée le lict de justice, où Sa Majesté sied, quand il luy plaist.", Des offices, Buch 1, Kap. 9, Nr. 22.

246 Esmein, Histoire du droit, S. 427.

247 Esmein, Histoire du droit, S. 423; Olivier-Martin, Histoire du Droit Français, S. 229.

248 Esmein, Histoire du droit, S. 423.

249 Esmein, Histoire du droit, S. 423.

250 Esmein, Histoire du droit, S. 435.

251 Olivier-Martin, Histoire du Droit Français, S. 529 ; Esmein, Histoire du droit, S. 435.

252 Esmein, Histoire du droit, S. 435.

eigenständiger Territorien gelobt, ihre lokalen Gewohnheiten und Privilegien zu achten und zu wahren[253]. Das Parlement in Paris einfach zu vergrößern, hätte nicht allen Bedürfnissen entsprochen. Die Lösung lag in selbständigen Gerichten in den Provinzen. Doch der Neuaufbau eines derartigen Justizapparates für alle neuen Regionen bedeutete einen Aufwand, den eine relativ schwache Zentralregierung nicht stemmen konnte. Eine schon vorhandene und tragfähige Grundlage für Provinzgerichte fand sich aber in den vormals bestehenden Höchstgerichten der größeren Lehen und Fürstentümer, die zuvor nur dynastisch mit der Krone verbunden und nunmehr ein Teil des Königreichs geworden waren. Für eine Eingliederung der Territorien genügte es, die eingesessenen Verwaltungsstrukturen weiterzunutzen. So konnte der König seinem Gelöbnis nachkommen, indem er die territorialen Gerichtstraditionen erhielt. Im Gegensatz zu den neuen Gebieten, die der Krondomäne und damit direkt dem Parlement in Paris zugeordnet wurden, behielten jene vormals selbständigen Territorien des Königreichs ihre althergebrachten Gerichte. Denn der König ließ diese Provinzen das Privileg der freien Gerichtsbarkeit mit wenigen Einschränkungen weiterhin ausüben[254]. Er kleidete sie allerdings in ein neues Gewand: Die obersten Gerichte der Provinzen wurden zu Parlements umgeformt, treu nach dem Pariser Modell[255].

3. Das Parlement de Provence

Auch das Parlement de Provence in Aix wurde nicht aus dem Nichts erschaffen, sondern hatte einen ehrwürdigen Vorgänger. Diese Geschichte um den nicht sehr folgenschweren Übergang lässt sich in Anlehnung an den Titel eines jüngeren Werks wie folgt zusammenfassen: In der Provence folgte das eine Parlement auf das andere[256].

Noch bevor das Gebiet im späteren Ressort des Parlements de Provence an die französischen Könige fiel, existierten dort mehrstufige Gerichtsstrukturen, die nach Aix ausgerichtet waren[257]. Diese umfassten auch einen obersten Gerichtshof, der schon früher zumindest sporadisch den Namen Parlement führte[258]. Dabei handelte es sich aber noch nicht im das dem Königreich zugeordnete

253 Olivier-Martin, Histoire du Droit Français, S. 530 ; ??

254 Olivier-Martin, Histoire du Droit Français, S. 389.

255 Esmein, Histoire du droit, S. 440.

256 Coulet, D'un Parlement à l'autre, in: Le Parlement de Provence, S. 11.

257 Cabassol, Le Parlement d'Aix, S. 9f.

258 Coulet, D'un Parlement à l'autre, in: Le Parlement de Provence, S. 11.

Parlement de Provence in Aix. Seine Geschichte lässt sich formell auf die Gründung 1501 zurückbeziehen[259]. Gleichwohl stand es in der Tradition eines älteren Parlements.

Die Grafschaft Provence verband sich 1487 mit dem Königreich Frankreich zu einer „immerwährenden Union“ durch lettre patente Karls VIII von 1486, nachdem die Französischen Könige schon seit 1481, zuerst mit Karls Vater Ludwig XI, Grafen der Provence gewesen waren[260]. Bemerkenswert ist eine Formel in der Urkunde, die die Stellung der Grafschaft gegenüber der Französischen Krone betrifft. Danach gehen die Stände der Provence den Bund derart ein „sans que à icelle couronne ne au royaulme ils soient pour ce aulcunement sualternez“[261] – also ohne jegliche Unterwerfung gegenüber Königreich oder Krone. Die französischen Könige beherrschten die Provence allein kraft ihrer Stellung als Grafen[262].

Um die vorerst nur dynastische Einheit dauerhaft zu machen und auf Ebene des Gemeinwesens zu vollenden, bedurfte es eines Mittlers, der die Herrschaft von Paris in das regionale Bewusstsein trug. Ein aufgezwängter und übergestülpter Träger eignete sich kaum zur Integration einer ganzen Provinz mit ihren eigenen Traditionen. Das war aber auch nicht notwendig. Die Grafschaft verfügte bereits seit Beginn des 15. Jahrhunderts[263] mit dem Conseil éminent bzw. dem Grand-Sénéchal über ein eigenes Höchstgericht mit Sitz in Aix-en-Provence[264], das mit dem Parlement in Paris vergleichbar war. Diese vorhandenen Strukturen ließen sich weiternutzen. Das Ende der Unabhängigkeit der Region sollte nicht das Ende dieses Gerichts bedeuten.

Nachdem das französische Königtum und die provenzalische Grafschaft auf eine Person zusammentrafen, gab es aber zunächst nur ein intermediäres Gericht in Aix, das zwar allen anderen vorangestellt war, aber wie die übrigen königlichen Untergerichte und die Grundherrengerichte[265] der Rechtsprechung des Parlements in Paris untergeordnet war[266]. Erst Ludwig XII. wandelte dieses Grand Sénéchaussée et Conseil im Jahre 1501 um in ein Parlement mit eigener

259 Coulet, D’un Parlement à l’autre, in: Le Parlement de Provence, S. 11; Cabassol, Le Parlement d’Aix, S. 9, 10.

260 Cabassol, Le Parlement d’Aix, S. 8, 9.

261 Agulhon, Coulet, Histoire de la Provence, S. 50ff.

262 Cabassol, Le Parlement d’Aix, S. 8, 9.

263 Esmein, Histoire du droit, S. 438

264 Cabassol, Le Parlement d’Aix, S. 9, 10.

265 Sh. dazu Esmein, Histoire du droit, S. 478ff.

266 Cabassol, Le Parlement d’Aix, S. 11

Rechtsprechungshoheit über die Provence[267]. Von da an gesellte es sich zu dem Parlement de Paris und einigen bereits errichteten Provinzparlements, mit denen es zumindest formell auf Augenhöhe stand. Mit dem Parlement konnte sich die Provence nicht nur ein Stück Unabhängigkeit erhalten. Auch das Parlement in Aix konnte auf die Tradition seines Vorgängers als regionales Höchstgericht bauen und die in der Provinz herausragende Stellung des alten Conseils einnehmen. Das Edikt von Lyon vom 10. Juli 1501[268] markiert damit die Geburtsstunde des Parlements de Provence, das einerseits organisatorisch dem Parlement de Paris nachempfunden war und andererseits an die Geschichte des früheren Conseils in Aix anknüpfte. Dieser Spagat steht sinnbildlich für die Eingliederung der Provence in das Königreich.

II. Die Theorie: Die Parlements zwischen Gesetzgebung und Rechtsprechung

Ab dem 17. Jahrhundert verwandelte sich das Königreich Frankreich in einen absolutistischen Staat. Der Absolutismus als vorherrschende staatstheoretische Strömung des 17. Jahrhunderts und frühen 18. Jahrhunderts in Europa war bekanntlich eine Idee, die in der Praxis ihre Grenzen fand. Das lag schon an rein tatsächlichen Beschränkungen. An dieser Stelle möchte ich allerdings nicht zur alten Diskussion aufschließen, in welchem widersprüchlichen Verhältnis Theorie und Praxis des Staates standen und ob es den Absolutismus überhaupt gegeben hat[269]. Vielmehr soll es darum gehen, wie die zeitgenössische Theorie die praktisch bedeutsamen arrêts de règlement der Cours souveraines in ihr Konzept einordnete.

Eine den arrêts de règlement gewidmete Betrachtung kommt nicht darum herum zu beleuchten, welchen Platz die frühneuzeitliche Staatstheorie in Frankreich den Parlements zuwies. Den arrêts de règlement haben die Staatsrechtler schließlich ein theoretisches Fundament verliehen. Für ihre Erkenntnisse zur Rolle dieser Akte im Ancien Régime stützen sich daher auch Autoren in der Forschung zu arrêts de règlement auf die frühneuzeitlichen Schriften[270]. In den

---

267 Esmein, Histoire du droit, S. 438; Cabassol, Le Parlement d'Aix, S. 11.

268 Sh. dazu Amédée Boudin, Histoire de Marseille, S. 296.

269 Dazu ausführlich Schilling, Vom Nutzen und Nachteil eines Mythos sowie Walther, Protest als schöne Prose, Gehorsam als ‚Event', beide in: Schilling, Absolutismus, ein unersetzliches Forschungskonzept?; außerdem Wrede, Jaeger, Enzyklopädie der Neuzeit, Bd. 1, Sp. 24–24, „Absolutismus".

270 Sh. A.II. Forschungsstand.

zeitgenössischen Abhandlungen ging es häufig um das Verhältnis der arrêts de règlement zu Gesetzen. Die Theorie erbrachte hier eine Art Rechtfertigungsleistung. Denn wenn es sich bei den arrêts de règlement nicht um Rechtsprechung, sondern um allgemeinverbindliche Akte, mithin materielle Gesetze handelte, bedrohten sie das konstruierte Monopol der Gesetzgebung des Souveräns. Diese heikle Frage wurde unterschiedlich, aber stets zugunsten des Monarchen beantwortet. Konsequenterweise waren die Cours souveraines aus Sicht der frühneuzeitlichen Autoren nicht souverän (1). Stattdessen sollten sie primär eine delegierte Rechtsprechungsgewalt ausüben (2), ohne an der Gesetzgebung teilzuhaben (3). Allerdings erhielten sie dafür eine besondere Gewalt, die die Grundlage für den Erlass von Règlements war (4).

1. Die Cours souveraines

Die Parlements bezeichnete man seit jeher gemeinhin als Cours souveraines. Das hängt zusammen mit ihrer althergebrachten Funktion als oberste Gerichtshöfe[271] mit weitreichenden Befugnissen. Souverän zu urteilen, möchte man aus Diderots Erklärung schließen, bedeutete im 18. Jahrhundert, ohne Berufung, also letztinstanzlich zu urteilen:

> „[T]outes ces cours en général jugent souverainement & sans appel."[272]

All diese Gerichtshöfe urteilen souverän und ohne Berufung.

„Souveraine" hatte im Kontext der Parlements allerdings in Diderots Zeit eigentlich nur noch eine historische Bedeutung. Die Bezeichnung rührte einerseits von der überkommenen Rolle der Parlements in ihren Regionen. Der Ursprung der Parlements in den Provinzen als Institutionen lag nämlich in den obersten Gerichtshöfen der vormals als souverän verstandenen Landesteile[273] des Königreichs, die erst später der Herrschaft der Kapetinger und Bourbonen unterfielen. „Cour souveraine" begründete sich anderseits mit der Entstehung des Parlements in Paris im Umfeld des mittelalterlichen Königshofes, wo Gericht und Souverän

271 Sh. C.I. Geschichte der Parlements.

272 Diderot, Encyclopédie, Bd. 4, S. 373, „Cour souveraine".

273 Sh. Sh. C.I. Geschichte der Parlements. Allgemein zu den Parlements in den Provinzen: Barbey, Histoire des institutions, S. 351; Coulet, D'un Parlement à l'autre (1415–1501), Le Parlement de Provence, S. 11ff.; Dubédat, Histoire du parlement de Toulouse, Bd. 1, S. 7ff.; Floquet, Histoire du parlement de Normandie, Bd. 1, S. 3ff., 46, 316ff., 343.

praktisch noch zusammenfielen[274]. Ob sich die Verwendung der Bezeichnung jeweils auf die Letztentscheidungsbefugnisse, die Provinzen oder die Entstehungsgeschichte stützte, lässt sich heute wie zu Zeiten der arrêts de règlement oder Diderots nicht eindeutig klären. Jedenfalls beanspruchten die Parlements die Bezeichnung Cours souveraines nicht auf der Grundlage der frühneuzeitlichen Theorie der Souveränität, die nur diese Bezeichnung mit ihnen teilte. Andersherum kann man ihnen aus Forschungssicht auch keine Souveränität mit Verweis auf „Cour souveraine" unterstellen.

Gleichwohl genossen die Parlements in ihren Ressorts ein hohes Maß an Unabhängigkeit[275], das sie zu regionalen Gegengewichten der zentralen Monarchie machte. In den Provinzen waren sie selbständige Verwaltungsträger und gelegentlich politische Opponenten des Königs[276]. Mit der Idee eines hierarchisch organisierten Territorialstaats, der konsequent in den Händen des Königs zusammenlief, war die widerspenstige Autorität politisch selbständiger Provinz-Höchstgerichte[277] auch in der Theorie nur schwer in Einklang zu bringen. Die Parlements waren in ihrer Tätigkeit bei weitem nicht auf die Autorität des Königtums angewiesen[278]. So ergingen Urteile entgegen Beteuerungen absolutistischer Autoren jedenfalls in Aix niemals ausdrücklich im Namen des Königs. Das unterstreicht ihre Eigenständigkeit, vor allem in den Provinzen. Unabhängigkeit, wenn auch eingeschränkt[279], genoss aber auch das Parlement in Paris, das nur primus inter pares war[280].

---

274 Sh. dazu C.I. Geschichte des Parlements de Provence. Vgl. außerdem Olivier-Martin, Histoire du Droit Français, S. 221ff.; Garisson, Histoire du droit, S. 209ff.; Timbal, Histoire des institutions, Rn. 530ff.

275 Kaplan, Bread, Politics and Political Economy in the Reign of Louis XV, Bd. 1, S. 20.

276 Die politischen Ansprüche der Parlements gipfelten bekanntermaßen in der sog. Fronde 1648. Aber auch danach zeigte sich das Parlement de Paris durchaus streitlustig gegenüber dem König bzw. seinem Vormund, vgl. Hamscher, The Parlement of Paris after the Fronde 1653–1673, S. 82ff.

277 Vgl. dazu ausführlich Hurt, Louis XIV and the Parlements: The assertion of royal authority.

278 Kaplan, Bread, Politics and Political Economy in the Reign of Louis XV, Bd. 1, S. 20.

279 Hier war der König näher und konnte jederzeit den Vorsitz seines Parlements übernehmen. Vgl. Loyseau, Des offices, Buch 1, Kap. 9, Nr. 22: „En France le roy est le vray chef du Parlement; c'est pourquoy on laisse toujours en la grand'chambre d'iceluy la première place vuide, comme estant la place du roy, appelée le lict de justice, où Sa Majesté sied, quand il luy plaist."

280 Reinhard, Geschichte der Staatsgewalt, S. 295.

Umso mehr bemühten sich die Autoren der Staatstheorie, die Autorität der Cours souveraines samt den Befugnissen als vom Herrscher abgeleitet darzustellen[281]. Der König sollte ihnen seine eigene Autorität verliehen haben, um ihm und dem geordneten Gemeinwesen zu dienen, das man nunmehr mit Staat bezeichnete[282]. Er war der einzige und wahre Souverän[283]. Die Übertragung erlaubte es den Parlements, im Lichte des Herrschers als Cours souveraines zu glänzen. Dass sich diese Erklärung für die Bezeichnung später durchsetzte, zeigt wiederum Diderot in seiner Encyclopédie. 1751 war er der Ansicht, dass man die Cours souveraines so nennt, weil das Königtum ihnen ihre Autorität verliehen hat:

„Si ces cours ou compagnies de justice sont appellées souveraines, ce n'est pas qu'elles ayent aucune autorité qui leur soit propre, car elles tiennent leur autorité du Roi, & c'est en son nom qu'elles rendent la justice; c'est parce qu'elles représentent la personne du Roi plus particulierement que dans les autres tribunaux, attendu que leurs jugemens sont intitulés de son nom & qu'il est censé y être présent & il vient en effet quelquefois au parlement tenir son lit de justice."[284]

> Wenn diese [Gerichtshöfe] souverän genannt werden, dann heißt das nicht, dass sie eine Autorität hätten, die ihnen eigen ist, denn sie [erhalten] ihre Autorität vom König und es ist in seinem Namen, dass sie Recht sprechen; das ist, weil sie die Person des Königs spezieller als in den anderen Gerichten vertreten, in Anbetracht, dass ihre Urteile mit seinem Namen betitelt sind und er als dort anwesend erachtet wird und er tatsächlich manchmal in das Parlement geht, um ein lit de justice[285] abzuhalten.

Wenn man die Gerichtshöfe also souverän nannte, sollte das nicht daran liegen, dass sie eine eigene Autorität besitzen. Schließlich erhielten die Cours souveraines diese vom König und in seinem Namen würden sie daher Recht sprechen. Das begründet Diderot damit, dass die Cours souveraines mehr als andere Gerichte die Person des Königs vertreten, was unter anderem die Nennung seines Namens in den Entscheidungen zeigt[286].

---

281 Royer, Histoire de la Justice, S. 67.; Olivier-Martin, Les lois du roi, S. 187, 192.

282 Reinhard, Geschichte der Staatsgewalt, S. 15.

283 Barbey, Histoire des institutions, S. 295.

284 Diderot, Encyclopédie, Bd. 4, S. 373, „Cour souveraine".

285 Ein „lit de justice" (zu Deutsch etwa: Justizbett) war eine besondere Sitzung des Parlements in Anwesenheit des Königs, in der er selbst als Gerichtsherr und Richter auftrat und den betreffenden Rechtsakt unmittelbar ausführte. Dazu ausführlicher Hanley, The Lit de Justice of the Kings of France.

286 Keiner der ausgewerteten arrêts de règlement des Parlements de Provence erging ausdrücklich im Namen des Königs.

Diderot konnte im Detail nur mit Mühen in Einklang bringen, was die Praxis vorhielt und in den zu seiner Zeit schon überkommenen Ideen der staatsrechtlichen Theorie angelegt war. Bei der Autorität der Parlements handelte es sich für ihn um eine verhaltene Eigenständigkeit: Die Cours souveraines erledigten die Aufgaben des Königs in seinem Namen auf Grundlage der Herrschaft, die sie von ihm ableiteten. Diese Vorstellung widerspricht nicht nur der praktisch weitgehenden Unabhängigkeit[287] der Cours souveraines. Sie ist auch keine Erklärung dafür, dass die Parlements als „souveräne Gerichtshöfe" bezeichnet wurden, obwohl das offensichtlich Diderots Ausgangsfrage war. Denn konsequent gedacht waren die Parlements mit abgeleiteten Befugnissen gar nicht souverän. Nach dem strengen Souveränitätsgedanken Bodins war nämlich nur souverän, wer für seine Herrschaft von niemand anderem abhing:

„[Il] n'y a que celuy absoluement souuerain, qui ne tient rien d'autruy."[288]

Es ist nur der absolut souverän, der nichts von anderen [erhält].

2. Souveränität und Rechtsprechungshoheit

Die Rechtsprechung war die ursprüngliche Aufgabe der Herrschergewalt. Bis weit in die Frühe Neuzeit war sie allerdings der herrschaftlichen Autorität nicht unterworfen[289]. Die die Rechtsprechung ausübenden lokalen und regionalen Gerichte, in Frankreich allen voran die Parlements, beanspruchten dementsprechend noch lange ihre Selbständigkeit, bis Recht und Justiz gänzlich in der Herrschergewalt aufgingen[290]. Die theoretische Grundlage für diesen Prozess lag im Konzept der Souveränität.

Souveraineté oder Souveränität als Begriff im Staatsrecht, in der Philosophie und in der Politikwissenschaft geht auf den französischen Staatstheoretiker und Philosophen und nicht zuletzt Juristen[291] Jean Bodin zurück[292]. Er beschreibt sie in seinem Hauptwerk „Les six livres de la Republique"[293] (zu Deutsch etwa: Die

287 Kaplan, Bread, Politics and Political Economy in the Reign of Louis XV, Bd. 1, S. 20.
288 Bodin, Les Six Livres de la République, Buch I, Kap. 10, S. 159.
289 Reinhard, Geschichte der Staatsgewalt, S. 28.
290 Reinhard, Geschichte der Staatsgewalt, S. 28.
291 Bodin war auch auf dem Gebiet der Dämonologie tätig, vgl. De la démonomanie des sorciers von 1580.
292 Reinhard, Geschichte der Staatsgewalt, S. 112; Barbey, Histoire des institutions, S. 295.
293 Bodin, Les six livres de la République, zuerst erschienen 1576; aktuelle Übersetzung ins Deutsche: Niedhart, Über den Staat.

sechs Bücher über den Staat) als die umfassende Herrschergewalt, höchste Macht im Staate:

„Unter der Souveränität ist die dem Staat eignende (sic) absolute und zeitlich unbegrenzte Gewalt zu verstehen, von den Lateinern maiestas genannt."[294] Der Ausgangspunkt ist nach Bodin also die Republique bzw. der Staat, dessen Grundlage die Macht des Souveräns ist. Zugleich ist die souveräne Macht Kern der Definition für den Staat als rechtmäßige Herrschaft über andere.

„Republique est un droit gouvernement de plusieurs mesnages, & de ce qui leur est commun, avec puissance souveraine. "[295]

Souveränität und Staat sind für ihn also untrennbar und bedingen einander. Etwas frei und unvorsichtig in unser heutiges Verständnis übersetzt, ließe sich Bodins Definition in etwa so ausdrücken:

Der Staat ist eine dem Recht gemäße Regierung über mehrere Haushalte und das, was ihnen gemein ist, mit souveräner Kraft.[296]

Die Souveränität ist also die Verbindung zwischen den beherrschten Haushalten oder Familien einerseits und der Gemeinsache andererseits, die selbst Grundlage (staatlicher) Regierungsgewalt ist. Der Staat ist gleichzeitig aufgrund dieser Herrschaft von jeder anderen Vereinigung abzugrenzen[297]. Souveränität ist nach Bodin so wesentlich, dass man zusammenfassend sagen kann: Ohne Souveränität ist kein Staat. Sie muss so umfassend sein, wie der Staat, auf den sie sich stellt und den sie beansprucht. Daher liegt sie unteilbar in den Händen einer Person[298], dem Herrscher oder Monarchen. Der Herrscher kann sie im Ganzen auf einen neuen Souverän übertragen, aber nicht abtreten oder verleihen, denn der Empfänger dieses Leihtitels wäre niemals ein echter Souverän – der Verleiher

---

294 Bodin, zitiert nach Reinhard, Geschichte der Staatsgewalt, S. 112.

295 Bodin, Les six livres de la République [1580], Buch I, Kap. 1, S. 1.

296 Sh. auch die Übersetzung von Reinhard, Geschichte der Staatsgewalt, S. 113, die wortgleich ist mit der von Niedhart, Jean Bodin: Über den Staat, S. 8: „Der Staat ist die dem Recht gemäß geführte und mit souveräner Gewalt ausgestattete Regierung einer Vielzahl von Familien und dessen, was ihnen gemeinsam ist." Interessant ist in diesem Zusammenhang auch eine zeitgenössische Übersetzung (1592) ins Deutsche, die diesen neuartigen Begriff noch überhaupt nicht als abstrakte Institution fassen kann: „Dis ist ein gemeiner Nutze oder Herrschafft/ wo viel Häuser sampt allem dem/ daß sie mit einander gemein haben/ under einer hohen Oberkeit recht und ordenlich regieret werden", Oswaldt, Respublica, S. 1.

297 Barbey, Histoire des institutions, S. 295.

298 Barbey, Histoire des institutions, S. 295.

nur bliebe der wahre Inhaber der Souveränität.[299] Sie ist und bleibt im Wesentlichen unbeschränkt[300]. Das zusammen ist das klassische Dogma der frühen Staatstheorie: von Unteilbarkeit, Unübertragbarkeit und Ewigkeit. Der Souverän ist gegenüber seinen Vorgängern und jedermann legibus solutus[301].

Die Rechtsprechungshoheit des Monarchen ließ sich ganz unproblematisch in dieses Kostüm kleiden. Sie war so nur ein Aspekt der umfassenden herrschaftlichen Souveränität. Dass sie gleichwohl sichtbar und theoretisch trennbar blieb, lag an der überkommenen mittelalterlichen Bedeutung: Die Rechtsprechung war die ursprüngliche Herrschergewalt in der Tradition des Richterkönigtums[302]. Sie war zwar gewissermaßen einer der praktischen Eckpfeiler, auf die sich das Souveränitäts-Konzept überhaupt stellen ließ. Sie entsprang der gelebten Wirklichkeit der Zeitgenossen und unterschied sich dadurch vom theoretischen Konstrukt der Souveränität, das sie einbezog. Gleichwohl ordnete sich die Rechtsprechung nur noch als eine der Ausprägungen der allumfassenden Souveraineté des Monarchen unter[303]. Die Rechtsprechungshoheit erlitt damit einen Bedeutungsverlust. Die Macht des Herrschers sollte sich nach den Staatstheoretikern vielfältiger und umfassender äußern. Ihr Kennzeichen wurde eine andere Gewalt.

3. Die Gesetzgebung des Königs

Die primäre Eigenschaft des Souveräns ist für Bodin die Macht, Gesetze für alle und den Einzelnen zu geben:

„[La] premiere marque du Prince souverain, c'est la puissance de donner loy à tous en general & à chacun en particulier:“[304]

> Das erste Kennzeichen des souveränen Fürsten ist die Macht, Gesetze allen im Allgemeinen und jedem im Einzelnen zu geben.

Dem sei aber nicht genug, denn der Souverän muss sie auch eigenständig und ohne Zustimmung Höherer, Gleichrangiger oder Niederer machen können, ansonsten wäre er nicht souverän.

---

299 Barbey, Histoire des institutions, S. 295f.

300 Reinhard, Geschichte der Staatsgewalt, S. 112.

301 Barbey, Histoire des institutions, S. 297.

302 Reulos, La notion de justice et l'activité administrative du Roi en France, S. 45.

303 Barbey, Histoire des institutions, S. 296; Reulos, La notion de justice et l'activité administrative du Roi en France, S. 45; Payen, Les arrêts de règlement du Parlement de Paris au XVIIIe siècle, S. 110.

304 Bodin, Les Six Livres de la République, Buch I, Kap. 10, S. 154.

„[M]ais ce n'est pas assez, car il faut adiouster, sans le consentemēt de plus grand, ny de pareil, ny de moindre que soy: car si le Prince est obligé de ne faire loy sans le consentement d'un plus grand que soy, il est vray subiect: si d'un pareil, il aura compagnon: si des subiects, soit du Senat, ou du peuple, il n'est pas souuerain.“[305]

> Aber das ist nicht genug, denn man muss hinzufügen, ohne die Zustimmung Größeren, Gleichen, noch Niederem als sich selbst. Denn wenn der Fürst verpflichtet ist, kein Gesetz ohne die Zustimmung eines größeren als ihm zu machen, ist er wahrlich Untertan. Wenn eines gleichen, [ist er nicht allein]. Wenn der Untertanen, entweder vom Senat oder vom Volk, ist er nicht souverän.

Die Gesetzgebung steht dabei nicht nur vor der höchsten Rechtsprechung für Einzelne[306]. Die Rechtsprechungshoheit als Gewalt ergibt sich aus dieser erstrangigen Macht:

„[S]ous cette même puissance de donner et casser la loi, sont compris tous les autres droits et marques de souveraineté de sorte qu'à parler proprement, on peut dire qu'il n'y a que cette seule marque de souveraineté.“[307]

> Unter dieser selben Macht, Gesetze zu geben und zu kassieren, verstehen sich auch all die anderen Rechte und Kennzeichen der Souveränität insofern, als dass man sagen kann, dass er nur dieses einzige Kennzeichen der Souveränität hat.

Das Recht, letztinstanzlich zu urteilen, nennt Bodin dabei ausdrücklich als einen der Teilaspekte der Gesetzgebung[308]. Die Rechtsprechungshoheit ordnet er damit nicht nur dem Herrscher zu. Er stellt sie unter die Gesetzgebung, aus der sie sich sogar herleitet[309]. Das vermengt die Rechtsprechung mit der Gesetzgebung. Wenn sich die Rechtssprechungshoheit nur aus der Gesetzgebung ergibt, muss sie mit ihr wesensgleich sein. Bodins Idee über das ungleiche Zusammentreffen beider Gewalten in der Souveränität, in der sie nicht trennbar bestehen, stört sich aber nicht an ihrer funktionalen Aufteilung auf den niederen Ebenen der staatlich organisierten Herrschaft.

Die Gesetzgebung war nach Bodin also die höchste Ausprägung der Herrschergewalt und an die Autorität des Königs gebunden[310]. Diese eindeutige Zuordnung gründete sich nicht auf Kompetenzen, sondern auf die monarchische

---

305 Bodin, Les Six Livres de la République, Buch I, Kap. 10, S. 154.
306 Barbey, Histoire des institutions, S. 296.
307 Bodin, Les Six Livres de la République, Buch I, Kap. 10, S. 223.
308 Bodin, Les Six Livres de la République, Buch I, Kap. 10, S. 223.
309 Reinhard, Geschichte der Staatsgewalt, S. 113.
310 Bodin, Les Six Livres de la République, Buch I, Kap. 8, S. 91.

Herrschaftsausübung, wie Bodin sie vorfand[311]. Insofern muss man Bodins „puissance de faire des lois" streng von moderneren Begriffen wie „pouvoir législatif" bzw. Gesetzgebungsbefugnis trennen. Denn die Gesetzgebung nach der Sprache und dem Verständnis Bodins und seiner Zeitgenossen scheint als die tatsächlich ausgeübte Macht hervor, Gesetze zu schaffen, ohne dass eine Befugnis Voraussetzung war. Als legibus solutus bestimmte der Monarch allein und allgemein über das Recht[312].

Gewohnheiten und Traditionen beschränkten den Monarchen nach der frühen Staatstheorie nicht in seinem Willen, sondern standen im Rahmen des Gemeinwohls zu seiner Disposition[313]. Doch die Ausübung der Gesetzesgewalt sollte dennoch einige allgemein anerkannte Grenzen kennen, die Bodin nicht als solche benannte. So war die Macht des Königs von vorn herein eingehegt durch zwei wichtige Grundlagen seiner Herrschaft. Eine davon war die im Grunde gar nicht veränderliche Gesetzlichkeit wesentlicher Regeln des Königreichs[314]. Sie waren streng zu trennen von den Gesetzen des Königs, wie der erste Präsident des Parlements de Paris dem König Heinrich III. vorhielt:

„Nous avons, Sire, deux sortes de lois: les unes sont les ordonnances du roi, qui se peuvent changer selon la diversité des temps et ses affaires, les autres sont les ordonnances du royaume, qui sont inviolables et par lesquelles vous êtes monté au trône royal et à cette couronne été conservée par vos prédécesseurs jusqu'à vous."[315]

> Wir haben, Sire, zwei Arten von Gesetzen: Die einen sind die Ordonnances des Königs, die sich verändern können nach der Zeit und ihren Begebenheiten, die anderen sind die Ordonnanzen des Königreiches, die unverletzlich sind und durch die Sie auf Ihren königlichen Thron gestiegen sind und diese Krone erhalten wurde durch Ihre Vorgänger bis zu Ihnen.

Die hier vorgehaltenen „ordonnances du royaume" waren eine für das Königreich wesentliche Grundordnung, die lois fondamentales, auch lois du royaume[316], über den Status der Krone, die der Monarch nicht ändern konnte[317]. So verbot sich „die Missachtung von Grundgesetzen wie der Thronfolgeordnung oder dem

311 Reinhard, Geschichte der Staatsgewalt, S. 101.

312 Bodin, Les Six Livres de la République, Buch I, Kap. 8, S. 91.

313 Olivier-Martin, Les lois du roi, S 114.

314 Olivier-Martin, Les lois du roi. S. 8

315 Präsident Harlay an Heinrich III., zitiert nach Olivier-Martin, Les lois du roi, S. 8, m. w. N.

316 Vgl. Oliver-Martin, Les lois du roi, S. 7f.

317 Barbey, Histoire des institutions, S. 299.

Verbot, Krondomänen zu veräußern", schon aus der Logik, dass „sie auf eine Selbstaufhebung der Monarchie hinauslaufen würde"[318].

Die andere einschränkende Grundlage der Herrschaft des Königs war sein Bekenntnis zum christlichen Glauben. Das damit anerkannte göttliche Naturrecht stellte für den Monarchen eine moralische Begrenzung seiner grundsätzlich freien Betätigung auf der Grundlage christlicher Überzeugungen dar[319]. Den Respekt der Familie als christlichen Grundwert brachte Bodin schon in die Definition des Staates ein[320]. Der Monarch musste ebenso im Regelfall Verträge halten (pacta sunt servanda) und das Privateigentum der Untertanen achten[321]. Die Würdigung und der Schutz christlicher Werte entsprachen also der göttlichen Legitimation der Herrscherstellung. Und die Untertanen fügten sich dem Fürsten, weil er seinen Gesetzen göttlich vermittelte Gerechtigkeit und Vernunft einhauchte, sie im Einklang mit dem Naturrecht waren. Durch eine Verletzung hätte er sich einer Beleidigung seiner göttlichen Majestät schuldig gemacht[322]. Wenn er handelte, so erfolgte es zum Wohle aller. Daher ist die in Ordonnances zu lesende Formel „Car tel est notre plaisir" nicht so zu verstehen, dass der König mit dem Gesetz macht, was er will. Sie verdeutlichte nur, dass das Gesetz dem vernünftigen Willen des Königs entspricht[323].

Schon in der grundlegenden Theorie war der princeps also nicht völlig legibus solutus. Allerdings dürften die Zeitgenossen auch dem christlichen Gott nicht seine Allmacht aberkannt haben, weil er nicht imstande ist, Böses zu tun oder sich selbst zu löschen. Die Gesetze des Souveräns stützten sich gleichwohl auf Voraussetzungen, die ihn schon in der Theorie beschränkten.

4. Die Règlements als Gesetze

Bei den Cours souveraines bzw. Parlements verhielt es sich im Hinblick auf die Gesetzgebung des Königs genau andersherum als bei den Gesetzen des Königreichs und der christlichen Moral. Die Règlements der Cours souveraines stellten nämlich praktische Einschränkungen der königlichen Herrschaft dar, die die Theorie von den Gesetzen des Königs abzugrenzen suchte. Denn in Wirklichkeit präsentierten sie sich in materieller Hinsicht wie Gesetze, auch

318 Reinhard, Geschichte der Staatsgewalt, S. 113
319 Hattenhauer, Europäische Rechtsgeschichte, S. 457, Rn. 1290.
320 Bodin, Les six livres de la République [1580], Buch I, Kap. 1, S. 1.
321 Reinhard, Geschichte der Staatsgewalt, S. 113.
322 Barbey, Histoire des institutions, S. 297.
323 Barbey, Histoire des institutions, S. 297.

aus der Perspektive der Zeitgenossen: Sie stellten mehr oder weniger universelle Rechtsakte dar, die dem Allgemeinwohl dienlich waren[324]. Jedenfalls innerhalb des eigenen Ressorts hatten die arrêts de règlement eines Parlements zumindest praktisch die gleiche Bedeutung. Das gab der Staatstheorie Anlass zur Frage, ob die Parlements, wie der König, Gesetze erlassen:

„L'on fait encore cette demande: savoir si les cours souveraines ont aussi le droit de faire des lois. A quoi l'on répond qu'elles peuvent bien faire des règlements publics selon les occasions qui se présentent aux formes de la justice et de la police et par provision seulement."[325]

> Man stellt noch immer diese Frage: zu wissen, ob die Cours souveraines auch das Recht haben, Gesetze zu erlassen. Worauf man antwortet, dass sie wohl öffentliche Règlements nach den Begebenheiten erlassen können, die sich den Formen der Justiz und der Police präsentieren, und nur provisorisch.

Le Bret[326] verneint die Frage mit dem Hinweis, dass die Règlements der Cours souveraines nicht so, wie die allgemeinen Gesetze des Königs sind, sondern nur auf bestimmte Gegenstände beschränkt und keinen Bestand haben. Während Le Bret dabei auch auf die Rolle der Cours souveraines als Einrichtungen der Rechtsprechung verweist, grenzt Loyseau[327] sie unter diesem Blickwinkel ab und versteht die Règlements als niedere Gesetze:

„[Le] droit de Police consiste proprement à pouuoir faire des reglemens particuliers [...] qui concernent & lient tout vn peuple: ains ce pouuoir approche & Participe dauãtage de la puissance du Prince [...] attendu que ces reglemens sont comme loix, & ordonnances particulieres."[328]

> Das Recht der Police besteht eigens darin, besondere Règlements schaffen zu können, die ein ganzes Volk betreffen und binden, [womit diese Macht eher der Macht des Fürsten entspricht], in Anbetracht, dass diese Règlements wie besondere Gesetze und Ordonnances sind.

---

324 Vgl. die Definition von Olivier-Martin, die sich nur auf den König konzentriert und eine gewisse Beständigkeit verlangt, Les lois du roi, S. 11. Demensprechend ordnet er auch die arrêts des Conseil du Roi als Gesetze ein, sh. S. 173f., 187, 198.

325 Le Bret, Traité de la Souveraineté, Buch 1, Kap. 9 (S. 73).

326 Cardin Le Bret (1558–1655), französischer Staats- und Rechtswissenschaftler und herausragender Verfechter der Ideen des Absolutismus.

327 Charles Loyseau (1564–1627), bedeutender französischer Staats- und Rechtswissenschaftler, Beamter und Richter.

328 Loyseau, Traité des seigneuries, Kap. 9, S. 91.

Unter dem Aspekt der von den Parlements ausgeübten Police wies Loyseau den Règlements demnach die Rolle von „besonderen Gesetzen" zu, die weniger universell als die Gesetze des Königs sind.

Die Herabsetzung der Règlements in der frühneuzeitlichen Staatstheorie entsprach einer Rechtfertigung angesichts der praktischen Schwäche des Fürsten. Der nur in der Theorie allgewaltige Souverän war nicht in der Lage seine Herrschaft im ganzen Königreich gleichmäßig und eigenständig auszuüben[329]. Diese Realität zwang auch die Autoren zu Eingeständnissen. Sie zeichneten daher ein Bild, das die Règlement-Praxis der Parlements und die umfassende Gesetzgebung des Königs miteinander versöhnen sollte und blieben angesichts der Parlements und ihrer arrêts de règlement dabei, dass der König, Inhaber der Souveränität, exklusiver Gesetzgeber ist. In ihrer Theorie suchten sie die Befugnisse der Gerichtshöfe daher klar von den königlichen Gesetzen abzugrenzen. Denn sie waren eine unantastbare Königssache, die Le Bret[330] und Bodin[331] zugleich zur Voraussetzung und Konsequenz des Staates gemacht haben.

Vor dem Hintergrund der Größe des Königreichs und der von verschiedenen Stellen ausgeübten tatsächlichen Herrschaft ließ Loyseau aber immerhin durchblicken, dass ein streng verstandenes königliches Monopol die praktischen Herausforderungen für einen singulären Gesetzgeber verkennt:

„Vray est que le Roy ne [peut] estre par tout, & par consequent [il] ne luy [est] possible de pourueoir à toutes les menuës occurrences."[332]

> Es ist wahr, dass der König nicht überall sein kann und es ihm daher nicht möglich ist, allen kleinen auftretenden Fragen Abhilfe zu schaffen.

Der Gesetze gebende König weiß eben nicht alles und kann demzufolge nicht auf jeden Sachverhalt eingehen, nicht jede Gefahr, jeden Konflikt erfassen. Der Anspruch des souveränen Herrschers und Alleinentscheiders in allen Lagen findet darin schon seine tatsächlichen Grenzen. Daher sollte der Monarch seine Autorität in Teilen an die wichtigsten officiers, darunter die Parlements, delegiert haben.

---

329 Vgl. Hattenhauer, Europäische Rechtsgeschichte, S. 473, Rn. 1331: „Der in der Theorie allgewaltige Fürst teilte sich bei Hofe die Macht mit dem erstarkenden Regierungsapparat und konnte sich nur durch unermüdlichen Fleiß das letzte Wort vorbehalten. Auf dem Platten Lande und in den Städten, im unmittelbaren Umgang mit den Untertanen, hatten die intermediären Gewalten das Sagen."

330 Le Bret, Traité de la Souveraineté, Buch 1, Kap. 9 (S. 73), s.o.

331 Bodin, Les Six Livres de la République, Buch I, Kap. 10, S. 154.

332 Loyseau, Traité des seigneuries, Kap. 3, Nr. 12.

„[Le Roy] permet à les principaux Officiers, soit des Cours Souueraines, soit des villes, de faire des reglemens."[333]

Der König erlaubt es den höchsten Beamten, sowohl der Cours souveraines als auch der Städte, Règlements zu erlassen.

Natürlich gab es nie einen formellen Delegationsakt. Das wäre historisch nicht zu begründen. Viele Parlements waren viel älter als die Idee ihnen übertragener Befugnisse. Ein tatsächlicher Delegationsakt war aber nach den Autoren der frühen Staatstheorie auch nicht erforderlich. Das konsequente Bild eines souveränen Herrschers versöhnte sich mit der Vorstellung delegierter Autorität, indem der Herrscher die Gerichtshöfe stillschweigend so verfahren ließ – also ein als tacitus consensus bezeichnetes Einverständnis zu erkennen gab. Der Verzicht des Königs auf die Rücknahme dieser niemals tatsächlich erteilten Autorität war den Theoretikern Ausdruck genug für eine einvernehmliche Delegation, auch wenn man darin einen Widerspruch erkennen mag. Guyot, Rechtswissenschaftler des 18. Jahrhunderts, zeigt sich über 100 Jahre später von dieser Idee beeinflusst:

„Ces règlements [sont fait] sous le bon plaisir du roi [...] qui ne les désavoue pas."[334]

Diese Règlements werden unter dem Wohlgefallen des Königs erlassen, der sie nicht ablehnt.

Unabhängig von dieser versöhnlichen Delegationstheorie und anders als Loyseau legte Le Bret für Gesetze einen strengeren Maßstab an. Ausgehend von der Form[335] der arrêts de règlement verneinte er das Recht der Parlements, Gesetze zu machen.

„Mais qu'elles ne peuvent rien définir par une loi générale."[336]

Sie können nichts durch ein allgemeines Gesetz definieren.

Er fand die materielle Abgrenzung zwischen arrêts de règlement und „echten" königlichen Gesetzen im Allgemeinbezug der Gesetze des Königs und der provisorischen und fallbezogenen Natur der Règlements der Cours souveraines.

„Il n'appartient qu'au Roi de faire des Règlemens généraux pour la Police du Royaume."[337]

333 Loyseau, Traité des seigneuries, Kap. 3, Nr. 12.
334 Guyot, Répertoire universel de jurisprudence, Bd. 3, « Arrêt ».
335 S. o., Le Bret, Traité de la Souveraineté, Buch 1, Kap. 9 (S. 73).
336 Le Bret, Traité de la Souveraineté, Buch 1, Kap. 9 (S. 73).
337 Le Bret, Traité de la souveraineté, Buch 4, Kap. 15.

> Es gebührt allein dem König, allgemeine Règlements für die Police des Königsreichs zu schaffen.

Demnach gehörten die arrêts de règlement also nicht zu den Gesetzen, die das authentische Mittel des (absoluten) Herrschers, unveräußerlich und heilig[338] waren. Zwar grenzte er die Règlements der Cours souveraines wie Loyseau über ihre fallbezogene Natur ab. Er enthielt ihnen aber anders als Loyseau die Qualifikation als Gesetze vor.

Nach dem strengen Verständnis Le Brets wie auch nach der milderen Auffassung Loyseaus war die Règlement-Tätigkeit der Cours souveraines jedenfalls nicht auf einer Ebene mit der königlichen Gesetzgebung. Die Cours souveraines mochten ihre Autorität vom Souverän ableiten. An seiner allgemeinen Gesetzgebung waren sie jedoch nicht unmittelbar beteiligt. Die Parlements erhielten dafür vielmehr ein bemerkenswertes Surrogat[339]: Die Befugnis zum Erlass allgemeinverbindlicher Rechtssätze in der besonderen Gestalt von Règlements, die im Sinne einer Normenhierarchie unter den allgemeinen Gesetzen, aber über den Urteilen einfacher Richter standen:

„[F]aire des reglemens particuliers [...] pour tous les citoyens [...] excede la puissance d'vn simple Iuge, qui n'a pouuoir, que de prononcer entre le demandeur & defendeur: & non pas de faire des reglemens, sans postulation d'aucun demandeur, ni audition d'aucun defendeur [...] [C]e pouuoir approche & Participe dauãtage de la puissance du Prince, que non pas celuy du Iuge."[340]

> Besondere Règlements zu schaffen für alle Bürger, geht über die Fähigkeit eines einfachen Richters hinaus, der nur zwischen Kläger und Beklagtem urteilen kann; und keine Règlements schaffen kann, ohne Vortrag eines Klägers und Anhörung eines Beklagten. Diese Gewalt nähert sich und nimmt Teil eher an der Macht des Fürsten, als der des Richters.

An diese besondere Règlement-Gewalt, die konsequenterweise nicht Teil der Rechtsprechungshoheit ist und nur bedingt der Gesetzgebung entspricht, lehnte sich auch Denisart in seiner über 100 Jahre später erschienenen Rechtsprechungssammlung an. Darin beschreibt er die arrêts de règlement stellvertretend für viele Autoren seiner Zeit[341] etwas verhalten als Gesetze unter dem Wohlgefallen des Königs:

---

338 Olivier-Martin, Les lois du roi, S. 192.

339 Payen, Les arrêts de réglement, S. 115.

340 Loyseau, Traité des seigneuries, Kap. 9, S. 91.

341 Sh. A.I.2.b) Der Quellenbegriff.

„Quoiqu'il en soit de principe que le roi seul peut faire des loix, il est cependant permis aux cours supérieures de faire des règlements sous le bon plaisir du roi; et ils s'exècutent comme loix dans tout le ressort."[342]

> Auch wenn im Prinzip nur der König Gesetze schaffen kann, ist es gleichwohl den Cours supérieures erlaubt, Règlements zu erlassen unter dem Wohlgefallen des Königs und sie werden ausgeführt wie Gesetze im gesamten Ressort.

In der Forschung setzte sich für die besondere Gewalt der Parlements die naheliegende Bezeichnung pouvoir règlementaire[343] durch. Das hat nichts zu tun mit der modernen formell-gesetzlich eingehegten Gewalt von exekutiven Autoritäten zum Erlass von Rechtsverordnungen[344], auch wenn einige hierin eine Entwicklungslinie erkennen möchten[345]. Bei der Règlement-Gewalt handelte es sich in Auswertung der zeitgenössischen Literatur nach Ansicht der Forschung[346] zumindest um eine quasilegislative Betätigung, die mit einem herrschaftlichen Gemeinwesen vereinbar war, in dem Justiz und Police bzw. Verwaltung ein Ganzes formten[347]. Trotz der gerichtlichen Organisation und Funktionen der Cours souveraines ergibt sich die Règlement-Gewalt schon nach der Ansicht der Zeitgenossen[348] nicht aus der Rechtsprechungsgewalt. Diesen Kontrast tragen die arrêts de règlement schon in ihrer Bezeichnung. Sie waren gerichtliche Entscheidungen in der Form, materielle Gesetze nach ihrem Inhalt.

---

342 Denisart, Décisions nouvelles, Bd. IV, S. 169. Während die rechtswissenschaftliche Literatur des 18. Jahrhunderts die Ausführung der Règlements mit denen von Gesetzen verglich, zeigten sich die Beamten des Parlements de Paris gegenüber dem König allerdings bescheiden. Sie verstanden ihre arrêts de règlement als Ausführungsakte für die Gesetze: „Le Roi seul a la puissance législative, mais il a confié aux Parlements le pouvoir exécutoire des loix [...]. Les faire rédiger sur les lieux, y donner la sanction et le titre de Loi, c'est un acte de Souveraineté réservé au Prince. Les faire ensuite observer, chacune dans son territoire, c'est un acte de Magistrature, c'est le devoir du Parlement. Faire la loi n'appartient qu'au Roi, mais l'appliquer suivant les circonstances est l'office du Juge.", Joly de Fleury, zitiert nach Payen, Les arrêts du Parlement de Paris au XVIIIe siècle.

343 Sh. Declareuil, Histoire générale, S. 815; Olivier-Martin, Les lois du roi, S. 194; Payen, Dimension et doctrine, S. 38ff.

344 Verpeaux, La naissance du pouvoir règlementaire, S. 5.

345 Verpeaux, La naissance du pouvoir règlementaire, S. 13f.; Sh. auch die entdifferenzierte Verwendung des Begriffs bei Olivier-Martin, Les lois du roi, S. 194.

346 Payen, La Physiologie de l'arrêt de règlement du Parlement de Paris au XVIIIe siècle, S. 454ff; Olivier-Martin, Les lois du roi, S. 187, 192

347 Royer, Histoire de la Justice, S. 69f.

348 S. o., Loyseau, Traité des seigneuries, Kap. 9, Nr. 3, S. 91.

C. Die arrêts de règlement des Parlements de Provence

Der zweite Teil dieser Untersuchung ist den arrêts de règlement des Parlements de Provence gewidmet. Nachdem die Ausführungen im ersten Teil zur Geschichte der Parlements und zur zeitgenössischen Theorie den Hintergrund und die Konturen der arrêts de règlement gezeichnet haben, wendet sich die Arbeit dem handfesten Quellenmaterial zu, um es zunächst in seiner Überlieferungsform zu beschreiben (I), dann die wesentlichen Gegenstände der arrêts de règlement und ihre Inhalte darzustellen (II) und über den formalen und inhaltlichen Aufbau der Akte (III) das Verfahren für ihren Erlass zu rekonstruieren (IV).

I. Der überlieferte Bestand

Die arrêts des Parlement de Provence sind auf unterschiedliche Art und Weise überliefert. In seiner fast 400-jährigen Geschichte hat das Gericht eine nicht zu überschauende Anzahl an Akten erlassen. Ein guter Teil davon, insbesondere die arrêts de règlement, gingen unmittelbar an die Öffentlichkeit. Sie sind deswegen auch in vom Parlement unabhängigen Medien überliefert. Dazu gehören die Wiedergaben in Entscheidungssammlungen, gedruckte Bekanntmachungsexemplare und teilweise Reproduktionen in anderen Akten wie z.B. vom Conseil du roi[349].

Allerdings sind die meisten arrêts des Parlements in Medien überliefert, die das Gericht selbst erstellt und gepflegt hat. Darunter fallen nicht die gedruckten Bekanntmachungsexemplare, da sie in Druckereien außerhalb des Gerichts entstanden und deswegen nicht in die Bestände des Gerichts gewandert sind. Wohl aber die Register des Parlements de Provence, die von seiner Kanzlei gepflegt wurden. Sie enthalten die wohl umfangreichste Überlieferung der arrêts de règlement des Parlements de Provence.

349 Z.B. der arrêt des Conseils d'État „qui casse l'arrêt du parlement de Provence" vom 6. April 1726, der den kassierten arrêt des Parlements vom 18. Juni 1722 indirekt wiedergibt, Bibliothèque nationale de France, département Droit, économie, politique, F-21102 (8).

1. Archivquellen – die handschriftlichen arrêts de règlement in den Registern

Die Form der Überlieferung in Registern ist typisch für die Frühe Neuzeit. In ihnen haben Behörden[350] ihre Rechtsakte aufgezeichnet und vorgehalten[351]. Zwar waren die Parlements in erster Linie Gerichte. Ihre Funktionen in der Police machten sie aber zu herausragenden behördlichen Herrschaftsträgern, die sich in Aufbau und Arbeitsweise nach Stil und Verständnis der Zeit nicht wesentlich von anderen hoheitlichen Einrichtungen unterschieden, die gegenüber den Untertanen selbständig in Erscheinung traten.

Die vielfältigen Aufgaben der ausgedehnten Verwaltung der Provence[352] bedeuteten auch einen großen formalen Aufwand für das Parlement de Provence, das sich an der Spitze der Police sah. Die Verwaltung war seit dem 16. Jahrhundert in alle Richtungen verzweigt und sowohl nach Aix als auch nach Paris ausgerichtet. Wichtige Akte mussten schnell erstellt oder vernommen, geprüft und abrufbar gespeichert[353] werden. Für die konstitutive Aufzeichnung königlicher Gesetze[354] hatte das Parlement schon seit seiner „Gründung" 1501 ein Register zu führen[355]. Seine große Bedeutung erlangte dieses Register sowohl über die königlichen Gesetze als auch die arrêts de règlement des Parlements, die die Gerichtsschreiber in handschriftlichen Dokumenten dort sammelten und über die Zeit der Gerichtsstätigkeit auf einen beträchtlichen Bestand anwachsen ließen.

---

350 „Behörde" ist hier im materiellen Sinne zu verstehen, was sämtliche Verwaltungsträger und ordnende Institutionen des Gemeinwesens der Zeit umfasst.

351 Hochedlinger, Aktenkunde, S. 61.

352 Dazu ausführlich Olivier-Martin, L'administration provinciale à la fin de l'Ancien Régime.

353 Vgl. Guyot, Répertoire universel et raisonné de Jurisprudence, Bd. 3, S. 67 mit dem Verweis auf die Ordonnance von 1539, sh. „Ordonnance de Villers-Cotterêts sur le fait de la justice, août 1539", Isambert, Recueil général des anciennes lois françaises, Bd. 12, S. 600 (622–623).

354 Sh. C.I.1.b) Arrêts d'enregistrement und arrêts de règlement.

355 Das ergibt sich aus dem Aufzeichnungsbefehl am Ende des Gründungsedikts: „Et pource que de ces presentes l'on pourra avoir à besongner en plusieurs et divers lieux, nous voulons qu'elles soient enregistrées en nostredit parlement, et que audit registre [...] foy soit adjoustee[.]", Édit portant établissement du Parlement de Provence vom Juli 1501, Isambert, Recueil général des anciennes lois françaises, Bd. 11, S. 422 (431, 432).

a) Die Register des Parlements de Provence

In einer aktenkundlichen Betrachtung soll es zunächst darum gehen, die Umstände der Überlieferung, die Form und den historischen Zweck der Register (1) herauszuarbeiten, um sich dann über seine Ordnung und Handhabbarkeit (2) der Bedeutung für diese Untersuchung (3) zuzuwenden und zuletzt einen Versuch zu wagen, ihre eigentümliche Bezeichnung als arrêts d'état zu klären (4).

(1) Herkunft, Qualität und Zweck

Das Parlement de Provence hat die arrêts de règlement in seinen eigenen Registern festgehalten. Sie gelangten vermutlich über Umwege im 19. Jahrhundert in das Departementalarchiv. Die Register befanden sich bis Februar 2018 in der Zweigestelle des Archive départementale des Bouches-du-Rhône in Aix-en-Provence. Seit der Schließung des Archivzentrums in Aix lagern sie im allein verbliebenen Centre de Marseille. Die Register sind Teil einer ganzen Serie[356] mit Dokumenten des Parlements, die sich inhaltlich in mehrere Aktenzeichen aufgliedert. Eine Reihe dieser „cotes“[357] ist ausschließlich den arrêts de règlement des Parlement de Provence gewidmet. Jedes dieser Aktenzeichen besteht aus einem Band mit arrêts für je einen mehrjährigen Zeitraum. Alle Aktenzeichen bzw. Bände decken zusammen den Zeitraum von 1624 bis 1790 ab. Die Überlieferung ist allerdings von Lücken durchsetzt. So tauchen einige arrêts in der weiter unten thematisierten Sammlung von Régusse[358] auf, die sich nicht in den Registern ausfindig machen lassen[359]. Außerdem sind die Bände sehr unterschiedlich in ihrer Größe. Das lässt sich nicht ganz damit erklären, dass jeder Band einen unterschiedlich langen Zeitraum mit arrêts dokumentiert. Einige

---

356 Serie B, Aktenzeichen (cote) 3313 bis 6326 sowie 20 B 1 bis 20 B 6963 mit Dokumenten unterschiedlicher Art aus dem Zeitraum ab der Gründung des Parlements 1501 bis 1798.

357 ADBR, B 3692 bis B 3721.

358 Sh. C.I.2. Gedruckte Quellen – die Sammlung von Grimaldy de Régusse.

359 Allein für den Zeitraum von 1669 bis 1672 fehlen folgende belegte arrêts: Der arrêt vom 5. Mai 1671, Régusse, S. 98f.; der arrêt vom 18. Februar 1671, Régusse, S. 97f.; der arrêt vom 16. Dezember 1671, den Régusse ausdrücklich mit Ausnahme des Namens des unterzeichnenden Präsidenten noch in den Registern gefunden haben will, S. 92f.; der arrêt vom 6. Juni 1670, der ausdrücklich als arrêt de règlement aufgeführt wird, Régusse, S. 89; der arrêt vom 5. März 1670, Régusse, S. 86; der arrêt vom 26. Februar 1670, Régusse, S. 84; der arrêt vom 13. Februar 1670, Régusse, S. 83; der arrêt vom 15. Januar 1670, Régusse, S. 81.

enthalten nämlich auch für längere Perioden relativ wenige arrêts[360], andere beinhalten zahlreiche arrêts für nur wenige Jahre[361].

Nach Aussehen und Qualität der Bindungen zu urteilen, handelt es sich um zeitgenössische Archivierungen der Gerichtsscheiber selbst. Die arrêts wurden aber vermutlich erst nach ihrer Registratur gebunden[362]. Die spätere Archivverwaltung markierte die Bände und nutzte die Gliederung der Gerichtsschreiber weiter. Das belegen jüngere handschriftliche Betitelungen[363] auf den alten, ausgetrockneten Bandrücken, in die die Seiten in primitiver Weise eingeflochten sind. Damit sind die Quellen im Wesentlichen unverändert und offenbaren viel über die Dokumentationsarbeit im Parlement[364]. Schon die Deckblätter der alten Heftungen in den Bänden, die manchmal den Namen des zu der Zeit tätigen Gerichtsschreibers tragen[365], geben einen Einblick. Sie fehlen zwar leider häufig und sind für die arrêts ab dem 18. Jahrhundert so gut wie gar nicht mehr vorhanden. Ansonsten zeigen aber ihre unterschiedlichen Betitelungen, worum es sich bei den arrêts aus Sicht der Gerichtsschreiber handelte: Manchmal enthalten sie eine Referenz zum bezweckten Schutz der Gesundheit der Untertanen wie „affaires de la sante“[366]. Und in der Regel bezeichnen sie den Inhalt als „arrest d'estat“[367]. Die späteren Archivsignaturen ordneten die Akte gleichgültig unter die arrêts de règlement[368]. Das taten indes auch schon die Zeitgenossen[369].

---

360 Z.B. arrêts de règlement ou d'état von 1743 bis 1762, ADBR, B 3704. Für jedes Jahr enthalten die Register ca. 10 arrêts.

361 Z.B. arrêts de règlement ou d'état von 1669 bis 1674, ADBR, B 3699. Für jedes Jahr enthalten die Register ca. 30 arrêts de règlement.

362 Zum Verhältnis von Registratur und Archiv: Hochedlinger, Aktenkunde, S. 61f. und 87f.

363 Z.B. „Arrêts d'état ou de règlement“ in dicker Schrift mit den jeweiligen Anfangs- und Enddaten und den Archivsignaturen, ADBR, B 3692 bis B3708.

364 Vgl. Hochedlinger, Aktenkunde, S. 99.

365 Häufig taucht der Name „Estienne“ auf, wie z.B. in dem Registerteil ADBR, B 3692, woraus sich auch ergibt, dass es sich dabei um den Namen des Gerichtsschreibers (Greffier) handelt.

366 Z.B. „vingt huictiesme cayer des affaires d'estat et de la sante / Estienne / greffier“, ADBR, B 3692. Zu diesem typischen Gegenstand der arrêts de règlement des Parlements de Provence sh. C.II.1. Leben und Gesundheit.

367 Ebenfalls ADBR, B 3692. Sh. C.I.1.a)(4) Der Begriff „Arrêt d'État“.

368 Die Archiv-Bände erhielten durchweg die Betitelung „Arrêts d'état ou de règlement“ in dicker Schrift mit den jeweiligen Anfangs- und Enddaten und den Archivsignaturen, ADBR, B 3692 bis B3708.

369 So u.a. Régusse, Les arrêts de règlement du Parlement de Provence. Sh. dazu C.I.2. Gedruckte Quellen – die Sammlung von Grimaldy de Régusse. Aber auch

Wenn man die aufgezeichneten arrêts in den Bänden nach Papier- und Schriftqualität beurteilt, kann man zu dem Schluss gelangen, dass die Schriftstücke entweder selbst als Protokolle dienten oder schnell daraus entstanden sind. Sie bestehen zwar aus hochwertigem, beigem Pergament[370], das ab 1674 konsequent gestempelt ist[371]. Das unleserliche Schriftbild[372] scheint aber für einen internen Gebrauch bestimmt gewesen zu sein. Besonders für die Jahre von 1630 bis 1670 zeigen die Dokumente viele Handschriften, die hastig auf das Papier gelangt sind.

Für die Vermutung, dass es sich um Protokolle handelt, spricht nicht nur die Qualität der einzelnen Handschriften der Urteilsschreiber. Denn manchmal enthalten die Dokumente auch wichtige Korrekturen und Ergänzungen mit anderen Handschriften, die viel sauberer sind. Sie betreffen mitunter die Dicta bzw. Dispositive[373] der arrêts, also nach modernen Kategorien den Tenor der Entscheidung[374]. Das sollte wohl Fehler und Unvollkommenheiten beseitigen, die vielleicht bei einer allzu schnellen Abfassung entstanden sind. Diese nachträglichen Änderungen zeigen uns heute aber auch, dass die Gerichtsschreiber zwar den Text auf das Papier brachten, aber nicht für den Inhalt verantwortlich waren.

Und das ist nicht alles: Die Ähnlichkeit einiger der auffällig sauber geschriebenen Korrekturen mit den Unterschriften des jeweils „entscheidenden" Richters[375] auf denselben Dokumenten belegt, dass die Schriftstücke der Schreiber

---

die Ausführungen einiger der überlieferten arrêts selbst verwenden den Begriff, wenn sie auf einander verweisen, z. B. der arrêt de règlement „Pour la Police" vom 15. Januar 1683, Régusse, S. 145ff.

370 Zu den unterschiedlichen Materialien: Hochedlinger, Aktenkunde, S. 118f.

371 Auch Stempelpapier genannt, Hochedlinger, Aktenkunde, S. 121f. Dazu umfassend für Frankreich, Devaux, Les papiers et parchemins timbrés de France.

372 Das war im Allgemeinen auch schon ein Problem für die Zeitgenossen, wie eine Déclaration vom 19. März 1673 belegt: „[Il] arrive souvent que les procédures sont écrites par des copistes sans intelligence, peu corrects, et qui écrivent mal, elles sont peu lisibles et remplies des fautes qui en ôtent le sens[.]", Isambert, Recueil général des anciennes lois françaises Bd. 19, S. 89f.

373 Z.B. im arrêt vom 23. Januar 1670 („exploits"), im arrêt vom 6. Oktober 1670 und im arrêt vom 10. Februar 1672. Alle aufgeführten enthalten um mehrere Zeilen in einer anderen Handschrift ergänzte Dicta, ADBR, B 3699. Der Regelungsgehalt des Dispositivs fand sich dadurch jeweils erweitert. Sh. auch C.III.2. Das Dispositiv.

374 Die modernen Fachsprachenwörterbücher verstehen unter dem Wort „dispositif" den anordnenden Teil eines Urteils, also den wesentlichen Regelungsgehalt, Sachs-Villatte, Teil I, S. 306; Larousse, S. 208. Sh. auch C.III.2. Das Dispositiv.

375 Die Unterschrift des Présidents à mortier, Charles de Grimaldi-Régusse, unter dem arrêt vom 10. Februar 1672, ADBR, B 3699 entspricht ihrem Aussehen nach den

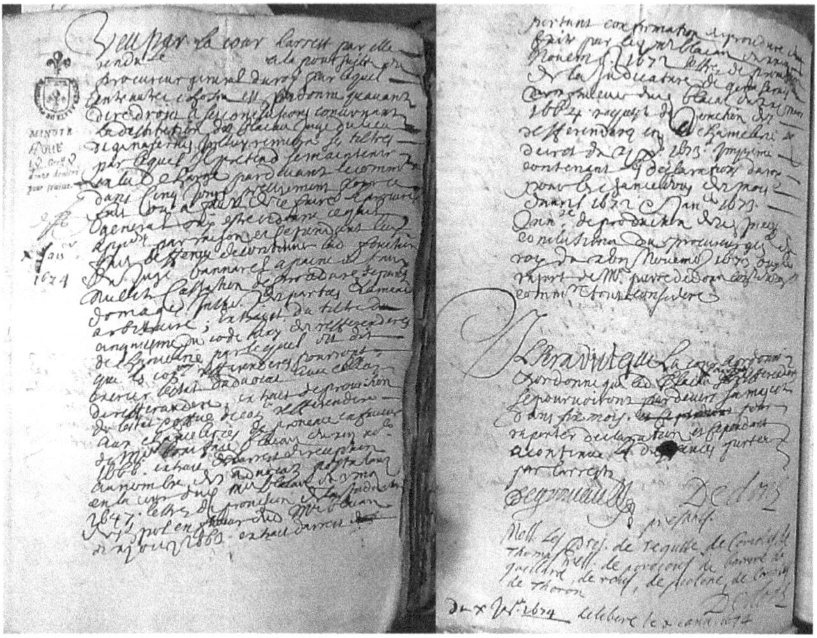

Abbildung 1: Leserliche Handschrift des arrêts de règlement vom 10. Januar 1674 im überlieferten Register des Parlements de Provence, ADBR, B 3699. Beachte das gestempelte Papier.

einer richterlichen Abschlusskontrolle im Sinne einer aktenkundlichen Revision unterlagen[376]. Daraus und aus den gegengezeichneten Unterschriften der Richter unter den arrêts ergibt sich, dass die überlieferten Schriftstücke in den Registern protokollartig abgefasste Konzepte der arrêts waren, die einer Approbation bedurften[377]. Nach der Prüfung und ggf. Überarbeitung wurden diese Urschriften nicht in eine Reinschrift übertragen, sondern unmittelbar als arrêts bekanntgemacht, evtl. vervielfältigt und dem Register hinzugefügt. Die Protokolle wurden damit zu arrêts de règlement.

handschriftlichen Ergänzungen im Entscheidungstext. Auch die Änderungen in den arrêts vom 23. Januar und vom 6. Oktober 1670, ADBR, B 3699 weisen diese Ähnlichkeit auf.

376 Hochedlinger, Aktenkunde, S. 79.

377 Hochedlinger, Aktenkunde, S. 79.

Die Register-arrêts dienten einem praktischen Zweck. Das war die rohe Dokumentation der vom Parlement gefassten Entscheidungen, um die Akte bei Bedarf zu konsultieren[378]. Dafür sprechen neben der zusammengefassten Überlieferung auch Datum[379] und Unterschriften[380] auf den arrêts. Indes war und ist ein isolierter Zugriff auf einen bestimmten arrêt aufgrund der einfachen und starren chronologischen Ordnung nur über das vermerkte Datum möglich. Und selbst dann gestaltet sich der Abruf etwas aufwändig. Denn das Parlement kann an einem Tag mehrere arrêts (d'état) erlassen haben, sowohl Aufzeichnungsbeschlüsse als auch Règlements[381], die in das Register aufgenommen wurden. Ohne Titel[382] oder besondere Kennzeichnung ist dann eine wenigstens oberflächliche Lektüre der auf den ersten Blick gleichförmigen Akte unumgänglich, um einen bestimmten arrêt auszumachen.

Für die unmittelbaren Zeitgenossen des jeweiligen arrêts erfüllte die Registratur daneben eine formelle Funktion. Wie königliche Gesetze[383] erforderten arrêts für ihre Verbindlichkeit seit jeher der Einfügung bzw. Transkription in die Register der Gerichtshöfe, ursprünglich um den Inhalt der Allgemeinheit vorzuhalten. In der Frühen Neuzeit wurde diese Registratur angesichts der Menge an arrêts de règlement und der besseren Möglichkeiten der Vervielfältigung aber tatsächlich zu einer reinen Formalie. Schließlich wurden die wichtigen arrêts de règlement in zahlreichen Druckexemplaren bekannt gemacht, sodass man sich auch unabhängig von den Registern über den Inhalt der arrêts unterrichten konnte. Der praktische Bedeutungsverlust der Register dürfte auch der Grund für die schlechte Ordnung der arrêts in den Registern des Parlements de Provence sein.

---

378 Das war im Allgemeinen der Zweck von behördlichen Registern, Hochedlinger, Aktenkunde, S. 61.

379 Die arrêts sind in der Regel mit einer Kopfdatierung am oberen rechten Rand der ersten Seite versehen.

380 Hierbei handelt es sich stets um gegengezeichnete Namensunterschriften ohne Stempel oder Siegel.

381 Sh.C.I.1.b) Arrêts d'enregistrement und arrêts de règlement.

382 Manche arrêts de règlement wurden nachträglich mit Titeln entweder in der Kopfzeile des Dokuments oder am linken oberen Rand beim Datum versehen. Sie enthalten meist nur ein Stichwort zum Inhalt des jeweiligen arrêts, bspw. der arrêt de règlement vom 15. Juli 1670, der mit „enqueyrades" betitelt ist, ADBR, B 3699. Dabei handelte es sich um den Gegenstand dieses arrêts, der diese öffentlichen Steinschlachten verbot, die zum Missfallen des Parlements eine beliebte Tradition in der Provence darstellten, vgl. Honnorat, Dictionnaire provençal-français, Bd. 2, S. 69, „Enqueirada".

383 Sh. C.I.1.b) Arrêts d'enregistrement und arrêts de règlement.

(2) Ordnung der Register

Die chronologische Ordnung ist die älteste Gliederung von Protokollbüchern[384]. Zwar sind die arrêts de règlement in den Registern mehr als bloße Protokolle[385]. Sie erfüllten aber nach ihrer endgültigen Abfassung gleichsam einen internen Dokumentationszweck[386]. Die zeitlich aufsteigende Abheftung in den Registern des Parlements de Provence ist dementsprechend konsequent: Inhaltlich zusammengehörige arrêts sind durch zwischenzeitlich gefasste, in der Sache nicht verwandte Akte unterbrochen, selbst wenn nur wenige Tage dazwischen lagen[387]. Wäre das Register von mehr als nur einer formellen Bedeutung gewesen, wären die Schreiber hier gewiss mit größerer Sorgfalt vorgegangen, nicht nur beim Anordnen, sondern auch schon beim Schreiben. Erst für die arrêts aus dem 18. Jahrhundert lassen die Register die Arbeit betulicher erscheinen. Dort liegen den arrêts nämlich auch die Schriftstücke mit den Anfragen der Procureurs[388] bei, auf die sie sich beziehen. Auch wenn sich diese „requêtes“[389] oft im Text des jeweiligen arrêts reproduziert finden, sind sie nur für die Zeit ab 1709 authentisch überliefert[390]. Das ist gerade deswegen interessant, weil sie sinngemäß und buchstäblich aus einer ganz anderen Feder als die arrêts stammen. Dementsprechend unterscheiden sich die Anfragen von den arrêts schon äußerlich durch ihr sehr formalisiertes, sauberes Erscheinungsbild[391] und die Titelbezeichnung „Supplique“, zu Deutsch etwa Bittschrift[392]. Diese Suppliken durchbrechen die

---

384 Vgl. Hochedlinger, Aktenkunde, S. 99ff.; Papritz, Archivwissenschaft, Bd. 2, S. 191.

385 Sh. C.I.1.a)(1) Herkunft, Qualität und Zweck.

386 Sh. C.I.1.a) In einer aktenkundlichen Betrachtung soll es zunächst darum gehen, die Umstände der Überlieferung, die Form und den historischen Zweck der Register (1) herauszuarbeiten, um sich dann über seine Ordnung und Handhabbarkeit (2) der Bedeutung für diese Untersuchung (3) zuzuwenden und zuletzt einen Versuch zu wagen, ihre eigentümliche Bezeichnung als arrêts d'état zu klären (4).
(1) Herkunft, Qualität und Zweck, S. 88ff.

387 So z.B. eine mehraktige Disziplinarsache vom Mai 1672, ADBR, B 3699.

388 Z.B. die arrêts de règlement von 1763 bis 1766, ADBR, B 3705. Der Procureur général war der höchste Vertreter des Königs am Parlement und für die Einleitung des Règlement-Verfahrens zuständig.

389 Sh. dazu C.IV.1.a) Die Anfragen des Procureurs und C.IV.1.b) Requête und réquisition.

390 „Arrêts d'état ou de règlement du 25 janvier au 11 décembre 1717“, ADBR, B 3705.

391 Das trifft auf alle untersuchten Suppliken der Jahre 1762 bis 1766 zu, ADBR, B 3705.

392 Sachs-Villatte, Teil I, S. 858; Larousse, S. 635.

starre Chronologie[393], weil sie den dazugehörigen arrêts, auf die sie abzielten, unmittelbar nachgeheftet sind.

Dem sperrigen Zugriff mit der chronologischen Ordnung schafft auch die Stückelung ein wenig Abhilfe. Die Register des Parlements zu den arrêts de règlement bestehen, wie bereits gesagt[394], aus einer Reihe von Bänden unterschiedlicher Größe. Jeder Band wiederum enthält eine Anzahl von cahiers[395], also Heften, die mehrere arrêts bündeln. Jedes cahier verfügt in der Regel über in etwa 30 bis 40 doppelseitig beschriebene Blätter. Das ist – neben der strikt chronologischen Führung – eines der wenigen über den gesamten Forschungszeitraum konsequenten Merkmale in der Ordnung der Register. Trotz des gleichbleibenden Seitenumfangs variiert der Inhalt der cahiers allerdings stark. Zwar gehen die arrêts de règlement oft nur über ein bis zwei Seiten[396]. Aber schon wenige längere Entscheidungstexte führen dazu, dass auch die cahiers nicht gleich viele arrêts enthalten. So bestehen einige sehr umfangreiche cahiers letztlich nur aus wenigen, dafür aber sehr langen arrêts[397].

Die fehlenden Gliederungsparameter der Register erschweren das Auffinden einzelner arrêts. Es gibt keine Seitenzahlen. Nur der Beginn und das Ende eines arrêts sind über die laufenden Seiten graphisch[398] leicht zu erkennen. Eine eigene fortlaufende Paginierung fehlt auch. Sie ist wegen der besonderen Heftung schwierig einzufügen und sogar unpraktisch: Die arrêts sind auf quer zur Mitte

393 Leider ist keine der im Register gefundenen Suppliken datiert. Sie gingen den jeweiligen arrêts aber logischerweise zeitlich voraus. Sh. C.IV.1.a) Die Anfragen des Procureurs und C.IV.1.b) Requête und réquisition.

394 Sh. C.I.1.a)In einer aktenkundlichen Betrachtung soll es zunächst darum gehen, die Umstände der Überlieferung, die Form und den historischen Zweck der Register (1) herauszuarbeiten, um sich dann über seine Ordnung und Handhabbarkeit (2) der Bedeutung für diese Untersuchung (3) zuzuwenden und zuletzt einen Versuch zu wagen, ihre eigentümliche Bezeichnung als arrêts d'état zu klären (4).
(1) Herkunft, Qualität und Zweck, S. 88ff.

395 In den Betitelungen der Heftungen auch „cayez“ oder „cayiez“, ADBR, B 3692. Dabei handelt es sich um einfache Heftungen.

396 Die Seiten sind nicht exakt gleich groß, entsprechen aber dem historischen 4°-Format. Dazu Hochedlinger, Aktenkunde, S. 119f.

397 So z.B. gleich der zweite arrêt de règlement des cahiers von 1763, arrêt de règlement vom 19. Januar 1763, ADBR, B 3705.

398 Die meisten arrêts enthalten das Datum am oberen linken Rand der ersten Seite und ganz am Ende die Unterschriften der Richter. Die Anfangsbuchstaben der Texte sind stets größer. Außerdem ist die letzte Seite der arrêts in der Regel nicht komplett beschrieben.

gefalteten Papierbögen geschrieben. Die Folien sind also eigentlich nur Hälften der ganzen Papierstücke, die mehrfach übereinandergelegt die Hefte ausmachen. Die Querteile sind dabei die einzelnen, mit der langen Kante längs zur Bindung gerichteten Seiten, die in den cahiers vom oberen zum unteren kurzen Rand geheftet sind. Die Schrift auf dem Papier folgt dieser Aufmachung. Die Heftung entlang der mittigen Faltung der Blätter kann erst nach der Abfassung der arrêts auf den Halbseiten erfolgt sein. Das ergibt sich daraus, dass in der Regel die letzten arrêts des Heftes textlich ihren Anfang in der Mitte der Heftung haben.

Das ist allerdings nicht immer der Fall, vor allem in cahiers mit einigen längeren arrêts. Denn die Technik der quergefalteten Heftung führt dazu, dass einige längere arrêts[399] mit mehreren Seiten von den nachfolgenden arrêts unterbrochen werden, wenn sie auf beiden Querseiten des jeweiligen Blattes geschrieben sind. Während der erste Teil des arrêts dann in der ersten Hälfte des cahiers liegt, befindet sich der Rest des arrêts dann weiter hinten. Wenn es sich also um die erste Seite im cahier handelt und der arrêt auf vier Seiten abgefasst ist, liest man ihn vorder- und rückseitig auf dem ersten Folium und dann weiter auf dem letzten Folium des cahiers, dort ebenfalls vorder- und rückseitig. Dazwischen kommen die anderen arrêts des cahiers, die längeren darunter sind wiederum nach demselben Prinzip zu lesen: Zweites Folium recto und verso für die ersten beiden Seiten, vorletztes Folium recto und verso für die dritte bzw. vierte Seite, usw. Ausnahmsweise kann ein sehr langer arrêt auch auf weitaus mehr Folien geschrieben sein, bis er abbricht, um auf einer hinteren Seite des cahiers fortzufahren[400]. Diese papierbogenartige Aufteilung der Texte macht die Sichtung der Dokumente als Ganzes schwierig. Ein weiterer Nachteil der Heftung liegt darin, dass es damit vor allem in der zweiten Hälfte der cahiers viele freie Seiten gibt. Denn arrêts mit ungeraden Seitenzahlen korrespondieren nicht mit der zwingend geraden Zahl der Papierseiten (wegen der hälftigen Foliierung). Aufgrund der nicht mit der Heftung fortlaufenden Schreibweise bleibt so in diesen Fällen immer eine Seite frei bis zum nächsten arrêt. Die Ordnung und die Aufteilung der Register machen eine Paginierung damit sinnlos. Für das Auffinden, die Identifizierung und das Zitieren der arrêts bleibt es bei ihrer Datierung als einziges Kriterium.

---

399 Z.B. der arrêt de règlement vom 19. Januar 1763, ADBR, B 3705.

400 So der schon genannte zweite arrêt de règlement des cahiers von 1763, arrêt de règlement vom 19. Januar 1763, ADBR, B 3705: Er besteht aus insgesamt 25 gefalteten Blättern und damit 100 beschriebenen Seiten. Die ersten 50 sind am Anfang des cahiers, die letzten 50 am Ende des cahiers zu lesen. Dazwischen befinden sich 8 weitere, teilweise ähnlich lang gefasste arrêts.

(3) Bedeutung und Auswahl der arrêts in den Registern

Trotz der schlechten Handhabung sind die ungünstig geordneten Quellen von großem Wert für die rechtshistorische Arbeit. Die arrêts de règlement der Register sind die Schriftstücke, die die Entstehung der Règlements direkt dokumentieren. Als Erstfassungen sind sie die urschriftlichen „Originale“[401] der arrêts de règlement des Parlements de Provence. Die Register-Akte sind das unmittelbare Ergebnis der Règlement-Tätigkeit Gerichts.

Die anderen Überlieferungen[402] der arrêts de règlement des Parlements de Provence sind den Registraturen zeitlich nachgelagert. Das betrifft expedierte Kopien ebenso wie affichierte Drucke[403] und Auszüge in viel später entstandenen Sammlungen[404]. Und teilweise waren die arrêts in den Registern auch selbständige Exemplare für die Außenkommunikation: Veröffentlichungsvermerke auf einigen arrêts de règlement belegen, dass zum Teil genau diese Schriftstücke zur Bekanntmachung beim Parlement verwendet wurden[405], während sie als Vorlage für Kopien zur weiteren Verbreitung gedient haben[406].

Aus Sicht eines Forschers sind die Register-arrêts daher besonders interessant. Payen kam zwar zu dem Schluss, dass eine lückenlose Gesamtauswertung von arrêts de règlement im Allgemeinen auf Grundlage der Quellen unmöglich ist[407] und bezog sich dabei auch auf die in Aix-en-Provence überlieferten Register. Mit den darin enthaltenen „Urfassungen“ der arrêts de règlement des Parlements de Provence lassen sich aber unterschiedlichste Fragen beantworten, die auf die arrêts de règlement als authentische Akte des Parlements selbst zugespitzt sind. Sie geben einerseits Aufschluss über die Arbeit der Gerichtsschreiber, die Registerführung und die Umstände dieser Erstaufzeichnung[408].

---

401 Zu den Begriffen Urschrift und Originale: Hochedlinger, Aktenkunde, S. 47.

402 Für Beispiele anderer Überlieferungsarten sh. C.I. Der überlieferte Bestand.

403 Sh. dazu C.IV.3. Bekanntmachung, S. 211ff.

404 Sh. dazu C.I.2.a) Die arrêtistes.

405 So z.B. am unteren Ende der Schriftstücke bei den arrêts de règlement vom 27. September 1669, vom 15. November 1669 und vom 8. Oktober 1669, ADBR, B 3699 mit dem ausdrücklichen Hinweis: „Publié a la barre du Parl[ement] de Provence seant à Aix le [jeweiliges Datum]“.

406 Sh. dazu C.IV.3. Bekanntmachung, S. 211ff.

407 Payen, Les arrêts de règlement du Parlement de Paris, S. 15ff.

408 Sh. dazu nochmal C.I.1.a) In einer aktenkundlichen Betrachtung soll es zunächst darum gehen, die Umstände der Überlieferung, die Form und den historischen Zweck der Register (1) herauszuarbeiten, um sich dann über seine Ordnung und Handhabbarkeit (2) der Bedeutung für diese Untersuchung (3) zuzuwenden und zuletzt einen

Andererseits enthalten sie aber auch viele implizite Hinweise auf das Verfahren[409] der arrêts de règlement, wofür es keine unmittelbare normative Quelle gibt, und die Bedeutung der arrêts de règlement im Verhältnis zu königlichen Gesetzen. Zudem erlauben es die Register-arrêts, Aussagen zu treffen über Entscheidungsfrequenz, das Verhältnis zwischen den Richtern und anderen Beamten und das Selbstverständnis des Parlements. Und darüber hinaus lässt sich auch die Genauigkeit der Arbeit bei etwaigen Reproduktionen überprüfen[410]. Viele dieser Ergebnisse, so wird sich zeigen, decken sich mit dem Forschungsstand im Allgemeinen wie auch im Besonderen für die anderen Parlements in Frankreich. Gleichzeitig offenbaren sich darüber Eigenheiten des Parlements de Provence.

Da der überlieferte Bestand trotz der Lücken sehr umfangreich ist, stützt sich die Untersuchung der arrêts aus den Registern im Wesentlichen auf drei ausgewählte und zeitlich abgesteckte Zeiträume. Um kalendarisch bedingte Variationen[411] in den erlassenen arrêts aufzuzeigen und herauszufiltern, erstrecken sich zwei davon über circa vier Jahre.

Der erste Zeitraum umfasst die Registerdokumente vom 18. September 1669 bis zum 16. Dezember 1673[412]. In diese Zeitspanne fällt der spürbare Einfluss der persönlichen Herrschaft Ludwigs XIV[413]. Zahlreiche königliche Ordonnances finden sich in diesen Jahren dem Register des Parlements hinzugefügt[414] und bezeugen

---

Versuch zu wagen, ihre eigentümliche Bezeichnung als arrêts d'état zu klären (4). (1) Herkunft, Qualität und Zweck und (2) Ordnung der Register.

409 Sh. dazu C.IV. Verfahren.

410 So z.B. in der Sammlung von Régusse, sh. C.I.2. Gedruckte Quellen – die Sammlung von Grimaldy de Régusse.

411 So z.B. die arrêts de règlement der in den Gerichtsferien tagenden Kammer (Chambre durant les vacations), die stets in den Sommermonaten tagte, und die arrêts de règlement zu Festzügen an religiösen Feiertagen.

412 „Arrêts d'état ou de règlement du 18 septembre 1669 au 27 octobre 1682", ADBR, B 3699.

413 „Règne personnel" von 1661 bis 1715. Für das Verhältnis der Parlements zum König in dieser Zeit gibt es schon einige Untersuchungen: Hassen El Annabi, Le Parlement de Paris sous le règne personnel de Louis XIV; John J. Hurt, Louis XIV and the Parlements: The Assertion of Royal Authority. Für das Parlement de Provence wurden die Auswirkungen der Herrschaft Ludwigs XIV. bisher nicht umfassend und eher in begrenzten Aspekten untersucht, z.B. der personelle Hintergrund der politischen Rolle des Parlements, Emmanuelli, Le Parlement de Provence et la politique (XVIIe-XVIIIe siècles). Réflexions sur un parcours en zigzag, Le Parlement de Provence 1501–1789, S. 117ff.

414 Sh. dazu C.I.1.b) Arrêts d'enregistrement und arrêts de règlement.

eine erstarkende Zentralgewalt[415]. Damit verbunden setzt in dieser Zeit eine nicht zu verkennende Professionalisierung in der Arbeit des Parlements ein, die in der Fassung der arrêts niederschlug. Ein gutes Beispiel hierfür, das nur mit den arrêt-Dokumenten der Register nachweisbar bleibt, ist die Verwendung von papier timbré[416], also gestempelten Papierseiten für die arrêts ab dem Spätjahr 1673[417].

Der zweite Zeitraum umfasst die arrêts vom 1763 bis 1766[418]. In diesen Registerbänden sind zwar viele arrêts de règlement zu dem sehr politischen Thema der Jesuiten in der Provence enthalten. Hierfür gibt es schon speziellere Arbeiten[419]. Daneben verbleiben zahlreiche arrêts zu den schon früher typischen Themen und Gegenständen[420], die einen Vergleich ermöglichen und auch für sich interessant bleiben. Hier zeigt sich schon auf den ersten Blick, dass das Parlement die ab 1669 schlagartig professionalisierte Arbeit beibehalten und sogar weiterentwickelt hat. Die arrêts sind vor allem leichter zu lesen, länger, ausführlicher und besser gegliedert.

Der letzte, kürzere Zeitraum von 1788 bis 1790[421] offenbart selbständig nur wenige Besonderheiten, fällt aber in eine spannende Zeit. Er sollte anfänglich der inhaltlich interessanten Ergänzung mit arrêts im Vorfeld der sich langsam abzeichnenden Revolution dienen. Letztlich bot diese Untersuchung dafür keinen geeigneten Anknüpfungspunkt. Die Erkenntnisse aus den arrêts von 1788 bis 1790 finden sich daher, soweit möglich, in den allgemeinen Aussagen zu den arrêts de règlement berücksichtigt. Im Übrigen weisen die arrêts dieser beiden Jahre nicht nur auf den ersten Blick wenige Unterschiede zu den arrêts von 1763 bis 1766 auf, was sich aus dem kurzen zeitlichen Abstand erklärt.

Zwischen den ersten beiden Zeiträumen liegt allerdings ein gutes Jahrhundert gerichtlicher Règlement-Praxis. Die Befunde an den äußeren Enden dieses Abstands lassen sich mit den im Wesentlichen gleichförmigen arrêts gut gegenüberstellen, zumal die beiden Zeiträume in derselben Epoche und in einem recht stabilen historischen Umfeld[422] liegen.

---

415 John J. Hurt, Louis XIV and the Parlements: The Assertion of Royal Authority.

416 Dazu ausführlich Devaux, Papiers et parchemins timbrés de France.

417 Damit leistete das Parlement einer Erklärung des Königs über die Verwendung von gestempeltem Papier für „Rechtsakte“ Folge, Devaux, Les papiers et parchemins timbrés de France, S. 2.

418 „Arrêts de Règlement [du 19 janvier] 1763 [à] 1768 [. . .]“, ADBR, B 3705.

419 Zusammenfassend dazu: Lécrivain, Les jésuites et le Parlement d'Aix au XVIIIe siècle, Le Parlement de Provence 1501–1790, S. 173ff.

420 Sh. C.II. Typische Regelungsgebiete und Gegenstände.

421 „Arrêts de Règlement du 20 février 1788 [à] 28 septembre 1790“, ADBR, B 3708.

422 Dafür lassen sich folgende Gründe anführen: Die Zeit der Religionskriege und der Krieg gegen Spanien waren in der Mitte des17. Jahrhunderts vorbei. Der spätestens 1653 gebrochene Aufstand der Parlements gegen die Macht des Monarchen („Fronde“)

Es bleibt aber zu berücksichtigen, dass die in einen längeren Zeitraum fallenden Ereignisse[423] die Arbeit am Parlement beeinflusst haben, auch wenn sie aus der Betrachtung herausfallen. Für die rechtshistorische Arbeit in einer langfristigen Untersuchung bedeuten diese teilweise ausgeblendeten Ereignisse, dass Untersuchungsergebnisse späterer arrêts nur begrenzt Aufschluss auf Fragen zu früheren arrêts geben können. Unklarheiten, die die Quellen für die Zeit des 17. Jahrhunderts nicht auflösen, kann man nicht ohne weiteres mit Befunden auf Grundlage von Quellen des 18. Jahrhunderts begegnen[424]. Deswegen dienen die arrêts aus der Zeit von 1763 bis 1766 hauptsächlich dazu, Unterschiede im Vergleich zu den früheren arrêts aufzuzeigen und dafür nach Möglichkeit Gründe auszumachen. Die arrêts de règlement des 17. Jahrhunderts und die arrêts de règlement des 18. Jahrhunderts können sich im Ergebnis als Akte darstellen, die im Wesentlichen gleich, aber nicht so gleichförmig sind, wie es der gemeinsame Forschungsbegriff suggeriert.

(4) Der Begriff „Arrêt d'État"

Auch der Vergleich mit zeitgenössischen Quellen anderer Parlements, die als arrêts de règlement bezeichnet werden, bedarf angesichts einer Besonderheit des Parlements de Provence einer gewissen Vorsicht. Sowohl die Bandrücken als auch die Deckblätter der cahiers enthalten Beschriftungen, die in den Registern einen eigenständigen Quellentypen vermuten lassen, der vielleicht nichts mit den arrêts de règlement zu tun hat: Die Schreiber bündelten die arrêts unter der Bezeichnung „arrêts d'état", die auch die Archivverwaltung bis heute weiterbenutzt[425]. Während die Beschriftungen auf den Rücken der Register-Bände häufig

---

lag schon etwas zurück. Die schillernde Herrschaft Ludwigs XIV. sicherte den inneren Frieden des jungen Zentralstaats auch unter seinen Nachfolgern. Und die Provence unterlag keinen territorialen Veränderungen.

423 Wichtige Veränderungen ergaben sich unter anderem aus dem Widerruf des Edikts von Nantes durch das Edikt von Fontainebleau 1685 (Beginn des sog. siècle d'intolérance) und aus dem personellen Zusammenfallen von Généralité und Parlement in Aix ab 1682, deren Kompetenzstreitigkeiten ansonsten offen in den Entscheidungen ausgetragen wurden, Mestre, Introduction historique au droit administratif français, S. 195, Rn. 126ff.

424 Das gilt z.B. für die Suppliken, die erst für den späteren Untersuchungszeitraum vorliegen, sh. C.IV.1.d) Suppliken. Die Befunde aus diesen Quellen lassen nicht ohne Weiteres Rückschlüsse für die Anfragen des 17. Jahrhunderts zu, die leider nicht unmittelbar überliefert sind.

425 Sh. C.I.1.(1) Herkunft, Qualität und Zweck und (2) Ordnung der Register.

beide Begriffe verwenden, haben die Schreiber bei der Heftung Betitelungen wie „cayez des arrests d'estat de la cour de parlement“[426] gewählt und auf „arrêts de règlement“ konsequent verzichtet. Die Formel „arrêts de règlement“ kommt auch allgemein nur sehr selten in den arrêts der Register des Parlements de Provence vor, obgleich die Forschung sie munter als arrêts de règlement betrachtet[427]. Insofern bietet es sich an zu untersuchen, inwiefern die arrêts d'état mit den arrêts de règlement zusammenhängen.

Arrêt d'état ist zunächst ein reiner Quellenbegriff. Die ältere und neuere Literatur kennt keinen derartigen Forschungsbegriff[428]. Ob andere Parlements ihre Entscheidungen als arrêts d'état betitelten oder Zeitgenossen sie als solche bezeichneten, ließe sich mit einem Blick in die jeweiligen Archive herausfinden. Jedenfalls in Rouen[429] und Paris[430] taucht der Begriff offenbar nicht auf. Das ist mit hoher Wahrscheinlichkeit der Fall auch für die Quellendokumente der anderen Parlements.

Damit handelt es sich bei den arrêts d'état als Quellenbegriff und -typ für die teilweise als arrêts de règlement aufgefassten Entscheidungen[431] des Parlement in Aix um eine regionale Besonderheit der Provence. Gleichwohl liest man in den Dokumenten der Register und anderen zeitgenössischen Quellen aus der Gegend häufiger die Bezeichnung arrêt de règlement[432]. Beide Termini waren den Zeitgenossen in der Provence also durchaus bekannt und wohl auch geläufig. Das wirft die Frage auf, ob hier eine Unterscheidung möglich oder sogar geboten ist.

Payen hat die arrêts d'état des Parlement de Provence mit arrêts de règlement gleichgesetzt[433]. Er sah in den darin mitüberlieferten arrêts d'enregistrement eher einen Mangel der Aufmachung der Register und verzichtete aus verständlichen

---

426 So oder „cayer des affaires d'estat et de la sante“, auf den Titelseiten der Hefte, ADBR, B 3692 bis B 3699.

427 Payen, Les arrêts de règlement du Parlement de Paris au XVIIIe siècle, S. 30.

428 Payen erwähnt die arrêts d'état als Bezeichnung für die Register des Parlement de Provence in Aix, stellt sie aber stillschweigend gleich mit den arrêts de règlement, Les arrêts de règlement du Parlement de Paris au XVIIIe siècle, S. 30.

429 Lemonnier-Lesage, Les arrêts de règlement du Parlement de Rouen.

430 Payen, Les arrêts de règlement du Parlement de Paris au XVIIIe siècle.

431 Cabasse, Essais historiques sur le Parlement de Provence; Robert, Les Remontrances et arrêtés du Parlement de Provence.

432 So vor allem auch Régusse, Arrêts de règlement, rendus par le Parlement de Provence, sh. C.I.2. Gedruckte Quellen – die Sammlung von Grimaldy de Régusse.

433 Payen, Les arrêts de règlement du Parlement de Paris au XVIIIe siècle, S. 30.

Gründen darauf, die Bedeutung des Begriffs zu verfolgen. Allerdings stolperte er dabei über einen deutlichen Hinweis für die Klärung der Frage nach dem Verhältnis von arrêts d'état und arrêt de règlement zueinander: Die Einordnung ‚arrêts d'état' muss weitergehen, wenn sie die auch in den Registern klar voneinander abgrenzbaren Akte arrêt de règlement und arrêt d'enregistrement einbezieht. Beide tauchen schließlich zahlreich nebeneinander in den Cahiers auf und wurden schon von den Zeitgenossen terminologisch unterschieden. Damit kann es sich hierbei nicht um eine Zufälligkeit handeln.

Weil die arrêts der Register den Begriff allerdings nicht selbst verwenden und auch zeitgenössische Autoren ihn nicht aufhellten[434], sind die Gründe für die Einordnung leider schwer nachzuvollziehen. Immerhin bietet die dünne Spur des Begriffs einige Deutungsmöglichkeiten, die hilfreich sein können, um dahinter zu kommen. Ausgehend von dem Attribut „état" denkt man zunächst an staatliche Akte[435]. Damit können also Gegenstände gemeint sein, die nach den Konventionen der Zeitgenossen in die Regelungssphäre des Staates fielen, was nach dem heutigen Verständnis für diese gesetzlich schimmernden arrêts, sowohl d'enregistrement als auch de règlement, nicht unplausibel ist. Das Attribut könnte dann so zu verstehen sein, dass die Themen und Gegenstände dieser arrêts in die am Wohl der Untertanen ausgerichtete Tätigkeit des Parlements als Träger der staatlichen Verwaltung fielen. Das ist bei arrêts de police[436] sehr naheliegend, zumal administration (d.h. staatliche Verwaltung) und Police im 18. Jahrhundert synonym verwendete Begriffe[437] darstellten. Bei arrêts d'enregistrement müsste man diese Deutung etwas biegen, denn sie gaben sich nur insofern als staatlich zu erkennen, als dass hinter ihnen ein Gesetz stand, das wiederum die Interessen des Königs und so nur mittelbar das Wohl der Untertanen verfolgte. Zugleich präsentieren sich diese Ordonnances als weitaus

---

434 Die bedeutenden Wörterbücher und Repertorien des 18. Jahrhunderts, darunter auch die von Guyot und Ferrière, führen diese Art von arrêts jedenfalls nicht unter den passenden Stichwörtern auf. Wie auch die zeitgenössischen Entscheidungssammlungen gehen sie allenfalls auf arrêts de règlement ein.

435 Unter einem ähnlichen Aspekt fasst auch Prost de Royer die arrêts d'enregistrement, die arrêts de règlement und die „arrêts de propre mouvement" zusammen, indem er sie als Akte der öffentlichen Ordnung („ordre public") bezeichnet im Unterschied zu arrêts die nur Einzelinteressen betreffen, Dictionnaire de jurisprudence et des arrêts, Bd. 6, S. 677.

436 Sh. A.I.1.c) Von arrêts de règlement zu arrêts de police.

437 Iseli, Bonne police, S. 67f.; Mestre, Introduction historique au droit administratif français, S. 161ff, Rn. 106ff.

umfassender als die meisten Règlements. Und außerdem ist es angesichts der vielseitigen Fragen der überlieferten arrêts de règlement schwer, eine abgrenzbare „staatliche" Zuständigkeit auszumachen. Dazu kommt vor allem, dass die in den arrêts de règlement und arrêts d'enregistrement getroffenen Regelungen so unterschiedlich und fallbezogen sind, dass sie mitunter wenig Sinn für das Streben nach dem allgemeinen Wohl offenbaren. Das war jedoch schon nach der zeitgenössischen Auffassung sinnstiftend für einen Staat. In den Arrêts d'état ist dieser Aspekt nicht zwingend berücksichtigt. Das macht die These für unmittelbar dem Staat zugeordnete Themen wackelig. Und als wäre es damit nicht genug, verkennt eine solche Deutung die zeitgenössische Bedeutung des Terminus selbst: „État" hat sich erst am Ende des 18. Jahrhunderts als Begriff etabliert, um die abstrakte Institution zu bezeichnen, in die sich eine Gesellschaft für ihr Allgemeinwohl einfügt[438]. Bis dahin und insbesondere im 17. Jahrhundert war das Verständnis sehr kontextgebunden und für den Bereich der Verwaltung beschränkt auf den königlichen Haushalt und die persönlich-herrschaftlichen Angelegenheiten des Königreichs[439]. Und gerade darum ging es nicht[440] in den arrêts de règlement des Parlements de Provence, was die Bedeutung von „arrêts d'état" umso rätselhafter erscheinen lässt.

Eine andere von der Bezeichnung ausgehende Vermutung ist, dass es für die Charakterisierung als arrêt d'état nicht um den Gegenstand, sondern vielmehr um die normative Bedeutung der Akte ging. Denn arrêts de règlement und arrêts d'enregistrement waren nach außen gerichtete Akte, die unmittelbar oder mittelbar bestimmte Normen für allgemein verbindlich erklärten. Sie betrafen gerade

---

438 Das ist besonders für die französische Rechtssprache nachvollziehbar, wenn man sich die Wörterbücher ansieht, die unter „État" bis weit in das 18. Jahrhundert hinein an erster Stelle nur den Zustand (oder Status) anführen, in dem sich eine Person, eine Gruppe oder eine Einrichtung bzw. ein Vorgang befindet, Ferrière, Dictionnaire de droit et de pratique, Bd. 1, S. 561; Guyot, Répertoire universel et raisonné de jurisprudence, Bd. 23, S. 445 ff. Nur die Encyclopédie von Diderot bietet eine umfassende und modern anmutende Definition, die vom Einfluss der Aufklärer zeugt, Bd. 6, S. 19ff. Gleichwohl stellt sie den zeitgenössischen „état" nicht als Organisationsform, sondern als das Wesen des gesellschaftlichen Zusammenlebens unter einem Souverän dar und das nur im Kontrast zum „état de nature", dem Naturzustand.

439 Das legen einige königliche Rechtsakte nahe, die der anmaßenden Rechtsprechung der Parlements im 17. Jahrhundert Einhalt gebieten sollten, im Wortlaut wiedergegeben und gegenübergestellt von Mestre, Introduction historique au droit administratif français, S. 190f.

440 Die arrêts de règlement des Parlements de Provence waren den Themen der Police gewidmet, sh. C.II. Typische Regelungsgebiete und Gegenstände.

nicht nur die Parteien eines gerichtlichen Verfahrens – ein solches gab es bei Aufzeichnungen gar nicht und bot nur ausnahmsweise Anlass für ein Règlement des Parlements de Provence. Dabei stellt sich allerdings die Frage, was diese allgemeinregelnden arrêts, ob Règlement oder Aufzeichnung, im Gegensatz zu den ebenfalls als arrêts verkündeten Prozessurteilen so viel „staatlicher" erscheinen ließ[441]. So mochten auch andere arrêts Normen enthalten, die sich an die Allgemeinheit richteten. Außerdem wandten sich die „Befehle" der arrêts d'enregistrement zur Aufzeichnung und Veröffentlichung der königlichen Rechtsakte streng genommen an die dafür zuständigen Gerichtsbeamte, während nur das damit aufgezeichnete Gesetz an die Untertanen und Beamte auch außerhalb des Parlements gerichtet war. Und die arrêts de règlement mussten nicht unbedingt an unbestimmte Adressatenkreise erfassen, sondern konnten auch gegenüber namentlich genannten Einzelpersonen ergehen. Das bringt sie zurück in den Bereich üblicher arrêts im Sinne von Prozessurteilen.

Letztlich wird man den Aspekt des „état" dieser arrêts wie die zeitgenössische Police verstehen müssen, die zwar kein Synonym zum Staat war, aber den gleichförmig umfassenden Regelungsanspruch der Herrschaft einfasst und eben nicht nur auf Gefahrenlagen bezogen ist.

Zugleich muss man einsehen, dass die gemeinsame Einordnung beider arrêt-Typen als „arrêts d'état" nicht konsequent aus dem Begriff heraus zu klären ist. Und möglicherweise ist es weder der normative Gehalt noch der Gegenstand der arrêts, der eine gemeinsame Einordnung für die zeitgenössischen Schreiber sinnvoll machte. Immerhin zeigen sich Gemeinsamkeiten von arrêts de règlement und arrêts d'enregistrement vor allem in der Form der Dokumente, dem Verfahren und der Bekanntmachung. Sie sind in den Registern des Parlements de Provence für beide Akte nachzuvollziehen.

b) Arrêts d'enregistrement und arrêts de règlement

„Arrêts d'état" ist also kein Synonym für die arrêts de règlement, um die es in dieser Untersuchung geht. Gleichwohl sind die arrêts de règlement des Parlements de Provence (zum wohl größten Teil) in den Registern unter eben dieser Bezeichnung enthalten. Sie bilden also eine Teilmenge der überlieferten arrêts d'état. Daneben befinden sich die Aufzeichnungsbeschlüsse des Parlements, die die königlichen Gesetze durch Eintrag in die gerichtlichen Register wirksam

---

441 Schließlich hat man auch diesen kontradiktorischen arrêts eine so große Bedeutung zugemessen, dass sie in Sammlungen von Entscheidungen mit allgemeiner Bedeutung auftauchen, sh. C.I.2.a) Die arrêtistes.

werden ließen[442]. Das sind die arrêts d'enregistrement. Sie waren zusammen mit den arrêts de règlement Ausdruck der beiden wichtigsten Funktionen der Parlements neben ihrer Rechtsprechung in Parteiprozessen, die der frühe zeitgenössische Jurist La Roche-Flavin[443] folgendermaßen beschreibt:

„Les parlements n'ont este seulement establis pour le jugement des affaires & procez entre parties priuées, mais ils ont estés aussi destinés, pour les affaires publiques & vérification des édits[.]"[444]

> Die Parlements wurden nicht nur für die [Rechtsprechung zu] Sachen und Prozessen zwischen privaten Parteien eingerichtet, sondern sie wurden auch bestimmt für die öffentlichen Angelegenheiten und die Überprüfung der Edikte.

Die öffentlichen Angelegenheiten und die Überprüfung königlicher Gesetze als Aufgaben der Parlements unterscheidet La Roche-Flavin, übereinstimmend mit für ihn unmittelbar zeitgenössischen Positionen der Staatstheoretiker[445], von der rechtsprechenden Tätigkeit der Gerichtshöfe. Die häufig anzutreffende Vermengung von arrêts de règlement und d'enregistrement speist sich aus dieser Betrachtung, die beide Akte gleichsam von der Rechtsprechung abgrenzt. Dem entspricht auch die Überlieferung aus Aix. Es gibt keine Trennung dieser beiden arrêt- bzw. Quellentypen in den Registern des Parlements de Provence, nicht einmal innerhalb der Cahiers. Deswegen und aufgrund ihrer gleichartigen Aufmachung kann man sie unter aktenkundlichen Gesichtspunkten auch nur schwer als unterschiedliche Quellentypen betrachten. Diese formellen Aspekte bilden eine Eigenart der vom Parlement de Provence überlieferten Register-arrêts[446].

Die gemeinsame Überlieferung des arrêts de règlement und arrêts d'enregistrement des Parlements in Aix soll aber nicht darüber hinwegtäuschen, dass es sich hierbei jeweils um Akte mit völlig unterschiedlicher Bedeutung handelte. Zwar hat auch die Forschung in der Vergangenheit manchmal die eigenständige Bedeutung beider arrêt-Typen etwas relativiert[447]. Wie unter den Zeitgenossen[448]

---

442 Sueur, Histoire du droit public français, Bd. 2, S. 81ff.

443 Bernard de La Roche-Flavin (1552–1627), Président des requêtes am Parlement de Toulouse und Rechtshistoriker.

444 La Roche-Flavin, Treze livres des parlemens de France, Buch XIII, Kap. XVII, S. 709.

445 Sh. B.IV.2. Souveränität und Rechtsprechungshoheit.

446 Zusammen mit der gemeinsamen Einordnung als arrêts d'état, sh. C.I.1.a)(4) Der Begriff „Arrêt d'État".

447 Vgl. Payens Kritik, Les arrêts de règlement du Parlement de Paris, S. 12ff.

448 Die zeitgenössischen Lexika, Wörterbücher und Entscheidungssammlungen, z. B. Denisart, Collection de décisions nouvelles, et de notions relatives à la jurisprudence, Bd. 2, S. 317, 280; Guyot, Répertoire universel et raisonné de jurisprudence, Bd. 23,

herrscht aber auch heute ein Konsens darüber, dass es sich bei arrêts de règlement und arrêts d'enregistrement um unabhängige und eigenständige Kategorien handelt[449]. Und die Unterschiede sind auch bei näherem Hinsehen für die arrêts in den Registern des Parlements de Provence nachvollziehbar.

Die arrêts de règlement in den Cahiers lassen sich auf der Quellenebene über inhaltliche Kriterien von den arrêts d'enregistrement abgrenzen. Rein oberflächlich kommen sie sehr einheitlich daher[450]. Dabei ist nicht nur die rein äußerliche Gestaltung der Dokumente[451] gleich. Texte von arrêts de règlement sowie d'enregistrement leiten häufig damit ein, dass dem arrêt des Gerichthofs eine Anfrage des Procureurs voranging. Das bedeutet auch, dass die Verfahren zum Erlass in Teilen gleich oder zumindest sehr ähnlich abliefen. Im Falle eines Aufzeichnungsbeschlusses zielte die Anfrage allerdings nur darauf ab, den benannten königlichen Rechtsakt nach seinem Wortlaut den Registern hinzuzufügen. Den Inhalt des Gesetzes und damit auch das Ziel der Anfrage des Procureurs général hatte der König schon bestimmt und wurde dem Parlement übermittelt, das es in sein Register transkribierte[452], um es den Untertanen in der Provinz verbindlich zu machen und zu kommunizieren[453]. Für die Registratur genügte ein Verweis im Text des arrêts d'enregistrement auf den aufzuzeichnenden Rechtsakt, ohne seine ausführliche Wiedergabe. Daher sind die Dicta der überlieferten arrêts d'enregistrement in den Registern stets auf die angeordnete Aufzeichnung beschränkt und präsentieren sich ungeachtet des jeweiligen königlichen Aktes und seines Gegenstandes am Ende sehr einheitlich, gegenüber arrêts de règlement fast monoton. Dieses entscheidende inhaltliche Merkmal im Dictum des

S. 83f., erklären „enregistrement" als die bloße Aufzeichnung von königlichen Gesetzen und stellen keinen Zusammenhang zu den Règlements her. So ist auch in der Sammlung der arrêts de règlement von Régusse kein einziger arrêt d'enregistrement enthalten. Sh. dazu auch C.I.2. Gedruckte Quellen – die Sammlung von Grimaldy de Régusse.

449 Royer, Histoire de la Justice, S. 69f.; Timbal, Castaldo, Histoire des institutions publiques, S. 278f.; Sueur, Histoire du droit public français, Bd. 2, S. 81ff., 144f.

450 Die arrêts d'enregistrement der Register sind wie die arrêts de règlement mit einem Datum und den Unterschriften der Richter versehen, weisen eine Gliederung auf, die den Gang des Verfahrens nachzeichnet und sind häufig auch mit Stichwörtern zum jeweiligen Gegenstand betitelt.

451 Sh. dafür die formalen Merkmale der arrêts de règlement in den Registern, C.I.1.a)(1) Herkunft, Qualität und Zweck und C.I.1.a)(2) Ordnung der Register.

452 Royer, Histoire de la justice en France, S. 71, Rn. 24.

453 Vgl. dazu die Bekanntmachungsmodalitäten für die arrêts de règlement des Parlements de Provence unter C.IV.3. Bekanntmachung.

arrêts erlaubt die eindeutige Abgrenzung zu arrêts de règlement, die niemals nur auf die Aufzeichnung eines königlichen Rechtsaktes gerichtet waren.

Zwar wurden auch arrêts de règlement auf Anfragen erlassen und den Registern hinzugefügt. Die inhaltliche Gestaltung dieser arrêts war aber komplett dem Gericht überlassen[454]. Die Dicta sind deswegen sehr vielseitig. Und der Erlass sowie die Bekanntmachung von arrêts de règlement gingen mit ihrer Aufnahme in die Register einher. Das war eine Selbstverständlichkeit. Die Dicta der arrêts de règlement verlieren darüber kein Wort. Die Registrierung war hier vor allem ein öffentlichkeitswirksamer Abschluss des Verfahrens, in dem das Gericht selbständig rechtssetzend tätig wurde[455].

Das galt nicht – oder nur eingeschränkt – für die arrêts d'enregistrement. Die Aufzeichnung im Register war Voraussetzung dafür, dass das jeweilige königliche Gesetz im betreffenden Parlement-Ressort überhaupt ausgeführt wird[456]. Diese Gesetze waren vom Gericht per arrêt so aufzeichnen und bekanntmachen zu lassen, wie sie der König geschaffen hatte. Das Parlement konnte also nicht eigenmächtig vom vorbestimmten Inhalt abweichen[457]. Rechtsetzer war hier der König, das Parlement regionale Überprüfungs- und Autorisierungsinstanz[458]. Das ist der Hintergrund für die normative Leere der arrêts d'enregistrement. Ungeachtet der formalen Gemeinsamkeiten mit den arrêts de règlement lag der wesentliche Unterschied also im normativen Gehalt: Entweder erklärte

---

454 Das belegen auch die Abweichungen von den Anfragen in den Dicta wie im arrêt de règlement „Pour la Police" vom 15. Januar 1683, Régusse, S. 145ff. und nachträgliche inhaltliche Korrekturen in den Dicta der Register-Dokumente wie beim arrêt de règlement vom 23. Januar 1670 („exploits"), beim arrêt de règlement vom 6. Oktober 1670 und beim arrêt de règlement vom 10. Februar 1672, ADBR, B 3699. Außerdem erließ das Parlement auch arrêts de règlement ohne Bezug auf eine Anfrage des Procureurs général, gerade im Zusammenhang mit Parteiprozessen, die Régusse in seiner Sammlung der arrêts de règlement als „arrêts d'audience" wiedergibt, sh. C.I.2.d) Auswahl der .

455 Vgl. Payen, Les arrêts de règlement du Parlement de Paris au XVIIIe siècle, S. 13.

456 Royer, Histoire de la justice en France, S. 71, Rn. 24; Olivier-Martin, Histoire du droit français, S. 541, Rn. 401; Esmein, Histoire du droit français, S. 585.

457 Das konnten die Parlements nur über remontrances, also „Remonstrationen" direkt gegenüber dem König anregen, der dann darüber befand und den jeweiligen Normtext ggf. anpasste. Sh. dazu für das Parlement de Provence Robert, Les remontrances et arrêtés du Parlement de Provence au XVIIIe siècle.

458 Jedenfalls in Bezug auf die Ausführung der Gesetze in ihrem Bezirk, sh. oben. Vgl. auch die oben zitierte Quelle, La Roche-Flavin, Treze livres des parlemens de France, Buch XIII, Kap. XVII, S. 709.

das Parlement die Gesetze des Königs auf Vorlage für verbindlich (arrêt d'enregistrement) oder das Parlement übernahm die Initiative und erließ eigene allgemeinverbindliche Regeln (arrêt de règlement).

Diese normativ-inhaltliche Verschiedenheit der arrêts de règlement und d'enregistrement ist auch über den inhaltlichen Vergleich von Anfragen und Anordnungen der jeweiligen arrêt-Typen nachvollziehbar. Beide Akte wurden in der Regel auf eine requête des Procureurs général, eines hohen Beamten am Parlement, hin erlassen. Gegenstand der requête zur Aufzeichnung eines königlichen Gesetzes konnte, wie schon für das Dictum festgestellt, eben nur die Aufzeichnung des vorgelegten Rechtsaktes sein, während requêtes für einen arrêt de règlement oft, wenn auch nicht immer, einen vorformulierten Vorschlag enthielten[459], den das Gericht auch in veränderter Form erlassen konnte[460]. Demgegenüber ordneten die Richter die Aufzeichnung in arrêts d'enregistrement stets wie angefragt an, wenn sie zu dem Schluss kamen, dass die jeweilige Ordonnanz nicht gegen wesentliche Regeln, Gewohnheiten oder Prinzipen des Gerichtsbezirks bzw. des Königreichs verstieß[461]. Das war in einer vorgeschalteten Prüfung des aufzuzeichnenden Gesetzes zu klären. Während die Richter stets auch die Anfragen zum Erlass eines vorgeschlagenen arrêts de règlement prüften, konnte das Parlement hierbei eigenständig eine Lösung finden und den arrêt mit inhaltlich abgeänderten Anordnungen erlassen, sodass Anfrage und Dictum auseinanderfielen[462].

Natürlich mündeten alle Règlement-Anfragen, die in den Registern aus Aix überliefert sind, auch in arrêts de règlement. Es erscheint aber nicht ausgeschlossen, dass die Richter die ein oder andere Sache für nicht weiter regelungsbedürftig hielten und von einem arrêt de règlement in der konkreten Situation absahen. Ob das schon im Vorfeld der Anfrage geklärt wurde[463], sodass es gar nicht erst zu einer förmlichen Supplik des Procureurs kam, oder Anfragen des Procureurs auch abgelehnt wurden, ist mit den Quellen dieser Untersuchung nicht

---

459 Sh. C.IV.1.a) Die Anfragen des Procureurs.

460 So z. B. der arrêt de règlement „Pour la Police" vom 15. Januar 1683, Régusse, S. 145ff., hinsichtlich einiger Verfügungen.

461 Vgl. Esmein, Histoire du droit français, S. 582.

462 Wiederum im arrêt de règlement „Pour la Police" vom 15. Januar 1683, Régusse, S. 145ff., hinsichtlich einiger Verfügungen.

463 So hat es schon Olivier-Martin allgemein eingeschätzt, Les lois du roi, S. 167 und Payen für das Parlement de Paris nachgewiesen, Les arrêts de règlement du Parlement de Paris au XVIIIe siècle, S. 290ff.

zu klären[464]. In jedem Fall aber blieb es den Richtern zur Entscheidung überlassen, ob das Parlement ein Règlement erlässt[465]. Entgegen der Bezeichnung der „Anfrage" zur Aufzeichnung eines königlichen Gesetzes, hatte das Parlement für die arrêts d'enregistrement kein solches Ermessen wie beim Erlass eines Règlements: Spätestens mit einer Anordnung Ludwigs XIV. von 1673[466] mussten die Parlements den Ersuchen um Aufzeichnung unmittelbar stattgeben, ohne dass sie sich vorher dagegen wehren konnten[467].

Der wichtigsten Unterschiede zwischen arrêt de règlement und arrêt d'enregistrement hingen also mit dem Verfahren, der Autorität und mit dem Inhalt der Règlements einerseits und der Aufzeichnung andererseits zusammen. Arrêts de règlement beinhalteten bestimmte und eigenständige Anordnungen, die die Parlements eigenständig, aber häufig auf Anfrage des Procureurs général erließen. Sie erschöpften sich nicht in der Anweisung, den Inhalt von Gesetzen bekanntzumachen und aufzeichnen zu lassen, sondern waren das Produkt der authentischen allgemein-rechtssetzenden Tätigkeit des Gerichts, auch wenn konkrete Regelungsinstrumente von den Suppliken inspiriert, oft sogar „abgepaust" waren[468]. Die Règlement-Anordnungen waren außerdem sowohl nach innen, also an Personen gerichtet, die Aufgaben im Gericht erfüllten[469], als auch nach außen an Untertanen und untergeordnete Verwaltungsträger, die nichts mit dem Parlement zu tun hatten[470]. Bei arrêts d'enregistrement hingegen war die darin

464 In den Registern sind weder Suppliken noch Abweisungsbescheide oder dergleichen überliefert.

465 Schließlich handelte es sich um eine Entscheidung der „Compagnie", also der Richter des Parlements, die in der Versammlung aller Kammern des Parlements getroffen werden sollte, vgl. Guyot, Répertoire universel et raisonné de Jurisprudence, Bd. 3, S. 70.

466 Lettres pattentes portant règlement sur l'enregistrement dans les cours souveraines [...] vom 24. Februar 1673, Isambert, Réceuil général des anciennes lois françaises, Bd. 19, S. 70ff.

467 Mestre, Introduction historique au droit administratif français, S. 191, Rn. 124; Olivier-Martin, Histoire du droit français, S. 548; Esmein, Histoire du droit français, S. 598.

468 Sh. dazu C.III.2. Das Dispositiv und insbesondere C.III.3.c) Maßnahmen.

469 Vgl. den arrêt vom 13. Mai 1672, ADBR, B 3699, der auf mehrere Zwischenakte zu einer Disziplinarsache gegenüber einem Gerichtsbeamten erging.

470 Janety, Journal du palais de Provence, ou, Recueil des arrêts rendus depuis les derniers Journalistes, Bd. 2, S. 138: „Un Arrêt de Règlement est une loi publique que personne n'est censé d'ignorer[.]". Die Außenwirkung der Verfügungen war der Regelfall, wie anhand der unter C.II. Typische Regelungsgebiete und Gegenstände dargestellten arrêts veranschaulicht wird.

enthaltene Anordnung zur Aufzeichnung stets nach innen gerichtet[471], denn sie bezog sich nur auf die auszuführende Registerdokumentation, während nur der königliche Rechtsakt selbst Außenwirksamkeit beanspruchen konnte, wenn er einmal aufgezeichnet war. Auf den arrêt kam es für den Gehalt des Rechtsaktes gar nicht an, denn er ergab sich unmittelbar aus dem aufgezeichneten Gesetz.

Trotz dieser schon gewichtigen Unterschiede hat das Parlement de Provence, anders als es von einigen für die Cours souveraines allgemein angenommen wird[472], arrêts de règlement und arrêts d'enregistrement nicht in speziellen und getrennten Registern festgehalten[473]. In der vorstehenden Betrachtung der beiden arrêt-Typen in den Registern in Aix zeigten sich andererseits auch keine Gemeinsamkeiten, die eine gemeinsame Registerdokumentation erforderten. Angesichts des gleichen formellen Aufzugs und zumindest in Ansätzen ähnlicher Verfahrenselementen bleibt die Anlage in einem gemeinsamen Register aber zumindest nachvollziehbar. Gleichwohl muss eine inhaltliche Untersuchung der arrêts de règlement wegen der dargestellten Unterschiede und trotz gemeinsamer Überlieferung andere Akte aus dem zu erforschenden Bestand ausblenden. Die ausgemachten Unterschiede stellten die Kriterien für diese Arbeit dar, aus den arrêts d'état[474] die arrêts de règlement herauszufiltern.

2. Gedruckte Quellen – die Sammlung von Grimaldy de Régusse

Neben den Registern gibt es noch zahlreiche gedruckte Quellen für die arrêts de règlement. Sie enthalten in der Regel keine Aufzeichnungsbeschlüsse und bedürfen daher keiner mühseligen Auslese. Diese Aufgabe haben die Autoren der Druckschriften zum Teil gleich miterfüllt, indem sie die arrêts nach ihren eigenen Kriterien zusammengestellt haben. Daher bieten gerade zeitgenössische Sammelwerke eine raffinierte Grundlage für die Forschung zu den arrêts. Die Motivation zur Zusammenstellung einer solchen Kompilation war dem heutigen Forschungsinteresse speziell für arrêts de règlement sehr ähnlich. Sie waren außenwirksame Rechtsakte des Parlements. Als solche hatte die Öffentlichkeit

---

471 Die Anweisung zur Aufzeichnung richtete sich stets an den Greffier, also an den Gerichtsschreiber, der für die Registerführung zuständig war, vgl. Guyot, Répertoire universel et raisonné de jurisprudence, Bd. 23, S. 84. Die aus Aix überlieferten Dokumente belegen das unmittelbar, z.B. mit dem Titelblatt-Vermerk „vingt huictiesme cayer des affaires d'estat et de la sante / Estienne / greffier", ADBR, B 3692.

472 Olivier-Martin, Histoire du droit français, S. 541.

473 Sh. C.I.1.a)(2) Ordnung der Register.

474 Sh. C.I.1.a)(4) Der Begriff „Arrêt d'État".

auch ein gewisses Interesse daran, von ihren Regelungen Kenntnis zu erhalten. Das war freilich für die aktuellsten arrêts gar kein Problem. Denn sie wurden nach ihrem Erlass zur Bekanntmachung öffentlich vorgelesen, als Dokumente vervielfältigt und verbreitet[475]. Wie lange die Blätter im Umlauf blieben, ist indes nicht mehr nachvollziehbar. Fest steht immerhin, dass die Untergerichte arrêts vom Parlement empfingen und im eigenen Sprengel bekanntmachten[476], in die eigenen Register transkribierten[477] und die Ausführung sicherstellten. Die Verfügungen konnten dann aber schnell in Vergessenheit geraten. Das bedrohte die Beachtung und die Autorität der Règlements mit zunehmendem Alter der Akte. Trotzdem zitierten einige arrêts des Parlements de Provence anzuwendende Règlements, deren Erlass dem arrêt lange vorausgegangen war[478]. Die Parlements hielten an ihrer Verbindlichkeit ohne Rücksicht auf ihr Alter fest[479]. Insofern waren die älteren Règlements auch in praktischer Hinsicht von Bedeutung. Die Untertanen mussten ihre Anordnungen nach dem Willen des Parlements befolgen und mit dem Inhalt vertraut bleiben. Leider empfand es das Parlement aber nicht als seine Pflicht, die arrêts den Interessierten allgemein und dauerhaft zugänglich zu machen. Es gibt keine von einem Parlement selbst herausgegebene Sammlung von arrêts de règlement. Im 18. Jahrhundert dazu vereinzelt unternommene Vorhaben von Seiten der Gerichtshöfe blieben unvollendet, wie Payen beispielhaft zeigt[480]. Die Aufgabe war schlichtweg schon zu Zeiten der Parlements nicht mehr zu stemmen. Damit standen die Zeitgenossen auch vor demselben Problem wie die heutige Forschung.

---

475 Sh. C.III.3. Bekanntmachung.

476 So schrieben es die arrêts unmittelbar selbst vor, z. B. der Arrêt de Règlement „Qui préscrit les formalités qui doivent être observées par les Apoticairs [...]" vom 18. August 1741, Régusse, S. 394f.

477 Prost de Royer, Dictionnaire de jurisprudence et des arrêts, Bd. 6, S. 679.

478 Vgl. die arrêts unter C.II.1.b) Gefährliche Waffen und Maskeraden

479 Das konnte zu Problemen führen, wenn ein arrêt de règlement im Widerspruch mit einem früheren arrêt de règlement desselben Parlements stand, der so lang zurücklag, dass man seine Regeln vergessen hatte. Das Parlement de Paris reagierte auf eine solche Situation in seinen remontrances vom 1. Juni 1767, indem es erklärte, dass der frühere arrêt kein arrêt de règlement sei, Prost de Royer, Dictionnaire de jurisprudence et des arrêts, Bd. 6, S. 679f.

480 Der in Paris 1710 unternommene Versuch, die arrêts de règlement des Parlements zu sammeln, blieb ohne Ergebnis, Payen, Les arrêts de règlement du Parlement de Paris, S. 23.

a) *Die arrêtistes*

Das Versäumnis am Parlement, die Texte in einer ordentlichen Sammlung abrufbar zu halten, rief die unabhängige Initiative engagierter Juristen auf den Plan. Arrestographes oder Arrêtistes[481] sind die Bezeichnungen für die Autoren, die es sich zur Aufgabe machten, die Entscheidungsakte u. a. aus den Registern der Gerichtshöfe zu sammeln und zu ordnen[482], um sie in gedruckten Ausgaben einer breiteren Öffentlichkeit zugänglich zu machen[483].

Zwar hat das Parlement de Provence in vielen Fällen den Druck von bestimmten arrêts[484] angeordnet, worauf ein anderes Kapitel[485] dieser Arbeit näher eingeht. Das diente jedoch nur der erstmaligen Bekanntmachung des jeweiligen arrêts: Die zügig vervielfältigten Druckblätter waren schnell flächendeckend versandt und verbreitet. Die Anordnungen zum Druck verfolgten nicht den Zweck dauerhafter Vorhaltung. Es kam dem Parlement dementsprechend nicht auf eine zentrale Redaktion der gedruckten arrêts an. Eine umfassende Überlieferung der auf Flugblättern gedruckten arrêts gibt es deswegen leider nicht. Und die Aufzeichnung dieser arrêts im Register erfolgte ungeachtet der jeweiligen Art der Bekanntmachung stets handschriftlich. Der Druck erscheint in dieser Hinsicht als eine verpasste Gelegenheit zur Dokumentation. Das Parlement hätte den Zeitgenossen und der heutigen Forschung schon einen großen Dienst erwiesen, wenn es wenigstens die gedruckten arrêts de règlement in einer eigenen Sammlung veröffentlicht hätte.

---

481 In einem zeitgenössischen Wörterbuch von Johann Leonhard Frisch von 1737 verweist der Eintrag zu „Arrestographe" auf „Arrêtiste", Nouveau dictionnaire des passagers françois-allemand et allemand-françois, Sp. 146 „Arrestographe"; die Forschung stellt die Begriffe ebenfalls synonym dar, z.B. Payen, Dimension et doctrine, S. 22, 24; Régusse verwendet ausschließlich den Begriff „Arrestographe", Arrêts de Règlement, S.ii.

482 Die zeitgenössische Übersetzung geht auch vornehmlich von gesammelten Akten aus, versteht arrêts dabei aber als „decreta", Frisch, Nouveau dictionnaire des passagers françois-allemand et allemand-françois, Sp. 148 „Arrêtiste".

483 Eine umfassende Darstellung von 47 zeitgenössischen Werken dieser Art von Serge Dauchy und Véronique Demars-Sion findet sich in der Monographie Les recueils d'arrêts et dictionnaires de jurisprudence. Leider geht sie nicht auf die wichtigsten Sammlungen der arrêts des Parlements de Provence ein.

484 Z. B. der Arrêt de Règlement „Qui préscrit les formalités qui doivent être observées par les Apoticairs [. . .]" vom 18. August 1741, Régusse, S. 394f.

485 Sh. C.IV.3. Bekanntmachungen.

Dem Interesse der Zeitgenossen haben sich in Aix anstelle des Parlements verschiedene am Gericht tätige Personen verschrieben. Ihre Werke sind zum Teil allerdings ohne Rücksicht auf den Typ der arrêts verfasst. Manchmal treffen sie lediglich eine inhaltliche Auswahl, deren Kriterien nicht weiter nachvollziehbar sind. So zitieren die Autoren Akte im Sinne von arrêts de règlement, aber auch Urteile in Parteiverfahren ohne die für arrêts de règlement typischen allgemeinen Verfügungen oder Veröffentlichungsformeln. Diese Zusammenstellung von Akten, die nur inhaltlich vergleichbar sind, belegt, dass Fragen von rechtlicher Bedeutung neben arrêts de règlement auch mit klassischen Prozessurteilen allgemein geklärt wurden. Auch sie konnte das Gericht „feierlich" verkünden und damit sein Rechtsverständnis offenbaren[486].

Die früheste „Sammlung" dieser Art für das Parlement in Aix sind die arrêts von Guillaume Duvair[487]. Das 1606 erschienene Werk beschränkt sich auf fünf sog. arrêts prononcés en robes rouges, also feierlich in „roten Roben" verkündete Entscheidungen. Denisart[488] hielt diese arrêts für nichts anderes als arrêts de règlement. Die Einordnung fußt auf dem für beide wichtigen Verkündungsaspekt und dem allgemeinverbindlichen Gehalt[489]. Doch nach diesen Punkten hören die Gemeinsamkeiten zwischen arrêts de règlement und den arrêts en robes rouges auf. So zeigen auch Duvairs arrêts in Übereinstimmung mit der strikt trennenden Auffassung anderer Autoren[490], dass vor allem kontradiktorische Verfahren in zivilrechtliche Urteile „en robes rouges" mündeten, deren Dicta nicht die typischen Merkmale der allgemeinregelnden arrêts de règlement aus den Registern des Parlements aufweisen[491]. Die arrêts en robes rouges bilden eine Kategorie von Entscheidungen, die die allgemeinverbindliche Ausrichtung

486 Prost de Royer, Dictionnaire de jurisprudence et des arrêts, Bd. 6, S. 664, „ARRÊT".

487 Duvair, Arrests sur quelques questions notables. Die Autorenbezeichnung im Werk ist nur mit der Abkürzung „Sr. D. V. Pr. Pr. audict Parlement" anggeeben, die für Sieur du Vair, Prémier Président am Parlement steht, vgl. Halfpenny, Catalogue of books on foreign law, Laws and Jurisprudence of France, Ancient Part, S. 101. Der unselbständige Namensbestandteil („du") findet sich schon in zeitgenössischen Quellen vernachlässigt.

488 Denisart, Décisions, Arrêt, Bd. 1, S. 139.

489 Sh. A.I.2.b) Der Quellenbegriff.

490 Prost de Royer, Dictionnaire de jurisprudence et des arrêts, Bd. 6, S. 679, 727.

491 Der arrêt zur ersten Frage ist am Ende des Abschnitts in seinem Wortlaut abgedruckt, Duvair, Arrests sur quelques questions notables, S. 74f. Es handelte sich um einen zivilrechtlichen Appellationsprozess. Das Urteil enthält keine allgemeine Verfügung, sondern richtet sich ausdrücklich nur an die Parteien des Verfahrens. Auch die Bekanntmachung ist nicht geregelt.

ihrer Dispositive in den Dicta nicht explizit herausstellen und ihre Einordnung vor allem mit dem besonderen Veröffentlichungsmodus begründen[492]. Darüber ergibt sich gewiss eine Schnittmenge mit den arrêts de règlement, darunter fallen Duvairs Prozess-arrêts aber nicht. Sie sind ohne Bedeutung für die Règlements des Parlements de Provence.

Ein ähnliches Werk findet sich in den Entscheidungen von François Étienne de St. Jean[493], das von 1618 bis 1669 in drei Auflagen erschienen ist. Die Decisiones sind bei ihm – im Gegensatz zu anderen Sammlungen – komplett auf Latein wiedergegeben, obwohl arrêts in dieser Zeit in der Regel bereits auf Französisch erlassen wurden[494]. Wie auch Duvairs Zusammenstellung gliedert sich das Werk in nummerierte, den aufgeführten Entscheidungen entnommene Rechtsfragen. Allerdings hat St. Jean im Gegensatz zu Duvair eine echte Sammlung mit insgesamt 92 thematisierten arrêts geschaffen.

Der mit seinem Umfang gesicherte Einfluss bescherte St. Jeans Werk auch eine Erwähnung in der Sammlung[495] von Hyacinthe Boniface[496]. Sie ist 1670 erstmals in zwei Bänden in Paris erschienen, drei weitere Bände folgten 1689 in Lyon[497]. Eine zweite Auflage der zwei ursprünglichen Bände wurde 1708 posthum veröffentlicht[498]. Das ganze Werk umfasst also eigentlich fünf Bände. Sie sind in

492 Sh. A.I.1.b) Der .

493 St. Jean, Decisiones vel eiusdem Curiæ placita, illo Collectore. In seinem auf Latein verfassten Werk nennt er sich Franciscus Stephanus Dominus à Sancto Iohanne. Autoren anderer Sammlungen, u.a. Régusse und Boniface (s.u.) geben ihn aber unter der Kurzform seines französischen Namens „St. Jean" bzw. „Saint Jean" an.

494 Seit der Ordonnance von Villers-Coterets Franz' I. vom August 1539 waren alle Gerichtsakte auf Französisch zu fassen, „Ordonnance de Villers-Cotterêts sur le fait de la justice, août 1539", Isambert, Recueil général des anciennes lois françaises, Bd. 12, S. 600 (622–623).

495 Boniface, Arrests notables de la Cour du Parlement de Provence, Cour des Comptes, Aydes & Finances du même Païs. Die Ausrichtung auf die arrêts des Parlements und des Cour des Aides belegt die Überschneidung der beiden Jurisdiktionen im 17. Jahrhundert. Zwar verfügten die beiden Gerichte über eigenständige Kammern, denen auch unterschiedliche Richter vorsaßen. Sie waren aber institutionell schon lange miteinander verflochten. Die Forschung bevorzugt den Begriff Chambre des comptes. Sh. dazu Degron, Les anciennes chambres des comptes de province, La revue du Trésor, mars-avril 2008, Nr. 3–4, S. 252–259.

496 Hyacinthe (de) Boniface (1612 bis 1695 oder 1699), herausragender Beamter (avocat) am Parlement de Provence, Halfpenny, Catalogue of books on foreign law, Laws and Jurisprudence of France, Ancient Part, S. 102.

497 Camus, Lettres sur la profession d'avocat, Bd. 2, S. 276.

498 Camus, Lettres sur la profession d'avocat, Bd. 2, S. 276.

Bücher und Titel mit nach Rechtsfragen und den dazugehörigen Entscheidungen gegliedert. Allerdings sind die arrêts nicht mitabgedruckt. Bei Bonifaces Werk handelt es sich gleichwohl um die erste bekannte systematische Sammlung der arrêts des Parlements de Provence. Die Entscheidungen bzw. Rechtsfragen sind nicht chronologisch, sondern sorgfältig nach zahlreichen Themen und Unterthemen geordnet. In dieser Hinsicht erscheint Bonifaces Behauptung im Vorwort, dass er die Kompilation ursprünglich nur für seine persönlichen Zwecke angelegt hatte[499], etwas bescheiden. Leider bietet sie aber keine unmittelbaren Quellen für Règlement-Tätigkeit.

Das Werk von Boniface war gleichwohl ein Erfolg, wie Saveur Eirie, der Herausgeber einer späteren Sammlung feststellt[500], bei der es sich um eine Zusammenstellung der „wichtigen" arrêts des Parlements nach derselben Aufmachung handelt. Diese wurde eigentlich von Balthasar Debézieux[501] erstellt, aber 1750 von Eirie veröffentlicht[502]. Sie baut auf die Arrests notables von Boniface auf und sollte sie fortführen[503]. Möglicherweise konnte Debézieux sie zu Lebzeiten nur nicht mehr selbst veröffentlichen.

Die bis hierher genannten Sammlungen haben drei wichtige Gemeinsamkeiten. Zum einen handelte es sich bei allen Autoren um hohe Beamte bzw. Richter am Parlement. Zum anderen sind die Ordnungen der aufgeführten arrêts konsequent am rechtlichen Inhalt der Akte ausgerichtet. Die Gliederungen sind nach den rechtlichen Fragen der darunter zusammengestellten arrêts aufgemacht. Die Autoren verzichteten durchweg auf eine prozessuale bzw. formale Ordnung der Akte, die das Verfahren sowie die Art der Entscheidungen und die Form der Verbindlichkeit der enthaltenen Regeln berücksichtigt. In formaler Hinsicht war die Entscheidungsform „arrêt" das einzige gemeinsame Kriterium zur Aufnahme eines Gerichtsakts in eine der Sammlungen[504]. Die mangelnde Differenzierung

---

499 Boniface, Arrests notables, S. a iii („Au Lecteur").

500 Eirie, Debézieux, Arrests notables de la Cour du Parlement de Provence, S. i. Boniface wird aber auch jeweils in den Vorworten der Werke von Bonnet und Régusse erwähnt.

501 Balthasar Debézieux oder de Bézieux (1655 bis 1722), Président de la chambre des enquêtes am Parlement de Provence.

502 Eirie, Debézieux, Arrests notables de la Cour du Parlement de Provence.

503 Eirie, Debézieux, Arrests notables de la Cour du Parlement de Provence, S. i; Camus, Lettres sur la profession d'avocat, Bd. 2, S. 276; Halfpenny, Catalogue of books on foreign law, Laws and Jurisprudence of France, Ancient Part, S. 102.

504 Eine Ausnahme von dem einfachen Kriterium bilden in gewisser Hinsicht die arrêts „prononcés en robes rouges" von Duvair, die zwar auch arrêts mit „normalem" Dispositiv sind, aber eine besondere Art der Verkündung voraussetzten, Prost de Royer,

in den genannten Kompilationen mag Zweifel an der besonderen Rolle der arrêts de règlement aufwerfen. Die fehlende Unterscheidung begründet sich aber vor allem mit der im Allgemeinen gleichen materiellen Bedeutung der arrêts für die Rechtsanwender am Parlement de Provence. Schließlich war es für die Rechtsfindung speziell in Verfahren vor dem Gerichtshof gleich, ob eine bestimmte Regel in Form eines Règlements oder eines „gewöhnlichen“ arrêts bestand[505]. Für die Anwendbarkeit der Regeln spielte das keine Rolle. Die dritte und letzte wichtige Gemeinsamkeit hängt auch damit zusammen: Keine der gezeigten Sammlungen bezieht Police-Themen mit ein. Diese machen aber den größten Teil der überlieferten arrêts de règlement aus.

Das ist anders bei dem Werk von Régusse[506]. Hier findet sich nicht nur eine deutliche terminologische Unterscheidung im Titel. Er erklärt die arrêts de règlement auch im Zusammenhang mit der Rolle der Parlements, die Beachtung und Ausführung der Gesetze sicherzustellen[507]. Darüber hinaus hat er ihnen implizit einen höheren Rang zugewiesen: Die Sammlung stellt arrêts de règlement nämlich allen anderen aufgeführten Akten, den übrigen „arrêts notables“, voran[508]. Außerdem ist beiden jeweils ein Band mit dem etwa gleichen Umfang exklusiv gewidmet, womit die arrêts de règlement überproportional repräsentiert sind.

Die gebotene Trennung der Akte nach ihrer Form und dem Grad ihres Anspruchs auf Verbindlichkeit sah Régusse bei früheren Sammlungen vernachlässigt[509]. Mit seiner formalen Aufteilung war Régusse der erste und blieb auch der einzige Autor für die arrêts des Parlement de Provence. Ganz allgemein war sein Werk auch die letzte Sammlung eines arrêtistes aus Aix. Es ist daher von herausragender Bedeutung für die regionale Forschung zu den arrêts de règlement im Speziellen wie auch zu den Entscheidungen des Gerichts im Allgemeinen.

Dictionnaire de jurisprudence et des arrêts, Bd. 6, S. 679, 727. Sh. auch A.I.1.c) Der Begriff in den Wörterbüchern.

505 Allerdings stellte nur ein arrêt de règlement die unmittelbare Verbindlichkeit für untergeordnete Entscheidungsträger heraus, nach einer darin ausgedrückten Regel zu entscheiden. Das bekräftigen die Strafandrohungen in den Ausführungsanweisungen in den arrêts de règlement, die ist in einfachen arrêts nicht gab, sh. C.III.3d) Strafandrohungen.

506 Régusse, Arrêts de règlement rendus par le Parlement de Provence und Arrêts notables rendus par le Parlement de Provence.

507 Régusse, S. i, ii.

508 Die arrêts de règlement des Parlement de Provence sind in Bd. 1 aufgeführt.

509 Régusse, S. i.

b) Grimaldy de Régusse

Die Bände der Sammlung von Régusse haben eigenständige Titel und sind jeweils 1744 und 1746 erschienen[510], wurden aber schon von den Zeitgenossen als ein einheitliches Werk aufgefasst[511]. Die jeweiligen Titel präsentieren sich ohne Angabe des Autorennamens. Wie andere (arrêt-) Sammlungen aus der Zeit[512] sind sie allerdings nicht ganz anonym erschienen, wie Einträge aus einem Druckverzeichnis von 1759 bzw. 1769 belegen[513]. Das Werk selbst gibt ein paar Hinweise, die den eindeutigen Schluss auf die Person des Autors zulassen. Im vollständigen Titel des ersten Bandes ist seine Amtsbezeichnung genannt, um den Wert der Zusammenstellung und der Kommentierung hervorzuheben[514]. Er offenbart ganz selbstbewusst, dass die kommentierte Zusammenstellung aus der Feder eines erfahrenen Praktikers, eines Présidents à mortier[515] stammt. Um 1744, dem Erscheinungsjahr der Sammlung der arrêts de règlement, kommen danach nur neun Personen als Autoren in Frage[516]. Ein humorvolles Kürzel auf dem historischen Einband erlaubt die richtige Bestimmung aus dem Personenkreis. Beide Bände prägt auf dem Buchrücken eine Kurzfassung des Titels: „ARRET DE REGUS". Das letzte Wort ist kein Verweis auf eine Gattung von arrêts. „Regus" ist die phonetische Abkürzung des letzten Bestandteils des Namens des Autors, Charles-Louis-Sextius Grimaldy de Régusse[517].

---

510 Band 1: Arrêts de règlement, rendus par le Parlement de Provence, 1744; Band 2: Arrêts notables, rendus par le Parlement de Provence avec les motifs de leurs décisions, 1746.

511 Jacques Hébrail, Joseph de La Porte, La France littéraire, Bd. 2, S. 143.

512 Sh. C.I.2.a) Die arrêtistes.

513 Hébrail, La Porte, La France littéraire, Bd. 2, S. 143.

514 „Arrêts de règlement du Parlement de Provence, avec des notes, Par un Président au Mortier du même Parlement."

515 Das war der zweithöchste Rang am Gerichtshof. Die Présidents à mortier saßen den einzelnen Kammern des Parlements vor. In Aix hat es höchstens zehn von ihnen gleichzeitig gegeben, wie aus einer historischen Abhandlung der Geschichte des Parlements mit einer Liste seiner Beamten hervorgeht, Esmivy de Moissac, Histoire du parlement de Provence. Die Amtsbezeichnung wird teilweise als Oberpräsident übersetzt, Ersch, Gruber et al., Allgemeine Encyclopädie der Wissenschaften und Künste, 1. Skt., 91. Teil, S. 155.

516 Vgl. Clapiers-Collongues, Chronologie des officiers des Cours souveraines de Provence.

517 Die moderne Forschung zu arrêts de règlement verweiset an vielen Stellen mit dem richtigen Namen auf seine Sammlung, so z.B. Payen, Les arrêts de règlement du Parlement de Paris au XVIIIe siècle, u. a. S. 20; Dölemeyer in: Coing, Handbuch der Quellen, Bd. 2, 2. Teilband, S. 220.

Grimaldy de Régusse[518] entstammte einer provenzalischen Adelsfamilie, die einen klassischen gesellschaftlichen Aufstieg nach Art der Zeit[519] vollbracht hat. Guilhem Grimaud, ein aus Genua stammender Kaufmann[520], ist wohl – wie sehr viele Italiener ab dem ausgehenden Mittelalter[521] – in die Provence und 1531 in die kleine Hafenstadt La Ciotat, unweit von Aix, gekommen[522]. Bis in das 17. Jahrhundert waren die Urahnen der Grimaldy de Régusse in der Region als Kaufleute tätig[523]. Als Guilhems Sohn Michel 1613 die Herrschaft Régusse[524] erwarb, wurde er Seigneur, also Grundherr[525]. König Ludwig XIV. erhob später wiederum Michels Sohn Gaspard zum Grafen von Régusse[526]. Gaspards Tochter Anne heiratete 1626 Joseph de Gaillard de Longjumeau[527], der ab 1631 als Conseiller ein hohes Amt[528] am Parlement de Provence ausübte[529]. Damit gehörte bereits ein wichtiger Beamter am Gerichtshof zum engeren Kreis der Familie. Vielleicht hat Annes Ehemann seinen talentierten Neffen und Gaspards Enkel, Charles I. de Régusse dabei unterstützt, nur zwei Jahre später selbst Conseiller

518 In den Quellen teilweise „Grimaldy" oder „Grimauldy" geschrieben, so auch seine Unterschriften unter arrêts, ADBR, B 3699. Heute als kombinierter moderner Familienname „de Grimaldi-Régusse".

519 Cubells, Mémoires de Charles de Grimaldi, S. 8. So sieht es auch Olivier-Martin, Histoire du Droit Français, S. 464, ohne Bezug auf ein konkretes Beispiel.

520 Cubells, Mémoires de Charles de Grimaldi, S. 9.

521 Villeneuve, Statistique du département des Bouches-du-Rhône, Bd. 2, S. 20.

522 Cubells, Mémoires de Charles de Grimaldi, S. 9. Ob die Angaben zur Familiengeschichte korrekt sind, ist wegen des in der Provence nicht unüblichen Namens Grimauld bzw. Grimaldi schwer zu sagen, vgl. Ersch, Gruber et al., Allgemeine Encyclopädie der Wissenschaften und Künste, 1. Skt., 91. Teil, S. 154f.

523 Und das sogar mit großem Erfolg, wie sein großes Vermögen bezeugt, Masse, Mémoire historique, S. 192.

524 Expilly, Dictionnaire géographique, historique et politique, Bd. 6, S. 136.

525 Sachs-Villatte, Enzyklopädisches Wörterbuch, Teil 1, S. 821, „seigneur".

526 Gourdon de Genouillac, Nobiliaire du département des Bouches-du-Rhône, S. 110; Expilly, Dictionnaire géographique, historique et politique, Bd. 6, S. 136; Ersch, Gruber et al., Allgemeine Encyclopädie der Wissenschaften und Künste, 1. Skt., 91. T., S. 155.

527 Clapiers-Collongues, Chronologie des officiers des Cours souveraines de Provence, S. 233.

528 Das Amt ist auch Beleg für den Reichtum der angeheirateten Familie, denn der Zugang dazu kostete mindestens 100.000 Livres, Olivier-Martin, Histoire du Droit Français, S. 464.

529 Clapiers-Collongues, Chronologie des officiers des Cours souveraines de Provence, S. 233.

am Parlement zu werden[530]. Charles' Karriere ging sogar noch viel weiter. Am Parlement in Aix kam er in das Amt des Président à mortier[531] und wurde später zum Conseil d'État[532] in Paris berufen. Seitdem standen Mitglieder der Familie Grimaldy de Régusse ununterbrochen in den hohen Rängen des Parlements.

Charles-Louis-Sextius, der Autor der Sammlung, war der Urenkel von Charles I. Über seine Biografie sind nur wenige Einzelheiten bekannt. Er wurde im Oktober 1701 in Aix als Sohn von Charles Grimaldy de Régusse und Lucrèce d'Estienne de Chaussegros geboren[533]. Sein Vater war zu diesem Zeitpunkt Assessor der Stadt Aix[534], ein Jahr später schon Avocat général[535] am Parlement. Charles-Louis-Sextius besuchte von 1709 bis 1716 das Collège Royal Louis-le-Grand[536]. 1720 wurde sein Vater Président à mortier[537], im selben Jahr noch wurde Charles-Louis-Sextius selbst mit nur 19 Jahren Assessor am Parlement[538]. Vier Jahre später folgte er mit gerade einmal 23 Jahren in das Amt seines Vaters und wurde Président à mortier am Parlement[539].

Sicher ist, dass Charles-Louis-Sextius, im Folgenden einfach Régusse, der Dienst und das Amt am Parlement geholfen haben, die arrêts in einer Sammlung

530 Clapiers-Collongues, Chronologie des officiers des Cours souveraines de Provence, S. 19.

531 Clapiers-Collongues, Chronologie des officiers des Cours souveraines de Provence, S. 20.

532 Pitton, Histoire de la ville d'Aix, S. 554.

533 Clapiers-Collongues, Chronologie des officiers des Cours souveraines de Provence, S. 28.

534 Gourdon de Genouillac, Nobiliaire du département des Bouches-du-Rhône: histoire, généalogies, S. 110; Clapiers-Collongues, Chronologie des officiers des Cours souveraines de Provence, S. 28.

535 Clapiers-Collongues, Chronologie des officiers des Cours souveraines de Provence, S. 28, 166 – hier nur mit der falschen Information, dass es sich bei ihm um den Autor der Sammlung von 1744 handelt, obwohl er zu diesem Zeitpunkt schon drei Jahre tot war, vgl. S. 28.

536 Bouquin, La noblesse dans la France moderne, S. 117; Cubells, La Provence des lumières, S. 116.

537 Clapiers-Collongues, Chronologie des officiers des Cours souveraines de Provence, S. 28.

538 Gourdon de Genouillac, Nobiliaire du département des Bouches-du-Rhône, S. 110; Clapiers-Collongues, Chronologie des officiers des Cours souveraines de Provence, S. 28.

539 Clapiers-Collongues, Chronologie des officiers des Cours souveraines de Provence, S. 28.

zu veröffentlichen[540]. Einerseits hatte er aus seiner gehobenen Stellung am Parlement einfachen Zugriff auf die Register des Gerichtshofes. Andererseits verliehen ihm sein Wissen und seine Erfahrung aus der Tätigkeit als Parlement-Richter den nötigen Sachverstand, um die arrêts de règlement für eine Sammlung aufzubereiten. Wie bereits für Aix gezeigt, waren praktisch alle arrêtistes dieser Zeit Beamte an den Parlements selbst[541]. Ihr tiefer Einblick in die gerichtliche Praxis machte ihnen den Bedarf nach einer Sammlung wichtiger Entscheidungen deutlich.

c) Zweck und Bedeutung der Sammlung von Régusse

Nach Régusses Einschätzung hatte sich die Öffentlichkeit schon immer eine Sammlung der arrêts de règlement gewünscht[542]. Die Dokumente in den Registern[543] unterlagen der Geheimhaltung und waren nur wenigen zugänglich. Offenbar konnten nur Richter und hohe Beamte im Parlement sie einsehen. Zwar wurden neue arrêts, die sich an die Allgemeinheit (oder zumindest an Personen außerhalb des Gerichts) wandten, öffentlich bekanntgemacht[544]. Und sicherlich verweilten die meisten gerichtlichen Schriftstücke nach ihrer öffentlichen Verlesung auch noch einige Zeit an den Aushängen. Danach versanken die arrêts aber schnell in den Tiefen der Registratur[545] des Parlements.

Inwiefern es ein echtes öffentliches Interesse an den arrêts de règlement gab, konkretisiert Régusse nicht. Den Begriff „pûblic“[546] sollte man aber nicht all zu weit auffassen. Unter der Allgemeinheit außerhalb des Parlements hatten vor allem die an der Rechtsanwendung Beteiligten, d.h. vornehmlich Anwälte, aus denselben Gründen wie die Funktionsträger des Parlements ein Interesse an einer geordneten und praktischen Aufstellung der Règlements. Umso mehr, wenn sie als Außenstehende eben keinen Zugriff auf die Register hatten[547].

Diesem Bedürfnis entgegnete die Dokumentationsarbeit des Parlements all ihre Mängel[548]. Es stellte die Zeitgenossen vor die gleichen Probleme wie den

540 Das gibt er selbst im Vorwort zu seinem Werk zu, Régusse, S. i.
541 Sh. C.I.2.a) Die arrêtistes.
542 Régusse, Vorwort, S. i.
543 Sh. C.I.1.a) Die Register des Parlements de Provence.
544 Sh. C.IV.3. Bekanntmachung.
545 Régusse, Vorwort, S. i.
546 Régusse, Vorwort, S. i.
547 Zum Teil wurden die arrêts de règlement der Gemeinschaft der Procureurs und Avocats zugeleitet, Daubenton, Diderot, Encyclopédie, „Arrêt“.
548 Sh. C.I.1.a) Die Register des Parlements de Provence.

modernen Forscher[549]. Der Greffier am Parlement, der Schreiber in der Gerichtskanzlei, der die Register führte, ließ die arrêts de règlement dort in chronologischer Reihenfolge festhalten[550]. Besondere Regeln für ihre Dokumentation sind nicht überliefert. Vermutlich gab es im Parlement de Provence gar keine, wie die Ordnung der arrêts in den Bänden nahelegt. Kennt man das Datum der Entscheidung, kann man sie durch etwas Suchen mit hoher Wahrscheinlichkeit auch heute noch ausfindig machen. Die echte Herausforderung stellt sich aber, wenn man nur Schlagwörter oder den Gegenstand der Entscheidung kennt. Nichts dergleichen ermöglicht einen gezielten Zugriff, denn ein Verzeichnis oder einen Index gibt es nicht. Die einzelnen Dokumente kennen keine Leitsätze, nicht einmal auf den Inhalt bezogene Hervorhebungen im Text. Die sperrigen Register haben kein Erbarmen mit den Suchenden. Wie endlos fortlaufende Akten sind die arrêts lediglich zusammengeheftet. Ohne Gliederung oder Seitenzahlen bzw. Paginierung, ist man der strikten Chronologie der aufeinanderfolgenden arrêts ausgesetzt. Hegt man die Absicht, mit inhaltlichen Hinweisen einen konkreten arrêt zu finden, wird man schnell verzweifeln, selbst wenn ein bestimmter Zeitrahmen in Frage kommt. Alles wird noch schwieriger dadurch, dass sich in den Registern zu den arrêts de règlement auch die arrêts d'enregistrement[551] gesellen, ohne dass man sie sichtbar von den Règlements abgegrenzt hätte. Zwar ist, wie bereits beschrieben[552], die nach außen hin einheitliche Dokumentation beider Typen durch formale Gemeinsamkeiten begründet. Doch handelte es sich inhaltlich und gegenständlich um grundverschiedene Akte[553]. Dessen ungeachtet erfordert das übereinstimmende Erscheinungsbild der Dokumente beider Typen zur nachträglichen Sortierung zumindest eine kurze Lektüre. Die Arbeit der Gerichtsschreiber des Parlements genügte allenfalls einer primitiven Archivierung. Und selbst dafür sind die Register noch dürftig angelegt: Die chronologische Ordnung wie auch die inhaltliche Konsequenz kennen schwer erklärbare Ausnahmen[554].

---

549 Sh. C.I.1.a)(2) Ordnung der Register; Auch Payen erkennt diese Parallele und das zeitgenössische Bedürfnis nach einer geordneten Darstellung, Les arrêts de règlement du Parlement de Paris au XVIIIe siècle, S. 22ff.

550 Sh. C.I.1.a)(2) Ordnung der Register.

551 Sh. C.I.1.b) Arrêts d'enregistrement und arrêts de règlement.

552 Sh. C.I.1.b) Arrêts d'enregistrement und arrêts de règlement.

553 Royer, Histoire de la Justice, S. 69f.; Timbal, Castaldo, Histoire des institutions publiques, S. 278f.; Sueur, Histoire du droit public français, Bd. 2, S. 81ff., 144f.

554 Inhaltlich z.B. der arrêt vom 13. Mai 1672, ADBR, B 3699, der auf mehrere Zwischenakte zu einer reinen Disziplinarsache erging und lediglich anordnete, dass sich ein

Die von der Parlement-Kanzlei gepflegten Register waren also auch unabhängig von der Geheimhaltung nicht in der Lage, den Inhalt der arrêts de règlement der Öffentlichkeit (dauerhaft) vorzuhalten. So ist es nicht verwunderlich, dass am Parlement beschäftigte Juristen sich der Sache neben ihrer dortigen Tätigkeit annahmen. Die schon genannten Sammlungen von Duvair, St. Jean und Boniface[555] verfolgten diese Aufgabe mit unterschiedlichen Ansprüchen. Vermutlich erstellten sie ohnehin private Verzeichnisse mit wichtigen Entscheidungen[556]. Das erleichterte die Arbeit mit den arrêts.

Doch Régusses Sammlung diente nicht nur der Rechtsöffentlichkeit. Sie verhalf mittelbar auch den arrêts de règlement zu Beachtung. Die gefühlte Verbindlichkeit der arrêts de règlement schwand in der Praxis schnell. Das erklärt sich schon mit einer einfachen Überlegung. Sie waren stets eng mit ihrem tatsächlichen Kontext verknüpft und wurden so spezifisch und aktuell gefasst, wie sich die Sachverhalte präsentierten, auf die sie antworten sollten. Einem Règlement war daher oft nur eine kurze Lebenserwartung in den Köpfen der Zeitgenossen beizumessen, weil die Gefahren und Probleme damit in der Regel für eine Weile gelöst waren[557]. Grimaldi de Régusse war selbst Richter am Parlement de Provence und kannte dieses Problem und die damit verbundenen Schwierigkeiten, die arrêts de règlement in den Registern wiederzufinden. Im Vorwort seiner Sammlung spricht er von der zeitlichen Wirkung der arrêts:

„[Il] n'arrive que trop souvent que ces Règlemens n'ont force & vigueur qu'autant que l'abus qui les a fait rendre subsiste; il n'est pas plûtôt corrigé que ces Arrêts tombent dans l'oubli, & sont ensevelis dans la poussiere des Greffes."[558]

> Es passiert all zu oft, dass diese Règlements nur solange in Kraft bleiben wie der Missbrauch, der [ihren Erlass bewirkt hat], fortbesteht; es wird [nichts dagegen getan], dass diese arrêts in Vergessenheit geraten und vom Staub der Kanzlei umhüllt werden.

Hier spricht eindeutig die Motivation des Autors. Régusse beklagt den Umstand, dass die Règlements nur zeitlich begrenzt Beachtung fanden, und zwar meist nur solange, wie der vorausgegangene Missstand anhielt. Das Zitat kleidet diesen Makel in ein schwaches Lob: Die Langzeitwirkung der arrêts de règlement

---

Beamte wegen seiner Beleidigung entschuldigt. Außerdem befindet sich ein arrêt vom April 1788 in dem Band von 1789, ADBR B 3710.

555 Sh. C.I.2.a) Die arrêtistes.

556 So wie Boniface es in seinem Werk zugibt, Arrests notables, S. a iii („Au Lecteur").

557 Wohl aber auch, weil einige Règlements einfach nie befolgt wurden, wie Régusse im Kommentar zu dem arrêt vom 7. Februar 1671 zeigt, S. 96.

558 Régusse, S. ii

hing nach Régusse von ihrem spontanen Erfolg ab. Verschwand das Problem rasch, versank auch das Bewusstsein dafür allmählich. Das ist menschlich und plausibel. Ebenso konnte sich auch die Bewertung eines Sachverhalts durch die Zeitgenossen ändern. Per arrêt verbotene Verhaltensweisen mochten über den Lauf der Zeit akzeptierte Gewohnheiten werden[559].

Das Parlement steuerte gegen das Vergessen an. Wenn es wieder zu Missständen ganz derselben oder ähnlicher Art kam, erinnerten sich die Parlementaires an alte arrêts, sodass sie die darin enthaltenen Anordnungen „aktualisieren"[560] konnten. Die Vorlagen schlummerten oftmals tief in den Registern. Wenn der einmal gebannte, nun neuaufkeimende Missstand lange keine Probleme bereitete, gab es vielleicht gar keine Erinnerungen an diese arrêts. Auch die Erinnerungen der Amtsträger am Parlement verblassten zusammen mit den überwunden geglaubten Problemen.

559 Als Beispiel dafür dient ein disziplinarischer arrêt, den Régusse zeigt und kommentiert und zu dem er eingesteht, dass er vollkommen vergessen ist: Arrêt de règlement vom 7. Februar 1671, Régusse, S. 94. Er blieb ohne Aktualisierung. Das erscheint aber angesichts der Quellen als die Ausnahme. In den typischen Regelungsgebieten (sh. C.II. Typische Regelungsgebiete und Gegenstände) enthalten viele arrêts de règlement über den Lauf der Zeit immer strengere Regeln für dieselben oder ganz ähnliche Verhaltensweisen. Das lässt sich anhand der arrêts de règlement zum Tragen von Waffen nachvollziehen: Der arrêt de règlement vom 14. Januar 1664 verbot es nur maskierten Personen (bei Volksfesten und Bällen), Waffen zu tragen, Régusse, S. 53ff. Der arrêt de règlement vom 4. Juni 1695 wiederholte ausdrücklich die Bestimmungen der arrêts de règlement vom 11. Januar 1661 und 4. März 1688 und übertrug dieses Verbot nochmals zumindest für Handwaffen auf alle Personen unabhängig von der Kleidung, Régusse, S. 193ff. Der arrêt de règlement vom 4. August 1729 wiederholte das Verbot, jegliche Waffen zu tragen während der Ernte von Wein und anderen Früchten, Régusse, S. 332. Der arrêt de règlement vom 14. Februar 1764 enthält ein umfassendes und zeitlich unbeschränktes Verbot zum Tragen von Feuerwaffen in Ausführung der Erklärung des Königs vom 7. März 1733, ADBR 3705.

560 Die Aktualisierungen sind meistens Wiederholungen früherer Verfügungen, die allerdings in der Regel mit Verschärfungen und einer Konkretisierung auf den neuen Kontext eingingen. Régusse bezeichnet solche arrêts, die zum Teil frühere arrêts ausdrücklich zitieren, als Aktualisierungen oder Erneuerungen, z. B. im Kommentar zum arrêt de règlement vom 4. August 1729, S. 332. Auch gedruckte arrêts enthalten manchmal einen solchen Hinweis, z. B. der als Flugblatt überlieferte arrêt de règlement vom 3. Dezember 1771, BM: Aff.1775.11.21., der den in den Registern überlieferten arrêt vom 14. Februar 1764, ADBR 3705, „erneuert" und im vollständigen Wortlaut reproduziert.

Das wäre nicht schlimm gewesen, hätten die Parlements nicht an den arrêts de règlement ungeachtet ihres Alters festgehalten[561]. Als Ausprägung von über den Lauf der Zeit unveränderten Rechtsüberzeugungen beanspruchte das Parlement de Provence ihre langfristige Verbindlichkeit. In der Konsequenz stellte sich damit ein Autoritätsproblem. Der unbedachte Entwurf eines neuen arrêts barg die Gefahr, die altbewährte Lösung mit neuen Erwägungen oder anders gearteten Vorschriften anzureichern. Und wer ständig neue Ideen für dasselbe Problem findet, erscheint vielleicht kreativ, vor allem aber verzweifelt. Um die Autorität der Règlements im Allgemeinen zu wahren, mussten die Richter einen Überblick haben und frühere Règlements in den zu erlassenden Akten berücksichtigen. Das Ergebnis dieser Anstrengungen sind viele arrêts, die ausdrücklich auf frühere Règlements verweisen und sich mit ihnen als eine Einheit darstellen[562]. Nach Ansicht des Parlements waren diese Akte nur Aktualisierungen bestehender Normen. Sie lebten im neuen Gewand fort.

Régusses Sammlung war als Hilfe für diese Art von Arbeit angelegt. Sie war besser als die Register geordnet und führte zumindest die wichtigen arrêts handlich auf. Wie schon frühere Kompilationen[563] ermöglichte sie einen thematischen Zugriff, allerdings speziell für arrêts de règlement. So ließ sich der Arbeitsaufwand der Richter reduzieren. Zusammen mit anderen privaten oder öffentlich gemachten arrêt-Verzeichnissen perpetuierte eine solche Sammlung wichtige arrêts und begünstigte ihre dauerhafte Anwendung.

Die Effekte sind tatsächlich nachvollziehbar. Die Kompilationen, insbesondere die arrêts von Régusse, mochten dazu ihren Beitrag geleistet haben. Die begrenzte Zahl neuer arrêts zu bestimmten Themen und mit beschränkten inhaltlichen Variationen Mitte des 18. Jahrhunderts spricht jedenfalls dafür. Diese arrêts hatten viel öfter konkrete Vorlagen früherer arrêts. Das beweisen sie ausdrücklich, wenn sie im Wortlaut auf frühere Règlements mit konkreten Daten Bezug nehmen[564]. Mit der Verweis-Technik und der Übernahme von Formulierungen

561 Das belegen die Aktualisierungen der arrêts de règlement des Parlements de Provence im Wortlaut, vgl. wiederum den der als Flugblatt überlieferte arrêt de règlement vom 3. Dezember 1771, BM: Aff.1775.11.21., der den in den Registern überlieferten arrêt vom 14. Februar 1764, ADBR 3705, „erneuert" und im vollständigen Wortlaut reproduziert.

562 Vgl. die arrêts unter C.II.1.b) Gefährliche Waffen und Maskeraden.

563 Sh. C.I.2.a) Die arrêtistes.

564 Z. B. der arrêt de règlement vom 3. Dezember 1771, BM: Aff.1775.11.21., der den in den Registern überlieferten arrêt vom 14. Februar 1764, ADBR 3705, „erneuert" und im vollständigen Wortlaut reproduziert.

kann man in einer langzeitlichen Betrachtung sogar von inhaltlichen Diskurslinien sprechen, die sich in Form von sukzessiven arrêt-Verfügungen zum selben Gegenstand herausgebildet haben[565]. Die bessere Überlieferung sicherte offenbar nicht nur ihre Langlebigkeit, sondern auch die inhaltliche Konsequenz der arrêts.

Es ist schwer eine Aussage darüber zu treffen, wie verbreitet das Werk von Régusse zu seiner Zeit war und wie gut es damit seinen Zweck innerhalb und außerhalb des Gerichtshofes erfüllen konnte[566]. Die Forschung zitiert es hin und wieder speziell für die arrêts de règlement[567]. Das sagt aber noch nicht viel über die Bedeutung der Sammlung aus, wie sie ursprünglich verwendet wurde. Da es sich um ein nicht-wissenschaftliches Werk handelt, gibt es auch kaum Zitierungen in anderen zeitgenössischen Schriften, die eine breitere Rezeption belegen könnten[568]. Daher müssen andere Hinweise genügen, die indes nur vage Aussagen ermöglichen. Angaben zu genauen Druckzahlen gibt es nicht. Eine Schätzung ist aber möglich. Weil es sich bei gedruckten Büchern schon in der Frühen Neuzeit um theoretisch in beliebiger Stückzahl reproduzierbare Massenware handelte, bietet sich dazu eine Marktbetrachtung an. Die Verbreitung des Werks hing, wenn man von einem kostenorientierten Preis ausgeht, im Wesentlichen von der Nachfrage ab. Die lässt sich hier aufgrund von Überlegungen zum Interesse und zum Umfang der potenziellen Leserschaft nachzeichnen. Wenn es sich um Praxis-Literatur handelte, ist es zwar denkbar, dass sich die Sammlung nur

565 Z.B. bei der Müllentsorung, beim Marktzwang, bei der Weizenverarbeitung und bei den Regeln zum Apothekenwesen, vgl. C.II. Typische Regelungsgebiete und Gegenstände.

566 Die zeitgenössischen Druckverzeichnisse enthalten keine Angaben über die Stückzahlen gedruckter Exemplare, sh. Hébrail, La Porte, La France littéraire, Bd. 2, S. 143; Lapeyrère, Décisions sommaires du Palais, Bd. 1, S. xxi (Hier wird Régusse als ein Vertreter der Hauptautoren der „Bibliothèque de Droit“ aufgeführt.); Camus, Bibliothèque choisie des livres de droit, Bd. 2, S. 308 (Paris) bzw. S. 128 (Brüssel); Halfpenny, Catalogue of books on foreign law, Laws and Jurisprudence of France, S. 102.

567 Dölemeyer, Coing, Handbuch der Quellen, Bd. 2, 2. Teilband, S. 220.; Avon-Soletti, Des vagabonds aux S.D.F., S. 99; Conlon, Le siècle des lumières: bibliographie chronologique, Bd. 16, S. 338.

568 Allerdings bezeugen einige historische Druckverzeichnisse, Personenlexika und spezialisierte Bibliographien, dass Régusse ein angesehener Autor war und seine Sammlung auch über die Grenzen der Provence hinaus bekannt war, Richard, Dictionnaire des sciences ecclésiastiques, Bd. 3, S. 140; Lapeyrère, Décisions sommaires du Palais, Bd. 1, S. xxi; Ersch, Gruber et al. Allgemeine Encyclopädie der Wissenschaften und Künste, 1. Skt., 91. Teil, S. 155.

an die Richter wandte, um ihnen die Suche nach den arrêts zu erleichtern und die wichtigsten arrêts dauerhaft wiederauffindbar zu halten[569]. Régusses „Öffentlichkeit“[570] meint aber Leser außerhalb des Parlements. Hierunter fallen nicht unmittelbar die gemeinen Untertanen. Vornehmlich handelte es sich um die Rechtskundigen: Richter und Beamte der Untergerichte und anderer Behörden sowie Anwälte, die alle auch Régusses Ausführungen verstanden. Für die Juristen hatten die Règlements schon durch ihren gesetzlichen Charakter eine nicht zu unterschätzende Bedeutung für die Rechtsanwendung in der Provence. Auf sie gründeten sich Folgeverfahren. Denn auf ihre Regelungen konnten sich Untertanen vor Gerichten und lokalen Verwaltungsträgern genauso stützen wie auf königliche Gesetze[571].

Zwar gibt es auch keine genauen Daten für die Zahl der in der Provence tätigen Juristen. Man kann aber auf der Grundlage von Schätzungen für andere Ressorts davon ausgehen, dass allein am Parlement in Aix in der Mitte des 18. Jahrhunderts über 100 Anwälte zugelassen waren[572], was nicht zu hoch erscheint. Aix war zur Zeit der Erscheinung des Werks von Régusse eine Stadt mit ca. 25.000 Einwohnern[573]. Sie hatte insgesamt vier Druckereien[574], die Bücher für Autoren in der gesamten Region setzten. Viele der arrêts des Parlements betrafen alle der ca. 650.000 Untertanen[575] in der Provence. Bei einem angenommenen Verhältnis von 5000 Untertanen pro Anwalt[576] ergeben sich daraus 130 Anwälte. Dazu kommen die zahlreichen juristisch geschulten Beamte. So lässt sich ein nicht unbeträchtlicher potenzieller Leserkreis abstecken. Das dürfte für den

---

569 Dafür spricht auch die im Vergleich zu den Registern ungewöhnlich hohe Anzahl an arrêts, die das Verfahren und die Zuständigkeiten der Gerichte und der Verwaltung in der Provence betreffen. 130 aus insgesamt 280 arrêts de règlement lassen sich darunter ordnen.

570 „pûblic“, Régusse, S. i.

571 Janety, Journal du palais de Provence, ou, Recueil des arrêts rendus depuis les derniers Journalistes, Bd. 2, S. 138.

572 Vgl. die Zahlen für andere Parlement-Sitze bei Leuwers, L'Invention du barreau français, S. 341.

573 Villeneuve, Statistique du département des Bouches-du-Rhône, Bd. 3, S. 32; Courgeau, La démographie provençale du XIIIe au XVIe siècle, Population 1962, Nr. 3, S. 550 (556).

574 Mellottée, Histoire Economique de l'Imprimerie, Bd. 1, S. 461.

575 Courgeau, La démographie provençale du XIIIe au XVIe siècle, Population 1962, Nr. 3, S. 550 (556).

576 Vgl. etwa Laurent Coste, Mille avocats du Grand Siècle. Le barreau de Bordeaux de 1589 à 1715.

rentablen Druck einer größeren Stückzahl gereicht haben[577], der wiederum mit bezahlbaren Preisen einen flächendeckenden Absatz ermöglichte. Mehrere hundert abgesetzte Exemplare sind nicht unwahrscheinlich. Und in der Tat ist der antiquarische Erwerb des Buchs heute noch möglich. Für die vorliegende Arbeit habe ich selbst ein Exemplar gekauft. Da es weder einen Stempel noch einen etwaigen Eintrag aufweist, liegt die Vermutung nahe, dass es aus einem Privatbestand stammt. Jedenfalls lagern die überlieferten Exemplare von Régusses Arrêts de règlement nicht nur in Bibliotheken.

d) Auswahl der arrêts

Régusses Sammlung der arrêts notables und der arrêts de règlement richtete sich an Praktiker. Es handelt sich nicht um wissenschaftliche Literatur. Dafür wären bereits die mal ausgedehnten[578], aber auch mal sehr schmallippigen Kommentare[579] zu den aufgeführten arrêts zu unkritisch. Sie enthalten auch nicht immer Hinweise auf Normen[580] und begnügen sich oft mit der Darstellung des zugrundeliegenden Sachverhalts oder mit Verweisen auf Kommentare zu anderen arrêts[581]. Dennoch bilden sie zusammen eine wichtige Hinweisquelle für die Kriterien, nach denen Régusse die arrêts ausgewählt hat, die er in seinem Werk

577 Zur Entwicklung mit Überblick der Druckkosten im Ancien Régime: Mellottée, Histoire Economique de l'Imprimerie, Bd. 1, S. 441ff.

578 Z. B. der Kommentar zum arrêt de règlement „Qui défend aux Lieutenants d'élargir les prisonniers, au préjudice de l'apel, & qui contient plusieurs autres dispositions." vom 30. Oktober 1662, der sich über fünf Seiten erstreckt und zahlreiche Normzitate enthält, Régusse, S. 44ff.

579 Die meisten Kommentare bestehen nur aus 10 bis 20 Zeilen. Ein besonders kurzer findet sich aber unter dem arrêt de règlement „Qui permet aux Parties qui plaident dans les Jurisdictions subalternes, de dresser des Expediens." vom 23. Oktober 1669, Régusse, S. 79f. Er führt nur ein Zitat des Autors La Roche-Flavin aus dem Werk „Treze livres des parlemens de France", Buch 3, Titel 3 („Des Aduocats plaidoyans", S. 246ff.) an, um die übliche Regel zu erklären, dass im Grundsatz niemand für sich selbst postulieren kann.

580 Ohne Hinweise auf (früher erlassene) Vorschriften bleibt der arrêt de règlement „Au sujet de l'Université" vom 10. Februar 1673, der auch in den Registern überliefert ist, ADBR, B 3699. Im knappen Kommentar sind nur Sacherwägungen des Procureurs nachvollzogen, Régusse, S. 110.

581 Z. B. der Verweis unter dem arrêt de règlement „Qui confirme le Règlement [...] concernant les Boulangers [...] & qui en ordonne l'execution dans toute la Province" vom 10. März 1678, Régusse, S. 125ff. Laut Kommentar handelt es sich dabei „um denselben arrêt wie bei dem" vom 16. März 1662.

aber leider nicht offengelegt hat. Durch den Vergleich mit der direkten Überlieferung der arrêts de règlement in den Registern des Parlements de Provence lassen sich einige Aussagen dazu treffen. Auch die belegte Ausrichtung des Werks ermöglicht Rückschlüsse.

Schon ein kurzer Abgleich mit den Registern (soweit ich sie durchforscht habe), konturiert eine grobe Maske, die Régusse über die Menge der arrêts gelegt hat. Denn die Sammlung lässt ganz leicht erkennbar zunächst die ganze Gruppe der arrêts aus, in denen das Gericht rein interne, z. B. disziplinarische Sachen mit nur wenigen Beteiligten regelte[582]. Vor dem Hintergrund der Ausrichtung des Werks an die Öffentlichkeit[583] ist das naheliegend. Außerdem sind die „Zwischenarrêts" in Règlement-Form aus Verfahren zum Erlass eines endgültigen arrêts de règlement in der Sache[584] herausgefallen. Sie enthielten häufig ohnehin nur provisorische Vorkehrungen und Anordnungen zur Erforschung eines bestimmten Sachverhalts. Diese Verfügungen wegzulassen, entschlackte die überlieferte Masse zu einem Bestand mit relevanten Themen und nur jeweils einem arrêt für einen bestimmten, endgültigen Regelungsgegenstand. Die Begrenzung kommt einer langzeitlichen Betrachtung zu gute. Insgesamt erstreckt sich der Zeitraum der aufgeführten arrêts von 1603 bis 1744. Auch wenn die Frequenz für den Erlass der Akte zwischendurch niedrig war und die Gruppe der bloß Interna betreffenden arrêts nach Régusses Auswahl herauszurechnen ist, umfasst diese Spanne immer noch eine große Zahl an erlassenen Règlements. Die Sammlung enthält für den gesamten abgedeckten Zeitraum aber nur 246 arrêts de règlement, während das Parlement ausgehend von den überlieferten Register-arrêts schätzungsweise 25 bis 40 arrêts de règlement pro Jahr erlassen hat. Damit müsste eine lückenlose Überlieferung auf über 4.500 arrêts kommen. Also hat

---

582 Z. B. der arrêt de règlement vom 29. Mai 1670 „Prince d'amour", ADBR, B 3699, der die Wahl zu einem rein zeremoniellen Amt regelt sowie der arrêt de règlement vom 13. Mai 1672, der in einer Disziplinarsache gegen nur einen Gerichtsvollzieher des Parlements erging, ADBR, B 3699. Andererseits führt die Sammlung aber den arrêt de règlement „Qui ordonne aux Huissiers de tenir leur Bureau ouvert pendant certaines heures" vom 7. Februar 1671 auf, der im Kommentar als Disziplinarsache bezeichnet wird, Régusse, S. 94. Er präsentiert sich aber zusammen mit einem anderen arrêt vom selben Tag, der ebenfalls die Aufgaben und Befugnisse der „Huissiers, also der Gerichtsvollzieher betrifft, Régusse, S. 94ff.

583 Régusse, S. i,ii.

584 Das Parlement erließ für einen endgültigen arrêt de règlement in der betreffenden Sachfrage häufig Zwischenakte, die ebenfalls Règlement-Charakter aufwiesen, sh. dafür C.IV.2. Ermittlungen und Zwischenakte.

Régusse immer noch eine strenge inhaltliche Auswahl aus mehreren Tausend arrêts getroffen. Mit dem Verzicht auf die benannten überschaubaren Gruppen erklärt sich die Reduktion nicht.

Vermutlich verfügte Régusse wie auch andere arrêtistes sowohl über private arrêt-Aufzeichnungen als auch die seiner Ahnen am Parlement und hat sie über Jahre weiter gepflegt. Dafür sprechen auch einige arrêts vor seiner Zeit, die Régusse laut Kommentar nicht für wichtig erachtete, aber dennoch mitaufführen wollte[585]. Und immerhin waren seit Charles I. Grimaldy de Régusse ständig Familienangehörige in hohen Positionen am Parlement[586], was ihnen nicht nur den wichtigen Zugang zu den Registern verschaffte, sondern auch die nötige praktische Erfahrung für eine sinnvolle inhaltliche Auswahl verlieh. Diese Vermutung, dass Régusse eigene und frühere Aufzeichnungen verwendet hat, lässt sich auch darauf stützen, dass von den 246 aufgeführten arrêts immerhin 113 arrêts in die Zeit von 1700 bis 1744 fallen, davon wiederum 73 in Régusses Zeit als Assessor bzw. Président à mortier von 1720 bis 1744[587]. Die für diese 24 Jahre relativ hohe Zahl[588] aufgeführter arrêts ist nicht mit einer rasant gestiegenen Entscheidungsfrequenz in den 1700er Jahren zu erklären[589], sondern mit der redaktionellen Arbeit des Autors. Vielleicht kam es Régusse entsprechend der Ausrichtung auf Praktiker darauf an, der Sammlung Aktualität zu verleihen, indem er sich auf jüngere arrêts konzentrierte. Vermutlich verfügte er aber einfach über gute Erinnerungen an die arrêts und ein besseres privates Verzeichnis für die Zeit seiner Tätigkeit am Parlement.

Soweit Régusse ältere Verzeichnisse fortgeführt hat, lassen sich keine sicheren konstanten Kriterien – soweit es sie gab – für die Auswahl der arrêts in

---

585 Z. B. der arrêt de règlement „Qui ordonne à tous Navigans de remettre à l'Amirauté toutes les prises qu'ils feront sur mer." vom 22. Mai 1625, Régusse, S. 13f. Obwohl auch er einsah, dass die Ordonnance von 1681 die betreffenden Sachverhalte nunmehr regelte, hat er den arrêt mit aufgenommen, was er im Kommentar mit der Loyalität des Parlements rechtfertigt: Wenngleich der arrêt nicht mehr ausgeführt wird, wollten wir ihn erwähnen, um die Aufmerksamkeit des Parlements zu zeigen, die Rechte des Königs zu erhalten & und die Sicherheit im Seehandel zu gewährleisten, der eines der Hauptobjekte seiner Rechtsprechungsgewalt ist.

586 Sh. C.I.2.b) .

587 Sh. C.I.2.b) Der Autor.

588 Bei insgesamt 246 aufgeführten arrêts für den Zeitraum von 1603 bis 1744 liegt der Durchschnitt bei ca. 1,7 arrêts pro Jahr. Für die 73 arrêts für den Zeitraum von 1720 bis 1744 liegt er bei ca. 3, also fast doppelt so hoch.

589 Die Zahl der erlassenen arrêts nimmt bis in das 18. Jahrhundert sogar ab, sh. C.I.1.a) (3) Bedeutung und Auswahl der arrêts in den Registern.

der Sammlung nachzeichnen. Tatsächlich bleiben seine spärlichen Angaben, warum er den einen oder anderen arrêt aufführt, sehr vage. Wie mit dem Titel des ersten Bandes[590] angedeutet, nahm Régusse nur „wichtige" arrêts[591] mit auf. Aber immerhin fällt bei der inhaltlichen Sichtung der arrêts de règlement der Sammlung schnell auf, dass es sich darin überwiegend um Themen des Prozessrechts und des Verfahrens vor Gerichten und Behörden handelte. Aus den insgesamt 246 abgedruckten arrêts de règlement sind nämlich 130 arrêts de règlement Fragen zum Gerichtswesen, nach den Zuständigkeiten bzw. Befugnissen, über das Verfahren und die amtlichen Zulassungen und Pflichten, sowie der Justizverwaltung gewidmet. Diese thematisch abgrenzbare Hälfte des Bestandes an arrêts findet sich in der Sammlung überproportional repräsentiert im Vergleich zu der „ursprünglichen" thematischen Gewichtung der Register-arrêts. Deswegen muss es sich hierbei auch um ein inhaltliches Kriterium der Sammlung handeln. Der Grund für diesen prozessualen Fokus liegt auf der Hand: In der Ausrichtung des Werks an interessierte Praktiker kam den prozessrechtlichen Regeln der arrêts de règlement eine sehr hohe Bedeutung zu. Für die Tätigkeit der Rechtsanwender waren sie unentbehrlich. Sie legten die Mittel und Wege der Durchsetzung von Rechten fest. Ihre Einhaltung konnte ungeachtet der materiellen Begründung des Anliegens darüber entscheiden, ob man vor Gericht Erfolg hatte.

Damit ist das inhaltliche Hauptkriterium für die Sammlung herausgestellt: Die Verfahrensregeln. Allerdings hat sich Régusse in seiner Arbeit, wie schon angedeutet, nicht allein darauf beschränkt. Entsprechend seinen Erklärungen zur Police der Parlements widmete er den anderen Teil des Bandes fast ausschließlich den arrêts de police. Sie mischen sich unter die aufgeführten Prozess-arrêts und sind nur manchmal besonders hervorgehoben[592]. Dabei stellen sie einen inhaltlich sehr eigenständigen und abgrenzbaren Normbestand dar. Doch zumindest über die Menge dieser vielseitigen arrêts de règlement in der Sammlung hat Régusse berücksichtigt, dass sie das überlieferte Hauptprodukt der Règlement-Tätigkeit des Parlements de Provence sind.

590 „Arrêts notables rendus par le Parlement de Provence."

591 So ist es auch zusammengefasst bei Richard, Dictionnaire des sciences ecclésiastiques, Bd. 3, S. 140: „La plûpart des arrêts que contient ce recueil, statuent sur des points importants."

592 So z. B. der arrêt de règlement „Pour la Police" vom 15. Januar 1682, Régusse, Les arrêts de règlement du Parlement de Provence, S. 145ff.

II. Typische Regelungsgebiete und Gegenstände

Die überlieferten arrêts aus Aix sind zu einem sehr großen Teil solche, die das Wohl der Allgemeinheit im Blick hatten und insoweit bestimmten Gefahren oder Missständen entgegenwirken sollten. Diese Gruppe von arrêts offenbart einen distinkt öffentlich-rechtlichen Charakter, der auf ihrer Zielsetzung der öffentlichen Ordnung beruht[593]. In der modernen Literatur kennen sie deswegen zum Teil die Bezeichnung arrêts de police[594]. Neben diesen arrêts gibt es die thematisch abgrenzbare Gruppe von arrêts, die das Verfahren, insbesondere die Vollstreckung und die mehr oder weniger inneren Angelegenheiten der Gerichte betreffen. Darunter befinden sich nicht nur arrêts mit allgemeinen Regeln über Zuständigkeiten und Verfahren der Gerichte bzw. Behörden in der Provence[595], wie sie in der Sammlung von Régusse zu finden sind. Auch merkwürdig spezielle Einzel-Verfügungen in Règlement-Form[596] gehören zu dieser Gruppe. Im Vergleich zu den arrêts de police treten diese arrêts zu Justizsachen[597]

593 „Parmi les [arrêts d'ordre public] on trouve [...] les arrêts de règlement[.]", Prost de Royer, Dictionnaire de la jurisprudence et des arrêts, Bd. 6, S. 677.

594 Delcer, Les arrêts de police du parlement de Paris (1774–1790), sh. A.I.1.c) Von arrêts de règlement zu arrêts de police.

595 Als umfassendes Beispiel dafür dient der arrêt de règlement vom 19. Januar 1742, der die policeylichen Zuständigkeiten der Statthalter absteckt, Régusse, S. 396.

596 Z. B. der arrêt de règlement vom 29. Mai 1670 „Prince d'amour", ADBR, B 3699, der die Wahl zu rein zeremoniellen Ämtern regelt; der arrêt de règlement vom 13. Mai 1672, ADBR, B 3699, der einen Beamten dazu verurteilt, sich wegen einer Beleidigung zu entschuldigen und dem Amte des Beleidigten den verdienten Respekt zu erweisen; der arrêt de règlement vom 11. März 1676, womit das Parlement den Konsul der Stadt St. Remy vor sich zitiert, um ihn zu einem Beschluss zu befragen, die Richter auf einer Visite nicht zu empfangen, Régusse, S. 118f.; und der arrêt de règlement vom 18. November 1684, der anordnet, dass die Verkündung der Verbannung unter Glockengeläut stattfindet, Régusse, S. 165f.

597 Lemonnier-Lesage fasst solche arrêts unter den Begriff der Justizverwaltung, Les arrêts de règlement du Parlement de Provence, S. 115ff. Das wäre hier angesichts der vielseitigen Verfügungen ungenau und im Allgemeinen missverständlich: Einerseits redeten die Zeitgenossen erst ab der Mitte des 18. Jahrhunderts von einer Verwaltung in diesem Sinne, vgl. noch Brillon, Dictionnaire des arrests, ou Jurisprudence universelle Bd. 1, S. 54ff., wo „administration" nur sehr kontextgebunden erläutert wird (1711!), und demgegenüber die umfassenden konzeptuellen Ausführungen von Prost de Royer rund 70 Jahre später, Dictionnaire de jurisprudence et des arrêts, Bd. 2, S. 808ff. Zudem waren Verwaltung (bzw. Police) und Justiz nach der Ansicht der Zeitgenossen in der Ausübung ihrer Funktionen nach innen als auch nach außen

aber in der Überlieferung der Register zahlenmäßig deutlich in den Hintergrund[598].

Es ist wenig überraschend, dass die Parlements als Höchstgerichte der Provinzen in den Justizangelegenheiten das letzte Wort hatten und dort allgemein zu beachtende Regeln auch für andere Gerichte bzw. Behörden des Ressorts erließen[599]. Ungeachtet ihrer Einkleidung in arrêts de règlement war die Außenwirkung dieser Entscheidungen naturgemäß nur mittelbar und begrenzt. Hauptadressaten waren die dem Parlement untergeordneten Richter bzw. Beamte bei der Abwicklung von Rechtsstreitigkeiten und der Anwendung von Gesetzen. Diese arrêts eignen sich daher aus heutiger Sicht für eine eingehende Untersuchung des zeitgenössischen Verfahrens- und Prozessrechts. Die geregelten Rechtsfragen setzen jedoch einiges an Kenntnissen voraus und bieten nur wenig anschauliche Beispiele für die weitgehenden Befugnisse der Parlements.

Das ist anders bei den policeylichen arrêts de règlement. Die zugrundeliegenden Sachverhalte machen sie besonders plastisch und die getroffenen Verfügungen leicht nachvollziehbar. Außerdem waren ihre Regeln für die Untertanen in ihrem Alltag viel einschneidender und bedeutender als prozessrechtliche Vorschriften. Schon über die in ihnen behandelten Gegenstände ist die weitgehende Autorität der Parlements nach außen, im Verhältnis zu den Untertanen zu erahnen. Die gesetzgeberische Tätigkeit ist mit den Police-arrêts besser abzubilden als mit den arrêts zu Justizangelegenheiten, die in dieser Arbeit nur für Fragen zum Verfahren und zum Aufbau der arrêts herangezogen wurden.

---

nicht voneinander zu trennen, vgl. Payen, Les arrêts de règlement du Parlement de Paris, S. 174ff, 193ff. Andererseits sind aber auch die darunter geordneten arrêts der Parlements mehr als nur Akte der Justizverwaltung, denn sie betreffen beispielsweise Zuständigkeiten und Befugnisse, sh. oben für den arrêt zu den Statthaltern, sh. ferner zur Police générale und Justizverwaltung Payen, Les arrêts de règlement du Parlement de Paris, S. 163.

598 So ist es auch bei der Register-Überlieferung aus Rouen, Lemonnier-Lesage, Les arrêts de règlement du Parlement de Provence, S. 115ff. Für die zeitgenössischen Praktiker hatten sie aber eine große Bedeutung: Die Sammlung der arrêts de règlement des Parlement de Provence von Régusse konzentriert sich auf diese justiziellen arrêts: Aus insgesamt ca. 250 abgedruckten arrêts de règlement hat er 130 ausgewählt, die Fragen des Gerichtswesens, Zuständigkeiten bzw. Befugnisse, das Verfahren, die amtlichen Zulassungen und Pflichten sowie die Justizverwaltung betreffen, sh. C.I.2.d) Auswahl der.

599 Das sah das Parlement de Paris in seinen remontrances vom 1. Bis 5. Juni 1767 sogar als die den Parlements zugewiesene Aufgabe an, vgl. Payen, Les arrêts de règlement du Parlement de Paris, S. 116f.

Die arrêts de règlement zur Police einerseits und die arrêts de règlement zu Justizsachen andererseits sind die wichtigsten normativen Kategorien in den überlieferten Akten des Parlements de Provence. Zivilrechtliche arrêts de règlement dieses Gerichts, etwa aus Parteiverfahren, sucht man vergeblich in Registern und Literatur. Andere Parlements zeigen eine ähnliche Überlieferungssituation. Allerdings erscheint Aix hier als ein besonders deutliches Beispiel. Dieser Umstand gründet auf der Bedeutung des Römischen Rechts für den gesamten Süden des Königreichs[600]. Fragen des materiellen Rechts ließen sich im Droit écrit besser beantworten. Die reich überlieferten Rechtsquellen und die aus ganz Europa rezipierte Rechtswissenschaft ließen überschaubare Lücken, die die Gerichte bzw. die Verwaltung interessengerecht im Einzelfall ausfüllen konnten. Mit dem niedrigen Bedarf neuer Rechtsquellen in Form allgemeinregelnder Entscheidungen, erließ das Parlement de Provence zivilrechtliche arrêts de règlement daher nur sehr selten[601]. Die wenigen überlieferten (kontradiktorischen) arrêts de règlement, die zivilrechtliche Fragen berühren, bilden einen wenig aussagekräftigen Bestand und enthalten kaum allgemeine Regeln[602] und sind im üblichen Anweisungsstil der arrêts de police formuliert[603], weswegen man sie auch ohne weiteres ihnen zuordnen könnte. Sichere Aussagen über zivilrechtliche arrêts de règlement des Parlements de Provence sind daher nicht zu treffen. Diese Untersuchung legt den Fokus dementsprechend auf die arrêts de police des Parlements de Provence, die sich in ihrer Bandbreite, durch ihren Zugang und mit den wiederkehrenden Themen besser dafür eignen, über Einzelfälle hinausgehende Erkenntnisse zu erzielen.

600 Für das Frankreich der Frühen Neuzeit unterscheidet die Forschung wie auch die Zeitgenossen nach dem Kriterium der Rechtsquellen die beiden Rechtskreise der Coûtumes im Norden und des Droit écrit im Süden, vgl. Coing, Europäisches Privatrecht, Bd. 1, S. 96f.

601 Auch das Parlement de Rouen und das Parlement de Paris erließen wenige zivilrechtliche arrêts de règlement, Lemonnier-Lesage, Les arrêts de règlement du Parlement de Rouen, S. 112ff.; Payen, Les arrêts de règlement du Parlement de Paris au XVIIIe siècle, S. 19.

602 Z. B. der arrêt de règlement vom 13. Dezember 1664, der die Altersgrenzen für die zustimmungsbedürftige Eheschließung festsetzte, Régusse, S. 58.

603 Im arrêt de règlement vom 13. Dezember 1664 heißt es so wörtlich, dass es den Familienkindern unter 30 Jahren und den Töchtern unter 25 Jahren verboten ist, die Ehe ohne die Zustimmung ihrer Eltern zu schließen und schreibt als Konsequenz nicht etwa die Unwirksamkeit der Ehe fest, sondern eine ungewöhnlich hohe Geldstrafe von 3000 Livres, Régusse, S. 58.

Dieser Schwerpunkt birgt seine eigenen Schwierigkeiten. Die überlieferten arrêts de police präsentieren sich nicht so einheitlich, wie man es unter ihrem Begriff annehmen möchte. Schon die Zeitgenossen haben auf der Grundlage von Akten der Police gegenständliche Kategorien für sie geschaffen. Aufgrund der Vielzahl an arrêts mit teilweise sehr kleinteiligen Anordnungen konnten sie eingehend differenzieren. In dem zeitgenössischen Sammelwerk der arrêts des Parlements de Provence[604] von Bonnet[605] findet sich eine thematische Übersicht der „Teile" der Police auf der rezipierten Grundlage[606] von Nicolas Delamares[607] Werk[608]:

„M. [Delamare] dans la vaste Traité qu'il a fait de la Police, dit qu'elle renferme onze Parties. 1°. La Religion. 2°. La Discipline des mœurs. 3°. La Santé. 4°. Les Vivres. 5°. La Sûreté & la Tranquilité publique. 6°. La Voirie. 7°. Les Sciences & les Arts Liberaux. 8°. Le Commerce. 9°. Les Manufactures & les Arts mecaniques. 10°. Les Serviteurs & Domestiques. 11°. Les Manouv[r]iers & Les Pauvres."[609]

> Herr Delamare, in seiner weitgehenden Abhandlung, die er der Police gemacht hat, sagt, dass sie elf Teile beinhaltet: 1°. Die Religion. 2°. Die Disziplin und die Sitten. 3°. Die Gesundheit. 4°. Die Lebensmittel. 5°. Die öffentliche Sicherheit und Ordnung. 6°. Die Straßen. 7°. Die Wissenschaften und die freien Künste. 8°. Der Handel. 9°. [Das Handwerk]. 10°. Die Diener & Hausgesinde. 11°. [Die Armen].

---

604 Bonnet, Recueil d'arrêts de la cour de parlement de Provence, erschienen in drei Auflagen mit unterschiedlicher Ausrichtung in Aix von 1733 bis 1737, sh. C.I.2.a) Die arrêtistes.

605 Joseph Bonnet (ca. 1660 bis 1738), Avocat am Parlement de Provence.

606 Iseli, Bonne Police, S. 170, 57ff.

607 Nicolas Delamare (1639–1723), Commissaire de police in Paris und der wohl berühmteste zeitgenössische Autor zur Police. Zur Person sh. Bondois, Le commissaire Nicolas Delamare et le traité de la police, Revue d'histoire moderne, Bd. 10, Nr. 19 (1935), S. 313ff.

608 Delamare, Traité de la Police, sukzessive erschienen in 3 Bänden und 3 Auflagen zwischen 1705 und 1750. Die weit rezipierte Einteilung findet sich zusammengefasst in Bd. 1 auf S. 4: „La Police, selon nous, est donc toute renfermée dans ces onze parties que l'on vient de parcourir: la Religion; la Discipline des moeurs; la Santé; les Vivres; la Sûreté, & la Tranquillité publique; la Voirie; les Sciences, & les Arts Liberaux; le Commerce, les Manufactures & les Arts Mecaniques; les Serviteurs Domestiques; les Manouvriers; & les Pauvres." Leider hat er nur die ersten fünf aufgezählten Bereiche bearbeiten können.

609 Bonnet, Recueil d'arrêts de la cour de parlement de Provence, S. 4.

Die benannten Gegenstände sind gut vergleichbar mit den Inhalten der frühneuzeitlichen Policeyordnungen Mitteleuropas[610]. Allerdings sind die Trennlinien nicht so scharf. Die Themen gehen ineinander über. Viele der arrêts de règlement des Parlements de Provence ließen sich dem einen oder dem anderen der genannten Schlagwörter zuordnen, mehr noch, weil die arrêts oft Verfügungen zusammenfassten, die in typisch assoziativer Weise Sachfragen miteinander vermengen[611]. Das führte schon unter Zeitgenossen zu unterschiedlichen Ansichten. Auch Régusse zeigt im Vorwort seiner Sammlung, dass ihm eine Einteilung vertraut ist, die anders als Bonnets bzw. Delamares Aufstellung den Handel nicht der Police zuordnet[612].

Im Sinne einer einführenden Darstellung der typischen Themen und wiederkehrenden Regelungen bietet sich in dieser Arbeit eine Einteilung an, die auf die zeitgenössischen Ansichten aufbaut, aber einige von Delamares Kategorien schlagwortartig zusammenfasst[613]. Im Wesentlichen lassen sich für die untersuchten Zeiträume der arrêts de police aus den Registern[614] und die von Régusse ausgewählten arrêts de police[615] des Parlements de Provence die Themen Leben und Gesundheit (1.), Lebensgrundlagen (2.), Berufe (3.) sowie Religion und Sitten (4.) herausstellen. Darunter lässt sich zum Teil näher unterscheiden. Das hängt von den einzelnen arrêts de règlement ab, auf die dieses Kapitel näher eingeht.

---

610 Stolleis, Policey im Europa der Frühen Neuzeit, passim; ders., Härter, Repertorium der Policeyordnungen, Bd. 1, S. 3.

611 So z.B. der arrêt de règlement vom 30. Juli 1670, der es allen verbietet, im Namen des Herrn zu fluchen und zugleich das Verbot für Gastwirte enthält, nach 9 Uhr abends Getränke sowie Speisen auszuschenken, ADBR 3699 bzw. Régusse, S. 67.

612 Régusse, S. iv.

613 Auch Delamare legt hin und wieder offen, dass einige Schlagwörter unter andere Themen gefasst werden können, so z.B. die Straßen unter die allgemeine öffentliche Sicherheit: „La Police de la Voirie [vient] ensuite de la sûreté publique[.]", Traité de la Police, Bd. 1, S. 192. In der modernen Police-Forschung finden sich gleichfalls ganz unterschiedliche Einteilungen. Bemerkenswert ist die von Rigaudière, Les ordonnances de police, in Stolleis, Policey im Europa der frühen Neuzeit, S. 120 ff., 133. Er geht nicht nach den gegenständlichen Anknüpfungspunkten der Vorschriften vor, sondern nach den machtpolitischen Zielen der Normgeber.

614 Sh. C.I.1.a) Die Register des Parlements de Provence.

615 Sh. C.I.2.d) Auswahl der arrêts.

1. Leben und Gesundheit

Jedes herrschaftliche Handeln ist mittelbar darauf angelegt, das Überleben der Gemeinschaft der Untertanen zu sichern. Unter dem Aspekt der Police konkretisiert sich dieser Herrschaftsanspruch vor allem auf den vorbeugenden Schutz vor unmittelbaren Gefahren für das Leben[616] als Voraussetzung für das verfolgte Allgemeinwohl[617]. Das sind solche Gefahren, die sich nicht erst in einer Abfolge von zufällig verknüpften Ereignissen realisieren. Ansonsten müsste man auch arrêts de règlement unter diesen Schutzzweck ordnen, die beispielsweise nur die Versorgung mit Lebensmitteln sicherstellen sollten[618]. Obwohl sie natürlich auch vor dem Hintergrund des Lebensschutzes erlassen wurden, knüpften ihre Anordnungen an Sachlagen an, die das Leben (noch) nicht unmittelbar gefährdeten. Sie gehören nach der hier getroffenen Unterscheidung also nicht zu den Règlements, die dem Schutze des Lebens und der Gesundheit dienten.

Welche arrêts dazu gehören, lässt sich nur mit einer positiven Beschreibung der genauen Ursachen veranschaulichen, die die Règlements als Gefahrenquelle ausfindig machten und angingen. Sie waren, wie der Lebensalltag, freilich vielfältig und wirkten häufig kumulativ[619]. Einige Gefahren konnten wiederholt auftreten und waren leicht abzugrenzen. Ein solches in den arrêts wiederkehrendes Thema findet sich in den arrêts de règlement in erster Linie bei der Gefahr von Seuchen. Dem Schutz davor hat das Parlement de Provence ständig arrêts de règlement gewidmet[620], die als Ursachen vor allem die Verhaltensweisen der Untertanen in den Blick nahmen und Beamte zu

---

616 Vgl. Delamare, Traité de la Police, Bd. 1, S. 189, Bd. 2, S. 477ff, 537ff.; Sh. auch Régusses Kommentar, S. 150.

617 Reinhard, Geschichte der Staatsgewalt, S. 363.

618 Sh. C.II.2. Sicherung der Lebensgrundlagen.

619 Ein typisches Beispiel hierfür sind unhygienische Zustände. Sie förderten den Ausbruch von Krankheitsepidemien. In der Regel bedarf es hierfür eines eingeschleppten neuen Erregers, aber auch eines regen Austauschs unter der Bevölkerung sowie mangelhafter hygienischer Bedingungen, damit es zu einer raschen Verbreitung einer Seuche kommt, sh. S. C.II.1.a) Die Müllentsorgung.

620 Beispielhaft lassen sich gleich acht arrêts de règlement aus dem relativ kurzen Zeitraum von Mitte 1669 bis Ende 1671 anführen: Der arrêt de règlement vom 18. September 1669, ADBR, B 3699; der arrêt de règlement vom 8. Oktober 1669, ADBR, B 3699; der arrêt de règlement vom 6. Oktober 1670, ADBR, B 3699; der arrêt de règlement vom 13. Februar 1671 („toulon"), ADBR, B 3699; zwei arrêts de règlement

bestimmten Maßnahmen anwiesen (a). Daneben gab es aber auch Gefahren für das Leben der Untertanen[621], die direkt aus dem Handeln Einzelner resultierten und denen das Parlement per Règlement entgegenzuwirken suchte. Besonders anschaulich ist das bei den arrêts, die das Tragen von Waffen bzw. gefährlichen Gegenständen einschränkten und später fast ausnahmslos untersagten (b).

a) Die Müllentsorgung

In den ersten Wochen des Jahres 1683 muss sich ein fürchterlicher Gestank in den engen Straßen und Gassen von Aix-en-Provence verbreitet haben. Die Stadt hatte keine Kanalisation, die Einwohner „entsorgten" ihre Abfälle vor den eigenen Häusern[622]. Dazu gehörten nicht nur der für sich schon unappetitliche Hausmüll, sondern auch Fäkalabfälle[623]. Bei circa 25.000 Einwohnern[624] und einer für mediterrane Städte üblichen hohen Bevölkerungsdichte bedeutete das ein hohes Risiko für Epidemien.

Tatsächlich wurde Aix in der Frühen Neuzeit mehrmals von der Pest heimgesucht[625]. Noch heute zeugen Mauern der Innenstadt von den drastischen Methoden, die Verbreitung der Krankheit aufzuhalten. Das historische Gebäude

---

vom 20. März 1671(jeweils „toulon"), ADBR, B 3699; der arrêt de règlement vom 10. Juni 1671, ADBR, B 3699 und der arrêt de règlement vom 17. Juli 1671 ADBR, B 3699.

621 Ein Beispiel für solche verhaltensbedingten unmittelbaren Gefahren sind die öffentlichen Steinschlachten, sog. „enqueirades", die in der Provence eine lange Tradition hatten. Aus den frühen 1670er Jahren sind gleich drei arrêts de règlement überliefert, die solche Veranstaltungen ausdrücklich verbieten: Der arrêt de règlement vom 15. Juli 1670 („enqueyrades"), ADBR, B 3699; der arrêt de règlement vom 5. März 1671(„enqueyrades"), ADBR, B 3699; der arrêt de règlement vom 8. Juli 1671, ADBR, B 3699 und der arrêt de règlement vom 24. Juli 1673, ADBR, B 3699.

622 Das geht schon aus den knappen „Erwägungen" des arrêts de règlement „Pour la Police" vom 15. Januar 1683 hervor, Régusse, S. 145.

623 Das belegt auch eine Anweisung an Straßenfeger im arrêt de règlement „Pour la Police." vom 15. Januar 1683 (s.u.), die ihre Aufgabe auch damit umschreibt, „Mist" aufzusammeln, Régusse, S. 147: „[La Cour] [f]ait inhibitions [...] à tous [...] qui amasseront ledit fumier & immondices, de ne les ramasser qu'avec le balet & la pêle de bois."

624 Villeneuve, Statistique du département des Bouches-du-Rhône, Band 3, S. 22, 32.

625 Villeneuve, Statistique du département des Bouches-du-Rhône, Band 3, S. 20, 27.

gegenüber der Nr. 36 in der rue Venel[626] offenbart bei näherem Hinsehen einen zugemauerten Eingang und ein eingeritztes Kreuz. Während der großen Pestepidemie von 1720[627] verbrachte man Erkrankte dorthin, um sie von der übrigen Bevölkerung in Quarantäne[628] zu halten. Zur Sicherheit schloss man alle Öffnungen in der Mauer. Dahinter verkümmerten die Verdammten in ihrem Pestleiden.

Die konkreten Ursachen für die rasche Verbreitung solcher Krankheiten liegen auf der Hand und waren den Zeitgenossen bekannt. Vor allem der Handel über das Mittelmeer sorgte für einen ständigen Influx neuer Erreger, die sich mit dem Entladen der Schiffe von den Häfen aus zu regionalen Epidemien ausbreiteten. Deswegen hatten Marseille und Toulon als die einzigen Hafenstädte der Region mit Lazaretten und entsprechenden Einrichtungen für Schiffe aus „der Levante und der Barbarei" ein Aufnahme-Monopol[629]. Gleichwohl kam es hier häufiger zu Ansteckungen. Auch die Städte, die nicht unmittelbar an der Küste lagen, waren diesem Risiko ausgesetzt, zumal nicht jedes verdächtige Schiff in den Häfen erfasst wurde[630]. Als dicht besiedelte Anlauf- und Knotenpunkte waren die Städte der Provence ohnehin Verteilerzentren nicht nur

---

626 Die Straße wurde nach dem Conseiller am Parlement Gaspard Venel benannt, dessen Frau Magdelaine während einer Pestepidemie wohl mit ihren Taten auf breiten Zuspruch gestoßen ist, Répertoire des travaux de la Société de Statistique de Marseille, Bd. 7, S. 220.

627 Diese letzte große Pestwelle kostete Tausenden von Untertanen in der Region das Leben, Villeneuve, Statistique du département des Bouches-du-Rhône, Bd. 3, S. 27.

628 Der arrêt de règlement „Qui interdit le commerce avec la Ville de Marseille" vom 31. Juli 1720 zeigt, wie früh und entschieden das Parlement mit abschottenden Maßnahmen auf den Pestverdacht aus Marseille reagierte, Régusse, Les arrêts de règlement, S. 292f. Die Ausbreitung der Krankheit bis nach Aix über die gesamte Provence konnte es nicht verhindern. Der arrêt ist stellvertretend für zahlreiche andere arrêts de règlement, die bei jedem konkreten Verdacht auf eine ansteckende Krankheit die eine oder andere Form einer Quarantäne anordneten, z.B. der arrêt de règlement vom 18. September 1669, ADBR, B 3699 und der arrêt de règlement vom 17. Juli 1671 ADBR, B 3699.

629 Hildesheimer, La monarchie administrative face à la peste, Revue d'Histoire Moderne & Contemporaine, 1985 (32-2), S. 302–310 (303).

630 Hildesheimer, La monarchie administrative face à la peste, Revue d'Histoire Moderne & Contemporaine, 1985 (32-2), S. 302–310 (303). Das lässt sich auch anhand vieler arrêts de règlement nachvollziehen, die das Ausladen von Schiffen im Hafen von Toulon untersagten: So bspw. der arrêt de règlement vom 13. Februar 1671 („toulon"), ADBR, B 3699; zwei arrêts de règlement vom 20. März 1671 (jeweils „toulon"), ADBR, B 3699; ein arrêt de règlement vom 10. Juni 1671, ADBR, B 3699 und ein arrêt de règlement vom 17. Juli 1671 ADBR, B 3699.

Abbildung 2: Das Kreuz an der Mauer der rue Venel neben der sichtbar zugemauerten Türöffnung.

für Handelswaren und Dienstleistungen, sondern eben auch für Krankheiten. Der rege Austausch und die hohe Kontaktquote der Einwohner und Besucher waren aber nur ein Teil des gesamten Gefahrenpotenzials. Der Einschleppung von Krankheiten konnte man mehr oder weniger mit Quarantänemaßnahmen Herr werden. Einen anderen Teil machten Herde aus, die in den Lebensbedingungen der frühneuzeitlichen Stadt selbst brüteten. Weil man schon früher die von Müll und Abwässern genährten Gesundheitsrisiken zu kontrollieren versuchte, gab es in größeren Städten auch teure sanitäre Vorkehrungen wie Kanalisationen[631]. Aix war allerdings eine kleine Stadt in der Provence. Hier waren weniger aufwändige präventive Maßnahmen gefordert. Zur effektiven Eindämmung des Epidemierisikos fiel das Verhalten der Stadtbewohner unmittelbar in den Blick.

Weil der Schutz der Gesundheit der Untertanen, die auf dem Spiel stand, der höchste Gegenstand der police générale war[632], reagierte das Parlement de Provence vorsorglich und empfindlich auf die vermeidbaren unhygienischen Zustände in der ganzen Stadt. Sein arrêt vom 15. Januar 1683 ist eine Aktualisierung früherer arrêts[633] zu diesem Thema. Es begnügte sich aber weder mit einem bloßen Verweis, noch mit der Reproduktion dieser arrêts. Die Anordnungen sind ein Kehrbesen in jeder Hinsicht. Zunächst erlegte das Parlement allen Untertanen in Aix eine ganz konkrete Verpflichtung auf:

„La Cour, les Chambres assemblées, conformement aux Règlements de la Police de l'année 1569. art. 19. & Arrêt de la Cour de l'année 1609. A ordonné et ordnonne que tous les habitans de cette Ville d'Aix, de quelque qualité & condition qu'ils soient, feront tenir les ruës & traverses passantes & non-passantes nettes devant leurs maisons, & à ces fins, feront balier tous les jours devant leursdites maisons [...] en mettant les ordures en un tas contre la muraille.“[634]

> Der Gerichtshof in den versammelten Kammern, ordnet übereinstimmend mit dem Règlements der Police des Jahres 1569, Art. 19 und dem arrêt des Gerichtshofs des Jahres 1609 an, dass alle Bewohner dieser Stadt Aix, [gleich welchen Standes], die Straßen und Übergänge vor ihren Häusern sauber halten (lassen) und dazu täglich vor ihren Häusern so fegen, dass sie den Kehricht in Haufen gegen die Mauer schieben.

Unter Berufung auf frühere Règlements mussten die Bewohner der Häuser in der Stadt für die Sauberkeit der Straßen sorgen, indem sie sie den Bereich vor ihren Häusern fegen ließen. Aus den Gebäuden gekehrter Staub und Dreck

631 Paris hatte bereits 1636 immerhin einen Bestand an 24 Abwasserröhren für seine 500 Straßen, Batiffol, La Vie de Paris sous Louis XIII, S. 20ff. Im 18. Jahrhundert machte es sich der König zu einer Chefangelegenheit, die Kanalisation auszubauen, Lettres patentes du Conseil, du 15 mars 1717, concernant plusieurs égouts de Paris, Bibliothèque nationale de France, département Droit, économie, politique, F-21077 (58).

632 Delamare, Traité de la Police, Bd. 1, S. 189, Bd. 2, S. 477ff, 537ff.; Sh. auch Régusses Kommentar, S. 150.

633 Nach dem Verweis in dem Akt selbst handelt es sich um den arrêt von 1609 sowie das Règlement von 1569, Régusse, S. 145. Beide Quellen lassen sich mit den überlieferten Texten nicht näher ausfindig machen.

634 Régusse, S. 147f, „Arrêt de Règlement, Pour la Police.“

sollten kleine Häufchen an der Mauer formen. Das erleichterte die Straßenreinigung. Diese Verfügung war an alle Bewohner gerichtet. Mit einem besonderen Verbot knöpfte sich das Parlement die particuliers habitants vor:

„[La Cour] [a] fait & fait inhibitions & défenses à tous particuliers habitans de jetter des fenêtres de leurs maisons, aucunes ordures, ni de nuit ni de jour, comme aussi de faire aucun amas de fumier & ordures devant leurdites maisons; leur ordonne de les mettre tous les matins au millieu de la ruë au ruisseau, pour être transporté par les balieurs & amasseurs, sans qu'il leur puisse être donné aucun empêchement."[635]

> Den particuliers habitants ist es verboten, Abfälle aus ihren Hausfenstern zu werfen, bei Nacht und bei Tage, sowie auch Mist- und Abfall vor ihren Häusern zu häufen; sie müssen sie morgendlich zur Straßenmitte in die Gosse schieben, damit sie von den Fegern und Abfallsammlern umstandslos weggebracht werden können.

Die „particuliers habitans" waren Einwohner, die ein ganzes Stadthaus, ein sog. hôtel particulier[636], ihr Eigen nennen konnten, das sie ausschließlich mit ihrer Familie bzw. privaten Gästen bewohnten. Die alten Straßen von Aix sind heute noch gesäumt von den großzügig und repräsentativ gestalteten Gebäuden dieser Gruppe[637]. Die reichen Eigentümer waren hohe Adelige und Kleriker. Praktisch alle herausgestellten Beamte des Parlements bewohnten hôtels particuliers[638]. Daher muss man die Anordnung des Parlements gegenüber den „particuliers habitans" als eine selbstkritische Maßnahme verstehen.

Ungeachtet ihres Ansehens und ihres offensichtlichen Reichtums kümmerten sich die particuliers habitans nämlich nicht besser als die übrigen Bewohner der Stadt um die Ordnung vor ihren Grundstücken. Vielleicht reizten der Geiz und die Gleichgültigkeit einiger das Parlement derart, dass sie sich zu diesen bloßstellenden Verfügungen hingerissen fanden. Der arrêt verbot es ihnen ausdrücklich, Abfälle einfach aus den Fenstern zu entsorgen oder vor ihren Häusern zu sammeln und verpflichtete sie stattdessen, ihre Abfälle jeden Morgen so in die

635 Régusse, S. 146.
636 Dazu umfassend Cros, Hôtels particuliers de France; ferner Courtin, L'Art d'habiter à Paris au XVIIe siècle: L'ameublement des hôtels particuliers.
637 Dazu Borricand, Les Hôtels particuliers d'Aix-en-Provence sowie exemplarisch Mahue, Un hôtel particulier du Grand siècle à Aix-en-Provence: l'hôtel d'Olivary (XVIIe-XIXe s).
638 Das ist schon anhand der historischen Namen der heute erhaltenen Gebäude nachzuvollziehen. Einige davon benennt auch Borricand, Les Hôtels particuliers d'Aix-en-Provence, z. B. den Procureur général François de Gantés, S. 150.

Abbildung 3: Das ehemalige hôtel particulier der Familie Grimaldi de Régusse in der rue de l'Opéra Nr. 26.

Gossen zu deponieren, dass die Straßenfeger und Müllsammler sie leicht beseitigen können. Die Strafandrohung war hier verständlicherweise höher[639].

639 Selbstverständlich waren geringe Geldstrafen kein Anreiz für die adeligen „Störer", ihr Verhalten zu ändern. Deswegen lag der für sie festgelegte Betrag immerhin bei 3 Pfund (Livres), also 60 statt der 30 Sous für die sonstigen Bewohner, Régusse, S. 146. Das ist allerdings immer noch eine verhältnismäßig geringe Strafe, die eher mit dem

Weil das Risiko von zukünftigen Epidemien aber nicht allein von den schmutzigen Straßen und Abfallrinnen der Stadt ausging, sondern auch von verstopften Kloaken, legte das Parlement nach:

„Ordonne ladite Cour que toutes les cloaques seront qui se trouveront dans les fossés de la Ville dans les lieux ci-dessus mentionnés, seront comblées dans la huitaine après la publication faite à son de trompe du présent Arrêt de Reglement, & et à faute de ce faire, ledit tems passé, enjoint aux Consuls de faire ladite démoltition aux dépens desdits proprietaires."[640]

Der Gerichtshof ordnet an, dass alle Kloaken, die sich in den Gräben der Stadt in den hierüber erwähnten Orten befinden, innerhalb von acht Tagen nach der Veröffentlichung des vorliegenden arrêts mit Trompetenklang zugeschüttet werden, und bei Säumnis, das zu tun in verstrichener besagter Zeit, trägt er es den Konsuln auf, den Abriss vornehmen zu lassen auf Kosten der besagten Eigentümer.

So sollten die Eigentümer der Grundstücke, in deren Gräben sich diese Kloaken befanden, sie zuschütten und abdecken. Die kurze Frist von acht Tagen zeigt, welchen dringenden Handlungsbedarf die Richter angesichts dieser speziellen Gefahrenquelle sahen. Genauso lange Zeit hatten diejenigen, denen ein Grundstück mit sich sammelnden Abwässern gehörte, um es davon zu beräumen:

„Ordonne ladite Cour à tous les particuliers, manans & habitans de la Ville d'Aix, qui ont des pièces de terre & propriétes jusques à cinq cens pas d'icelle, & où il y a des eaux croupissent, de leur donner vuidage, en façon qu'elles ne puissent pas nuire à la santé de la Ville, dans huit jours précisement."[641]

Der Gerichtshof ordnet es allen Einzelbewohnern an, die in der Stadt Aix wohnen und Grundstücke und Eigentum bis zu fünfhundert Schritt davon haben, wo Abwässer zusammenlaufen, sie derart ablaufen zu lassen, dass sie der Gesundheit der Stadt keinen Schaden zufügen, innerhalb von genau acht Tagen.

Wie sie die Abwässer von den Grundstücken leiten sollten, schrieb die Verfügung zwar nicht genauer vor. Sie legte aber in Übereinstimmung mit dem Ziel

---

Verstoß gegen ein weniger wichtig anmutendes Verbot vergleichbar ist. So ordnete z. B. der arrêt de règlement vom 29. Juni 1672 eine Strafe von 30 Pfund an, für den Fall, dass die Bewohner zum Sieg Ludwigs XIV. in Holland keine Freudenfeuer veranstalteten: „La Cour [...] ordonne que tous les habitans fairont feu de joye [...] en temoignage des victoires de sa majeste en olande [sic!] a paine de trente livres [.]", Arrêt de règlement vom 29. Juni 1672, ADBR, B 3699.

640 Régusse, S. 147.

641 Régusse, S. 147f.

des arrêts fest, dass die Beseitigung so zu erfolgen hat, dass davon keine Gefahren (mehr) für die Gesundheit in der Stadt ausgehen.

Die gezeigten Verfügungen vermitteln einen sehr plastischen Eindruck von den Problemquellen für die Gesundheit des frühneuzeitlichen Aix. Ausnahmsweise geht es in diesem arrêt für den Schutz der Gesundheit nicht um die Eindämmung einer ausgebrochenen Krankheit. Stattdessen erfassen die Anordnungen die unmittelbar in der Stadt schlummernden Gefahren. Für das Jahr des arrêts sind auch keine Hinweise für eine Epidemie überliefert.

Dennoch sind die Verfügungen deutlich und nur mit geringem Aufschub in der Durchsetzung verbunden. Die Fristen sind direkt im Anschluss an die jeweiligen Anordnungen ausgeführt und sehr kurz gehalten[642]. Ob damit weitere Epidemien erfolgreich abgewehrt wurden, lässt sich natürlich nicht klären. Schließlich gab es auch später noch Pestwellen, die durch Aix und die Provence gingen[643]. Die Maßnahmen fallen aber in eine Zeit der intensivierten Seuchenbekämpfung in der Region, die von unterschiedlichen Stellen ausging[644]. Die umfassenden Verfügungen des Parlements fügen sich in dieses Bild ein und werden ihren Beitrag zur Eindämmung der Risiken geleistet haben. Und die strengen Anordnungen haben gewiss geholfen, die Stadtluft zu verbessern.

Bei all seiner Strenge im Umgang mit dem Verhalten der Stadtbewohner fällt aber noch eine Sache auf. Der arrêt von 1683 enthält nämlich Differenzierungen. Die Verfügungen zeigen Verständnis für die Menschen, die keine Möglichkeiten hatten, ihre hygienischen Routinen privat zu pflegen:

„[La Cour] [e]njoint aux Consuls de la Ville, pour la commodité des pauvres passans & autres, de faire des lieux privés le long des murailles, ensemble en tous les quartiers de la Ville où ils jugeront nécessaire & commode.“[645]

> Der Gerichtshof trägt es den Konsuln der Stadt auf, für die Annehmlichkeit der vorüberziehenden Armen & anderer, private Orte entlang der Mauern, zusammen in allen Vierteln der Stadt, wo sie es für notwendig und [machbar] erachten, [einrichten] zu lassen.

Mit dieser Anordnung beauftragte das Parlement die Konsuln der Stadt, „private Orte“ an den Mauern einzurichten, also Abortstellen – eine primitive Variante öffentlicher Toiletten. Diese sollten vornehmlich den Armen dienen und dort

642 Trockenlegung als bauliche Maßnahme
643 Villeneuve, Statistique du département des Bouches-du-Rhône, Band 3, S. 22, 32.
644 Hildesheimer, La monarchie administrative face à la peste, Revue d’Histoire Moderne & Contemporaine, 1985 (32-2), S. 302–310 (303).
645 Régusse, S. 147.

entstehen, wo es die Konsuln für nötig und sinnvoll erachteten. Mit dieser Regelung bediente der arrêt auch gleichzeitig an anderes wichtiges Anliegen der Police, und zwar das Thema der Armen[646]. Wie auch bei anderen umfassenden arrêts nutze das Parlement also wiederum den Sachverhalt für eine vielförmige Regelung. In assoziativer Weise fügte es Anordnungen für die Unterstützung der Bedürftigen in den arrêt ein, der eigentlich auf den Seuchenschutz abzielte.

Die Verfügungen sind differenziert. Die ausgewählten Mittel für den Seuchenschutz waren vielseitig und die Anordnungen ausgeglichen. Allerdings verfügte das Parlement natürlich nicht über den notwendigen Unterbau, um all das auszuführen. Es packte das Müllproblem nicht selbst an[647]. Im Sinne der Police générale war es nur in der Pflicht, im Rahmen der Umsetzung die Verantwortungen zu regeln. Sehr sorgfältig hat der arrêt daher die Ausführung der unliebsamen Aufgaben an die untergebenen Amtsträger und Helfer verteilt und sie daran erinnert, welche Routinen sie wieder beherzt wahrnehmen sollten[648]. Dazu gehörten Kontrollgänge und die aufmerksame Einleitung von Verfahren[649]. Vielleicht war auch nur eine Erinnerung an die untergeordneten Stellen notwendig. Denn ihre Mitverantwortung für diese Probleme stand eigentlich schon vorher fest.

---

646 „Les Pauvres“, Bonnet, Recueil d'arrêts de la cour de parlement de Provence, S. 4.; Delamare, Traité de la Police, Bd. 1, S. 4.

647 Vgl. Régusses Kommentar, S. 150.

648 So wiederholt der arrêt bezugnehmend auf frühere arrêts, insbesondere einen von 1628, dass der Vikar und die Hauptmänner sowie ihre Statthalter auf Streife zu gehen haben: „En pourvoyant au repos public, & à la sureté de la Ville, pour éviter les excès & les larcins nocturnes qui se commettent ordinairement dans icelle, conformement aux précedens Arrêts & notamment à celui du 18. Août 1628. a enjoint & enjoint au Viguier & son Lieutenant, de faire tous les soirs le guet & partrouille, & aux Capitaines & Lieutenants de quartier, de la faire chacun dans leur quartier[.], Régusse, S. 149.

649 So sieht der arrêt auch konkrete Schritte zur Ersatzvornahme der auferlegten Handlungen im Sinne eines hoheitlichen Vollzugs vor, indem die Konsuln die Häuser ohne Aborte besichtigen und ggf. Maurer schicken, um notwendige bauliche Veränderungen vorzunehmen: „Enjoint aux Consuls de deputer les Intendants de la Police ou autres personnes de la qualité requise, pour prendre garde à ce que dessus, & pour visiter toutes les maisons de la Ville où il n'y aura aucuns lieux privés [...] enjoint auxdits Consuls d'envoyer des Maçons [et en] cas que les [...] Maçons refusent de faire les susdits ouvrages sur la plainte qui en sera portée au Bureau de la Police par les Intendants & deputés à cet effet, seront condamnés [...] de faire les susdit ouvrage[.]“, Régusse, S. 146.

An den konkretisierten Anweisungen gegenüber den unteren Beamten, die dieser arrêt de règlement sehr kleinteilig ausführt, erkennt man das ausdifferenzierte Zuständigkeitengefüge der Verwaltung in der Provence, das das Parlement immer wieder verfeinerte. Im Zuge der Ausführung blieb es aber nicht immer dabei, dass sich ein arrêt de règlement mit der Verteilung bestimmter Zuständigkeiten für das konkret geregelte Problem begnügte. Umfassende arrêts nahmen die ganze Problemlage auf, was auch die möglichen Folgeprobleme bei der Ausführung der Anordnungen beinhaltete. Und so nahm das Parlement auch mit dem arrêt von 1683 letztlich sogar die Straßenfeger in die Pflicht. Um die Straßen nicht zu beschädigen, konkretisierte der arrêt auch nochmal ihre Verpflichtung:

„[La Cour] [f]ait inhibitions & défenses à tous lesdits balieurs & autres qui amasseront ledit fumier & immondices, de ne les ramasser qu'avec le balet & la pêle de bois, sans se servir d'aucun fer & autres instruments qui ruïnent & dépavent les ruës.“[650]

> Der Gerichtshof [untersagt es] allen besagten Fegern und anderen, die Mist und Abfälle aufsammeln, sie nur mit dem Besen und der Holzschippe aufzulesen, ohne dass sie sich eines Metalls oder anderer Instrumente bedienen, die die Straßen ruinieren und abtragen.

Sie durften nur solche Besen und Hilfsmittel beim Fegen benutzen, die keine Schäden an den Straßen hinterließen. Vermutlich baute diese spezielle Verfügung auf Erfahrungen auf, die man schon in früheren Verfahren zu diesem konkreten Thema gesammelt hatte. Sie ist zwar im Zusammenhang mit diesem arrêt zum Seuchenschutz ergangen. Allerdings ist der Zweck der Anweisung nicht auf die Gesundheit der Untertanen, sondern auf den Erhalt der öffentlichen Straßen ausgerichtet. Damit wäre diese Verfügung eigentlich den Straßen als abgrenzbare Thematik der Police[651] zuzuordnen. Sie findet sich wie die Anordnung zugunsten der Armen in einen arrêt zum Seuchenschutz eingebettet. Ob das schon eine gegenständliche Mehrfachzuordnung des ganzen arrêts ermöglicht, kann dahinstehen. Jedenfalls ist dieser arrêt de règlement von 1683 ein gutes Beispiel für

650 Régusse, S. 147. Bei dem Wort „balet“ handelt es sich um eine alternative Schreibweise für den eigentlich „balai“ geschriebenen frz. Ausdruck für Besen.

651 Vgl. die Einteilung von Delamare, Traité de la Police Bd. 1, S. 4, die wiederum von Bonnet aufgenommen wurde, Recueil d'arrêts de la cour de parlement de Provence, S. 4, und diese Gegenstände unter „Voirie“ bzw. „Les Rues“ fast. Einen genaueren Einblick in die zeitgenössische Thematik findet man nur bei Duchesne, Code de la Police, Bd. 1, S. 184ff.

die assoziativen Rundumschläge des Parlements, wenn die regelungsbedürftigen Problematiken Schnittpunkte mit anderen Aufgaben boten, für die es sich in der Verantwortung sah. Und er steht mit seinen unterschiedlich gerichteten Verfügungen auch exemplarisch für die vielen „vergessenen" Anordnungen aus den arrêts de règlement, die ohne Kenntnis des konkreten Datums gar nicht mehr auffindbar wurden. Wer sollte Jahrzehnte später noch ahnen, dass die Verpflichtung zum Schutz der Straßen früher einmal Gegenstand eines arrêts war, der sich mit vorbeugenden Maßnahmen gegen die Pest richtete?

b) Gefährliche Waffen und Maskeraden

Wer sich im 18. Jahrhundert durch die Provence bewegte, fand die schönen Aussichten vor, die Touristen heute in ihren Urlauben in Südfrankreich suchen. Mit Obst- und Olivenbäumen bewachsene Hügel[652], offene Felder mit blühendem Lavendel[653] und Weinberge[654] bestimmten die Landschaft. Kleine Dörfer und Städte[655] erschlossen die schmalen Täler im weiten Hinterland der großen Hafenmetropolen[656] an der Mittelmeerküste. Sie verbanden lange Straßen, die sich über Flüsse und Höhen wanden[657] und einen regen Handelsverkehr[658] ermöglichten.

Diese landschaftlich-romantische Vorstellung einer gedeihenden Region blendet vieles aus. Das assoziierte friedliche Idyll ist sehr trügerisch. Denn tatsächlich waren die Erden der Provence trocken und an vielen Orten nicht

---

652 Eine umfassende zeitgenössische Beschreibung der Orte in der Provence findet sich bei Achard, Description historique, géographique et topographique. Sie bemerkt an vielen Stellen die landwirtschaftlich genutzten Baumbestände, insbesondere auf Hügeln, u. a. in Bd. 1, S. 350, 449, 460, 568, 646.

653 Lavendel und Rosmarin gehören schon lange zu den in der Provence kultivierten Pflanzen wie ein zeitgenössisches Werk zur Naturkunde offenbart, Darluc, Histoire naturelle de la Provence, Bd. 3, S. 255, 281.

654 Achard, Description historique, géographique et topographique, Bd. 1, S. 27, 200, 568.

655 Dazu umfassend mit einer Übersicht für jeden Ort unter verschiedenen Einzelaspekten Achard, Description historique, géographique et topographique des villes, bourgs, villages & hameaux de la Provence.

656 Zum einen Marseille, Jaucourt, Diderot et al., Encyclopédie, Bd. 10, S. 156ff., und zum anderen Toulon, Jaucourt, Diderot et al., Encyclopédie, Bd. 16, S. 449.

657 Einen guten Überblick über die Straßen im ganzen Königreich mit Karten und einer Übersicht zu den Verbindungen in den Provinzen, darunter auch in der Provence, bietet L'indicateur fidèle ou guide des voyageurs von Michel von 1767.

658 Welche Güter gehandelt wurden und wo die großen Handelsplätze waren, erfährt man von Brûlons, Dictionnaire universel de commerce, Bd. 5, S. 222ff.

besonders fruchtbar[659], was die Landwirtschaft auf wenige wichtige Produkte (u. a. Kräuter und Oliven) einschränkte[660] und zu Versorgungsengpässen führte[661]. Die angespannte Lebensmittelsituation strapazierte den Zusammenhalt, die Gefahr einer Hungersnot war imminent[662]. Die für damalige Verhältnisse weit voneinander entfernten wichtigen Städte machten Reisen lang, aufwändig und auch gefährlich und verteuerten viele angebotene Waren, sodass sie für das einfache Volk nicht erschwinglich wurden[663]. Die Vorstellung einer wohlhabenden Provence ist schon deswegen weit entfernt von der Welt der Zeitgenossen. Deswegen und wegen der relativen Ungleichheit war diese Region auch nicht sehr friedlich, was sich in einem ständigen Thema der arrêts de règlement des Parlements de Provence ausdrückt: Die gewaltsamen Überfälle und Auseinandersetzungen zwischen den Untertanen, die zu einem guten Teil mit Waffen ausgetragen wurden[664]. Dieses alltägliche Übel belegt die im Text reproduzierte Anfrage zum arrêt de règlement vom 14. Februar 1764:

„[L]'Arrêt de réglement du 15 janvier 1752, concernant le Port des Armes, n'ayant pû obvier aux désordres infinis qui naissent de l'inobservation des loix sur cette matiere importante, il est nécessaire, pour la sûreté publique, d'appliquer à un si grand mal de remedes plus efficaces. La débauche, le jeu, la paresse, le libertinage, qui multiplient les Vagabonds, Braconiers, Contrebandiers & Malfaiteurs de tout genre, la licence de porter des armes qui occasonne les meurtres, le vol & le brigandage, sont des circonstances locales, qui exigent qu'en se conformant à l'esprit des loix, on augmente les peines qu'elles ont prononcées."[665]

---

659 Das sagt Régusse selbst in seinem Kommentar zum arrêt de règlement vom 9. September 1628, S. 18: „[Le] Païs n'en produit pas assez pour la nourriture de ses habitans."

660 Eine kleine Auflistung der Produkte findet sich bei Brûlons, Dictionnaire universel de commerce, Bd. 5, S. 222, wo zugleich ein Hinweis auf die geringen Getreideernten steht: „On y receuille fort peu de grains."

661 Sh. dazu C.II.2. Sicherung der Lebensgrundlagen.

662 Kaplan, Bread, politics and political economy in the reign of Louis XV, S. XVI.

663 Zu den Getreidepreisen in Frankreich in der Frühen Neuzeit vgl. Buat, Marchés et spéculation à Paris pendant la disette de 1692–1694, Histoire & Mesure, S. 55ff.

664 Zur Normalität von Auseinandersetzungen im Allgemeinen sh. Meiss, La culture matérielle de la France: XVIe-XVIIIe siècle, „Armes et culture de la violence". Die Zeitgenossen schätzten die Situation in der Provence als besonders gefährlich ein, was die Déclaration des Königs vom 7. März 1733 mahnend offenlegt, zitiert im Arrêt de règlement vom 21. November 1775, BM: Aff. 1775/11/21, sh. auch Prost de Royer, Dictionnaire de jurisprudence et des arrêts, Bd. 6, S. 470.

665 Arrêt de règlement vom 14. Februar 1764, ADBR, B 3705. Er findet sich auch reproduziert im arrêt de règlement vom 3. Dezember 1771, BM: Aff. 1771/12/3.

> Da der arrêt de règlement vom 15. Januar 1752 betreffend das Tragen von Waffen der unendlichen Unordnung aus der Nichtbeachtung der Gesetze zu dieser wichtigen Materie keine Abhilfe schaffen konnte, ist es notwendig für die öffentliche Sicherheit, einem so großen Übel effektivere Mittel entgegenzubringen. Das Laster, das Spiel, die Faulheit, die Ausschweifung, die die Landstreicher, Wilderer, Schmuggler und Verbrecher aller Art mehren, die Freiheit[666], Waffen zu tragen, die die Morde, den Diebstahl und die Wegelagerei verursacht, sind lokale Umstände, die es nach dem Geist der Gesetze erfordern, die Strafen zu erhöhen, die sie angekündigt haben.

Das herrschaftlich-staatliche Gewaltmonopol war in der Frühen Neuzeit noch nicht flächendeckend durchgesetzt[667]. Der Lebensalltag der Untertanen spielte sich weit überwiegend außerhalb der staatlichen Sphäre ab, die zunächst nur die Bestrafung ungerechtfertigter Gewalt gegenüber Unschuldigen einbezog[668]. Der effektive, aber aufwändigere vorbeugende Schutz ließ auf sich warten[669]. Dementsprechend waren Waffen bis in das 18. Jahrhundert hinein keine unüblichen Gegenstände im Besitz von „Privatleuten"[670]. Das traf speziell auf die Provence zu[671], wo die herrschaftliche Verwaltung erst ab der Mitte des

---

666 Die Bezeichnung „licence" in der Quelle ist missverständlich. Gemeint ist nicht die behördlich erteilte Erlaubnis, Waffen zu tragen, sondern die exzessive Freiheit, die sich der Betreffende nimmt, vgl. Sachs-Villatte, S. 539. Das Recht zum Tragen von Waffen war noch bis zur Revolution ein weitläufiges Privileg, das keiner besonderen Begründung bedurfte und sehr inkonsequent gehandhabt wurde, vgl. Montazel, La répression du port d'armes prohibées en France et en Allemagne (16ème-18ème siècle), Zeitschrift für Europäische Rechtsgeschichte, Bd. 24 (1997), S. 41ff. (50ff.); ferner Lalanne, Dictionnaire historique de la France, S. 116, „Armes".

667 Montazel, La répression du port d'armes prohibées en France et en Allemagne (16ème-18ème siècle), Zeitschrift für Europäische Rechtsgeschichte, Bd. 24 (1997), S. 41ff. (43f.).

668 Vgl. Carbasse, Histoire du droit pénal et de la justice criminelle, 141ff.

669 Zur mühsamen Durchsetzung von Regeln zum Waffenbesitz in Frankreich und Deutschland sh. Montazel, La répression du port d'armes prohibées en France et en Allemagne (16ème-18ème siècle), Zeitschrift für Europäische Rechtsgeschichte, Bd. 24 (1997), S. 41ff.

670 Meiss, La culture matérielle de la France: XVIe-XVIIIe siècle, Kap. 6, Titel „Armes et culture de la violence"; Montazel, La répression du port d'armes prohibées en France et en Allemagne (16ème-18ème siècle), Zeitschrift für Europäische Rechtsgeschichte, Bd. 24 (1997), S. 41ff. (54); Vgl. auch Eibach, Institutionalisierte Gewalt im urbanen Raum, der die Situation in der Schweiz anschaulich beschreibt, Ulbrich et al., Gewalt in der Frühen Neuzeit, S. 189ff.

671 Vgl. wiederum die Déclaration des Königs vom 7. März 1733, die die Provence in der Hinsicht der Verbreitung von Waffen besonders herausstellt, zitiert im Arrêt de

18. Jahrhunderts sehr eindringlich versuchte, den Untertanen ihre Waffen zu entreißen[672].

Deutliche Zeichen dafür, dass das Parlement de Provence im Rahmen der Police générale[673] seinen Beitrag dazu leistete, sind nicht schwer zu finden. In Régusses Sammlung tauchen zwei kurz nacheinander erlassene Règlements auf, die sich an „Maskierte" wandten: Der eine mit dem Verbot, zu einer bestimmten Zeit an einem bestimmten Ort überhaupt maskiert zu sein, der andere mit dem generellen Verbot, Waffen zu tragen. Außerhalb dieses Werks sind auch drei weitere arrêts des Parlement de Provence zu diesem Thema aus der zweiten Hälfte des 18. Jahrhunderts überliefert, die – typisch für die geänderten Maßstäbe der Zeit – weitaus umfassendere und ausdifferenzierte Regelungen enthalten. Diese arrêts de règlement zum Tragen von Waffen liefern insgesamt auch einen sehr überzeugenden Beweis dafür, mit welchen Schwierigkeiten das Parlement de Provence in der Durchsetzung schon bestehender Regeln[674] zu kämpfen hatte.

Die älteren überlieferten arrêts zu diesem Thema offenbaren leider nur wenig über ihren genauen Zweck und den tatsächlichen Kontext. Ein Beispiel bietet der arrêt de règlement „Qui défend à toutes personnes [...] masquées de porter des armes"[675]. Régusse gibt ein paar Hinweise, die die ansonsten naheliegende Vermutung von Wegelagerei als Anlass widerlegen. Er verrät, dass es sich bei den „Maskierten" nicht etwa um vermummte Räuber, sondern um Teilnehmer von Maskeraden handelte[676]. Das waren zum Teil öffentliche

---

règlement vom 21. November 1775, BM: Aff. 1775/11/21, sh. auch Prost de Royer, Dictionnaire de jurisprudence et des arrêts, Bd. 6, S. 470.

672 Ruff, Violence in Early Modern Europe 1500–1800, S. 51. Allerdings gab es schon seit dem Mittelalter eine Art repressiver Waffengesetzgebung, die jedoch mit zahlreichen Ausnahmen und Privilegien verbunden war und erst im 18. Jahrhundert im gesamten Königreich strenger und konsequenter durchgesetzt wurde, sh. Montazel, La répression du port d'armes prohibées en France et en Allemagne (16ème-18ème siècle), Zeitschrift für Europäische Rechtsgeschichte, Bd. 24 (1997), S. 41ff.

673 So ausdrücklich im arrêt de règlement vom 14. Februar 1764, ADBR, B 3705; allgemein unter dem Aspekt der öffentlichen Sicherheit und Ordnung bzw. Ruhe, Delamare, Traité de la Police, Bd. 1, u.a. S. 4, 32.

674 Für die schon lange bestehenden, aber schlecht durchgesetzten allgemeinen Verbote im Königreich sh. Montazel, La répression du port d'armes prohibées en France et en Allemagne (16ème-18ème siècle), Zeitschrift für Europäische Rechtsgeschichte, Bd. 24 (1997), S. 41ff.

675 Arrêt de règlement vom 14. Januar 1664, Régusse, S. 53ff.

676 Régusse, S. 53. Er verweist auf S. 54 außerdem für das Verbot, Waffen auf Bällen mitzuführen, auf den Usus in Paris. Damit bezieht er sich u. a. wahrscheinlich auf einen

Bälle[677], bei denen die Teilnehmer Masken und Kostüme trugen und gern ohne Preisgabe ihrer Identitäten miteinander feierten, tanzten, schäkerten und die Feierlichkeiten ausufern lassen konnten[678]. In der Kombination von stimmungsvollen Maskenfesten, ausgelassenen Teilnehmern und mitgebrachten Waffen lag eine besonders große Gefahr. Außerdem bot das ungezwungene und nahbare Auftreten der Feiernden unterschiedlicher Stände und Ränge Gelegenheiten für Verbrechen. Die Gefahren waren real. Einige bei Maskenbällen aufgetretene Schrecken betrafen berühmte Personen. König Gustav III. von Schweden wurde 1792 auf einer Maskerade ermordet[679].

Das Risiko auf den Bällen der Provence ging nach Régusses Ansicht vor allem vom ungebildeten Plebs aus, der sich mitgeführter Waffen unüberlegt bediente und unter der Maske vor jeder Verfolgung sicher fühlte[680]. Was er nicht klarstellt, für Zeitgenossen aber selbstverständlich war, ist dass Adelige das Privileg genossen, jederzeit Waffen führen zu dürfen[681]. Das sollten einfache Untertanen nur eingeschränkt können. Régusses Begründung dafür deckt sich vermutlich mit den Erwägungen, die die Richter zum arrêt de règlement vom 14. Januar 1664 veranlasst haben. Die Verfügungen waren sehr kurz, aber deutlich:

„La Cour [...] a fait & fait inhibitions & défenses à toutes personnes, de quelque état, qualité ou condition qu'elles soient, étant en masque, de nuit & de jour, de porter aucunes armes offensives & deffensives sous peine des verges."[682]

Erlass vom 30. Dezember 1715, der genau das für den Ball der Königlichen Musikakademie verbot.

677 Dazu umfassend Bell, Masquerade: Essays on Tradition and Innovation Worldwide.

678 Agulhon, La vie sociale en Provence intérieure au lendemain de la Révolution, S. 413. In seinem Kommentar zu einem arrêt vom 14. Januar 1664, S. 53, verbindet Régusse die Maskeraden mit den „Heidenfesten" der Römer und verweist auf die mit Wein und Tänzen aufgeheizte ungezügelte Atmosphäre.

679 Sh. auch zur musikalischen und literarischen Rezeption des Vorfalls Bell, Masquerade: Essays on Tradition and Innovation Worldwide, S. 140.

680 Régusse, S. 54. Die Herkunft des Autors mahnt jedoch zur Quellenkritik: Régusse war selbst adelig und verteidigt mit diesen Ausführungen auch das Privileg, das es Adeligen gestattete, Waffen zu führen, mit der (aus der Quelle zu schließenden) Begründung, dass sie die nötige Bildung hatten, um mit Waffen sicher umzugehen.

681 Vgl. Montazel, La répression du port d'armes prohibées en France et en Allemagne (16ème-18ème siècle), Zeitschrift für Europäische Rechtsgeschichte, Bd. 24 (1997), S. 41ff. (48).

682 Régusse, S. 53.

Der Gerichtshof [verbietet] es allen Personen, [gleich welchen Standes], die maskiert sind, Nacht und Tag, jegliche offensive und defensive Waffen zu tragen unter der Strafe von Rutenhieben.

Ungeachtet des erwähnten Privilegs verbot das Règlement allen maskierten Personen, also auch Adeligen, das Tragen von Angriffs- oder Verteidigungswaffen, sowohl am Tage als auch bei Nacht. Das Durchsetzungsinteresse[683] bezüglich der Regelung wird sehr deutlich einerseits in der Strafandrohung für Zuwiderhandlungen der Untertanen und andererseits in dem ausdrücklichen und ebenfalls strafbewehrten Befehl an die Gerichtsvollzieher, Verstöße zu ahnden[684]. Die vorgesehenen Rutenhiebe waren die nach Ansicht der Zeitgenossen angemessene Strafe für das einfache Volk, das die sonst oft sehr hohen Geldstrafen gar nicht hätte zahlen können und diese öffentlichen Veranstaltungen besuchte[685]. Die im Verbot eigentlich nicht berücksichtigte Ausnahme für Adelige blieb damit praktisch unberührt. Régusse sah in dem Règlement noch ein mildes Mittel[686]. Dabei bezog er sich aber nicht auf das Verbot, sondern den Inhalt der Verfügung. Denn ein früherer arrêt vom 7. Februar 1662, der zu Zeiten von Régusse keine Anwendung mehr fand[687], verbot schon das Maskieren am helllichten Tage:

„La Cour [. . .] a fait [& fait] inhibitions & défenses [à] toutes personnes, de quelque qualité & condition qu'elles soient, de se masquer de jour en la Ville de Marseille."[688]

Der Gerichtshof [untersagt] es allen Personen, [gleich welchen Standes], sich bei Tage in der Stadt Marseille zu maskieren.

---

683 Hier lag es dem Parlement vor allem daran, das Verbot zum Tragen von Waffen bei Bällen gerade für Maskierte, auch Adelige, durchzusetzen. Generelle Verbote hat es schon viel früher gegeben, vgl. Montazel, La répression du port d'armes prohibées en France et en Allemagne (16ème-18ème siècle), Zeitschrift für Europäische Rechtsgeschichte, Bd. 24 (1997), S. 41ff, insb. Fn. 6, wo eine Reihe von allgemeinen Verboten für das gesamte Königreich aufgelistet ist, die bis in das Mittelalter zurückreicht. Sie scheiterten aber in der Regel an den Ausnahmen und der inkonsequenten Anwendung, sh. S. 50, 55, was zu immer schärferen „Aktualisierungen" geführt hat, sh. S. 56. Das strenge und kontextuelle Verbot im arrêt de règlement von 1664 ist ein Beispiel dafür.

684 Régusse, S. 53.

685 Der arrêt de règlement war trotz des Wortlauts des Verbots („à toutes personnes, de quelque état, qualité ou condition qu'elles soient") übereinstimmend mit Régusses Anmerkung zum Plebs auf S. 54 in erster Linie an das einfache Volk gerichtet.

686 Régusse, S. 54.

687 Régusse, S. 42.

688 Régusse, S. 42.

Auch wenn die Verfügung nicht am Tragen von Waffen ansetzt, fügt sie sich mit dem Maskierungsverbot in den Kontext dieses Gegenstandes ein. Offenbar, so dachte auch Régusse[689], muss es in Marseille einen schweren Vorfall im Zusammenhang mit den Maskeraden gegeben haben, der das Parlement zu einem so strengen Spielverderber werden ließ, dass es direkt in die festliche Tradition in Marseille eingriff. Im Unterschied zum Règlement von 1664 richtete sich die Verfügung wiederum ausdrücklich an Adlige, indem es die Strafandrohungen differenzierte: Peitschenhiebe für den Plebs, empfindliche Geldstrafen[690] für die Adligen. Im Übrigen trug das Parlement es auch hier dem Statthalter unter Androhung einer Geldstrafe auf, über Zuwiderhandlungen zu berichten und die Delinquenten festzunehmen[691].

Erst für das 18. Jahrhundert präsentieren sich die arrêts de règlement zum „port des armes"[692] mit umfassenden Verboten und ausufernden Anfragen, die sogar im Wesentlichen die Motive[693] des Procureurs général bzw. der Richter wiedergeben und einen tieferen Einblick erlauben. Der schon zitierte Arrêt de règlement vom 11. Februar 1764, der an den arrêt de règlement „n'ayant pû obvier aux désordres infinis"[694] vom 15. November 1752 anknüpfte, verschärfte die Strafen für alle Waffenträger nunmehr ungeachtet ihrer Umgebung oder besonderer Umstände:

„La Cour a ordonné & ordonne [...] qu'il sera procédé extraordinairement par recolement & confrontation contre tous Artisans, Paysans & autres personnes du peuple, qui porteront des Armes à feu dans les Villes & Villages, dans les chemins ou dans les champs, pour être lesdits accusés condamnés pour la premiere contravention à une amende de deux cent livres, applicable, moitié au profit du Roi & moitié au profit du dénonciateur, & à tenir prison pendant six

689 Régusse, S. 42.

690 Régusse, S. 42: „à peine, quant aux plebées du foüet, & aux nobles de 500. liv. & autres peines exemplaires". Der Betrag von 500 Pfund war hoch angesetzt. Zum Vergleich sh. C.III.3.d) Strafandrohungen.

691 Régusse, S. 42.

692 So die Betitelung des arrêts de règlement vom 3. Dezember 1771 auf einem Flugblatt, BM: Aff. 1771/12/3, und die Benennung des arrêts de règlement vom 15. Januar mit dem Verweis im arrêt de règlement vom 14. Februar 1764, ADBR, B 3705 („Arrêt de réglement du 15 janvier 1752, concernant le Port des Armes").

693 Sh. dazu C.III.1. Die Anfrage, insbesondere C.III.1.b) Die .

694 So die Anmerkung im Text der reproduzierten mündlichen Anfrage des Procureurs général zum Arrêt de règlement vom 14. Februar 1764, ADBR, B 3705.

mois à compter du jour de l'amande payée, ou même à la peine des galeres suivant l'exigence des cas."[695]

> Der Gerichtshof ordnet an, dass außerordentlich mit Überprüfung und Konfrontation gegen alle Handwerker, Bauern und andere Personene des Volkes vorgegangen wird, die Feuerwaffen tragen in den Städten und Dörfern, auf den Wegen und in den Feldern, die derart Beschuldigten zu verurteilen, für die erste Zuwiderhandlung zu einer Geldstrafe von 200 Pfund, hälftig [zu Gunsten] des Königs und hälftig zum Vorteil des Denunzianten, und über sechs Monate in Haft zu halten beginnend mit dem Tag der gezahlten Strafe, oder selbst zu einer Galeerenstrafe nach den Erfordernissen des Falles.

Das Verbot bezog nun ausdrücklich die Felder und Wege mit ein, auf denen Jäger und Reisende regelmäßig Waffen mitführten. Es war aber vor allem unmittelbar an Handwerker und Bauern, die „Leute des Volkes", gerichtet, und sparte Adelige, die öfter als andere auf der Jagd und auf Reisen die Wege und Felder querten, bewusst aus. Trotz der Ausrichtung an jene weniger vermögenden Untertanen setzte der arrêt de règlement im Rahmen eines „außerordentlichen Vorgehens" eine Geldstrafe von immerhin 200 Pfund[696] für die erste Zuwiderhandlung fest, zusätzlich aber auch eine Haftstrafe von sechs Monaten, die erst mit der Abgeltung der Geldstrafe zu laufen beginnen sollte. Das erlaubte in der Theorie auch einen unbegrenzten Freiheitsentzug. Zur Schwere dieser möglichen Strafe passt auch die angedrohte Galeerenstrafe[697], die der arrêt in das Ermessen der entscheidenden Untergerichte stellte. Das Parlement erkannte aber auch, dass die abschreckende Wirkung hoher Strafen begrenzt ist und setzte zugleich auf eine weit vorbeugende Kontrolle:

„[La Cour] Ordonne [...] que tous Armuriers & Marchands seront tenus, à peine de trois cent livres d'amende & d'interdiction de leur profession, d'avoir un registre cotté & paragraphé par premier & dernier feuillet [...] dans lequel ils écriront jour par jour toutes les Armes qu'ils auront faites & fabriquées, & toutes

---

695 Arrêt de règlement vom 14. Februar 1764, ADBR, B 3705.

696 Sie ist deutlich niedriger als die Geldstrafe, die der arrêt de règlement vom 7. Februar 1662, Régusse, S. 42, für ähnliche Zuwiderhandlungen von Adeligen festlegt. Prost de Royer kritisiert die mangelnde Differenzierung der Betroffenen hinsichtlich der Strafen, Dictionnaire de jurisprudence et des arrêts, Bd. 6, S. 476.

697 Sh. dazu Schlosser, Die Strafe der Galeere als poena arbitraria in der mediterranen Strafpraxis, Zeitschrift für Neuere Rechtsgeschichte 1988 (Nr. 10), S. 19ff., insbesondere S. 22ff. für die dogmatische Betrachtung als wie im arrêt angedeutete Arbiträr- und Ersatzstrafe; ferner und umfassender für die Praxis in Frankreich Zysberg, Galères et Galériens en France de l'âge classique aux lumières, Les Marginaux et les exclus dans l'histoire, Cahier Jussieu Nr. 5, 10/18, 1979, S. 354ff.

les factures des armes qui leur seront envoyées, ainsi que les noms des personnes auxquelles ils les auront vendues.“[698]

> Der Gerichtshof ordnet an, dass alle Büchsenmacher und -Händler gehalten sind, unter einer Geldstrafe von 300 Pfund & Untersagung ihres Berufs, ein paragraphiertes und nummeriertes Register zu führen, in das sie Tag für Tag alle Waffen eintragen, die sie gemacht und hergestellt haben, und alle Rechnungen der Waffen, die ihnen zugesandt werden, sowie die Namen der Personen, denen sie sie verkaufen.

Diese Pflicht zur Registerführung entspricht der Vorschrift einer königlichen Erklärung von 1733[699] und ist der Vorläufer des modernen präventiven Verbots mit Erlaubnisvorbehalt. Ein Register erlaubte es, die Personen in der Region ausfindig zu machen, die von den Verboten erfasste Waffen besaßen.

Der zeitgenössische Autor Prost de Royer kritisierte den arrêt de règlement von 1764 dafür, dass er – neben der Strafverschärfung für einige – nicht an die „ordentlichen“ Strafen für alle erinnerte, was Schwierigkeiten in der Ausführung nach sich zog und die „plébée“[700] unwillkürlich begünstigte[701]. Deswegen kam es trotz der differenzierten Regeln wenig überraschend schon sieben Jahre später zu einer ersten Aktualisierung im arrêt de règlement vom 3. Dezember 1771[702], der sich im Wesentlichen in einer zweiten Bekanntmachung des arrêts von 1764 erschöpfte. Weitere fünf Jahre später erließ das Parlement allerdings eine in zehn Artikel gegliederte Neufassung der Regeln mit dem arrêt de règlement vom 21. November 1775, der in seiner narratio mit der reproduzierten Anfrage des Procureur général nochmals darauf hinweist, dass schon das Tragen von Waffen für alle, die nicht von dem Verbot ausgenommen sind, ein Delikt ist:

„L'abus des armes est un crime; le port des armes est un délit pour tout Citoyen qui n'est point excepté par la loi; mais un délit qui, pouvant facilement dégénérer

698 Arrêt de règlement vom 14. Februar 1764, ADBR, B 3705.

699 Laut dem arrêt de règlement vom 14. Februar 1764, ADBR, B 3705, wird damit der Artikel 4 der Erklärung ausgeführt. Vgl. Prost de Royers Zusammenfassung der „Déclaration [...] adressée au Parlement de Provence“, Dictionnaire de jurisprudence et des arrêts, Bd. 6, S. 470.

700 Zeitgenössische Wörterbücher erklären den Terminus mit den frz. Wörtern für Pöbel, Plebs bzw. Mob: Noël, Philologie française ou dictionnaire étymologique, Bd. 2, S. 637; Féraud, Dictionaire critique de la langue française, Bd. 3, S. 181.

701 Prost de Royer, Dictionnaire de jurisprudence et des arrêts, Bd. 6, S. 476. Der arrêt de règlement vom 21. November 1775, BM: Aff. 1775/11/21, der den Schwierigkeiten am Ende Abhilfe schaffen sollte, zeigt in der reproduzierten Anfrage des Procureurs général der Kritik von Prost de Royer sehr ähnliche Erwägungen.

702 Arrêt de règlement vom 3. Dezember 1771, BM: Aff. 1771/12/3.

en crime par l'occasion & le moyen qu'il fournit de le commettre, tient le milieu entre ceux qui altèrent la tranquillité des citoyens, & contiennent une simple lésion de police, & ceux qui attaquent en même tems la sureté. Le port d'armes la compromet, lors même qu'il ne l'attaque pas directement, & qu'il n'est point accompagné du dessein formel de nuire."[703]

> Der Missbrauch von Waffen ist ein Verbrechen[704]; das Tragen von Waffen ist ein Delikt für jeden Bürger, der nicht gesetzlich ausgenommen ist; aber ein Delikt, das leicht zu einem Verbrechen werden kann durch die Gelegenheit und das Mittel, die es bietet, es zu begehen, [und] zwischen solchen [Delikten] [liegt], die die Ruhe [und Ordnung] der Bürger beeinträchtigen und eine einfache Verletzung der Police[705] darstellen, und solchen, die zugleich die Sicherheit angreifen. Das Tragen von Waffen gefährdet sie, auch wenn es sie nicht unmittelbar angreift und nicht von der formellen Absicht zu schaden begleitet wird.

Die Ausführungen rechtfertigen strenge Regeln zum Führen von Waffen damit, dass es auch bei fehlender Absicht zu schaden leicht in ein schweres Verbrechen umschlagen kann und die allgemeine Sicherheit betrifft. Prost de Royer bediente sich dieser Begründung wortgleich und ohne Hinweis auf diese Quelle für die Einleitung in den Abschnitt über das Tragen verbotener Waffen in seinem Jahre später erschienenen Wörterbuch[706]. Zu einer Verschärfung der Strafen bzw. Verbote kam es mit dem arrêt von 1775 aber nicht. Ganz im Sinne der requisition[707] fasste er nur übersichtlich und genau die bestehenden Verbote, die dazugehörigen Strafen und die jeweilige Art der Verfolgung zusammen, was die konsequente Ausführung erleichtern sollte. Das Ziel wurde möglicherweise

---

703 Arrêt de règlement vom 21. November 1775, BM: Aff. 1775/11/21.

704 Für den Artikel zum Stichwort „Crime" geht Guyot in einer Fußnote auf das Verhältnis von crime und délit ein, die sich nicht terminologisch voneinander unterscheiden, während crime aber eher für schwere Delikte gebraucht wird: „Quoique ces deux termes aient la même signification, on se sert néanmoins le plus souvent du terme de Crime pour désigner un délit grave qui intéresse le public, & l'on emploie plus particulièrement le mot délit, pour signifier un crime dont la réparation concerne moins le public que quelque personne privée.", Repertoire universel, Bd. 16, S. 463.

705 Für die oft zusammengefasste Police bzw. öffentliche Ordnung als Rechtsgut sh. Guyot, Repertoire universel, Bd. 16, S. 464.

706 Prost de Royer, Dictionnaire de jurisprudence et des arrêts, Bd. 6, S. 466. Direkt im Anschluss erklärt er auch, dass es diese Verbote nicht nur einfache „reglemens de police" seien, sondern auch als Gesetze angesehen werden müssten, die es in manchen Fällen erfordern, Zuwiderhandlungen mit Kapitalstrafen zu belegen.

707 Ausgeführt im Arrêt de règlement vom 21. November 1775, BM: Aff. 1775/11/21.

erreicht: Es handelt sich um den letzten überlieferten arrêt de règlement des Parlements de Provence, der sich mit dem Führen von Waffen befasste.

2. Sicherung der Lebensgrundlagen

Die bisher dargestellten Gefahren waren eher situativ bedingt oder aktualisierten sich in Einzelfällen, sodass sie die Leben von Untertanen unmittelbar bedrohten. Doch die Anknüpfungspunkte für Regeln zum Schutz von Leben und Gesundheit waren nicht immer so leicht abgrenzbar. Es gab auch latente Risiken, die keinen besonderen Gefahrenherden entsprangen und trotzdem in eine allgemeine, existenzielle Not umschlagen konnten. So verhielt es sich mit der Versorgung mit Lebensmitteln: Die Menschen in der Provence der Frühen Neuzeit standen auf einem konstant wackeligen Fundament, was die Deckung ihres Lebensbedarfs anging.

Das betraf allem voran und speziell in der Provence Weizenprodukte. Dieser Umstand brachte Getreide im Allgemeinen den Rang einer wertvollen Ressource ein[708]. Es machte den führenden Sektor der Wirtschaft der Zeit aus[709]. In der Provence war es wegen der schlechten Qualität der Böden zu keiner Zeit in solchen Mengen vorhanden, um die Bevölkerung damit stets ausreichend und flächendeckend zu versorgen[710]. Daher kam auch dem Fisch als Nahrungsmittel eine wichtige Rolle zu. Er war allerdings schon zu Zeiten den Parlements de Provence nicht mehr so reichhaltig vorhanden, um eine stetige Versorgung zu garantieren[711]. Die überlieferten arrêts de règlement des Parlements de Provence verfolgten mit ihren Verfügungen zu Fisch auch Weizen deswegen ein- und dasselbe Ziel: Eine gerechte und effiziente Verteilung im Sinne einer umfassenden Vorsorge für die Lebensgrundlagen der Untertanen. Das entsprach ganz der Verantwortung im Rahmen der Police. Der Gegenstand der Vorsorge nahm dort eine besonders hohe Stellung ein, was in der intensiven Normgebung der Zeit zum Ausdruck kommt und auch von Zeitgenossen so erkannt wurde[712]. Denn

708 Für die Kornpreise in Paris vgl. Baulant, Le prix des grains à Paris de 1431 à 1788, Annales 1968 (23-3), S. 520ff.

709 Kaplan, Bread, politics and political economy in the reign of Louis XV, Bd. 1, S. XVI.

710 Das bemerken zeitgenössische Autoren in ihren unterschiedlichen Werken: Régusse im Kommentar zum arrêt de règlement vom 9. September 1628, S. 18: „[Le] Païs n'en produit pas assez pour la nourriture de ses habitans.“; Brûlons im Dictionnaire universel de commerce, Bd. 5, S. 222: „On y recueille fort peu de grains.“

711 Darluc, Histoire naturelle de la Provence, Bd. 3, S. 93.

712 Delamare, Traité de la Police, Bd. 1, S. 32, maß den Regeln über Lebensmittel bzw. -Grundlagen einen hohen Rang zu: „Après les vivres; la sûreté publique, &

es lag ohnehin im Interesse der Herrschaft bzw. der Police, die gute Ordnung und öffentliche Ruhe zu erhalten, wozu die Verteilung knapper Nahrungsmittel einen wichtigen, vielleicht den entscheidenden Beitrag leistete[713].

a) Getreide

Die Knappheit von Lebensmitteln, insbesondere von Getreide, Mehl und Brot, war bekanntermaßen einer der entscheidenden Umstände, die die Französische Gesellschaft in den 1780er Jahren ins Chaos warfen[714]. Dem hungernden Volk, das kein Brot zum Essen hatte, soll Marie-Antoinette Kuchen vorgeschlagen haben. Das entsprechende Zitat geht zwar wahrscheinlich zurück auf Jean-Jacques Rousseau[715], der es 20 Jahre vorher einer „großen Prinzessin" in den Mund gelegt hatte[716], die nicht Marie-Antoinette war. Dass sich eine Zuschreibung[717] auf ihre Person später als Anekdote[718] durchgesetzt hat, belegt aber, dass man dieses Versagen der abgehobenen Herrschaft gegenüber der einfachen Not des Volks gemeinhin als Grund für den Untergang des Ancien Régime rezipiert hat.

---

principalement celle de la nuit; est l'une des plus importantes parties de la Police"; sh. auch Kaplan, Bread, politics and political economy in the reign of Louis XV, Bd. 1, S. 11.

713 Kaplan, Bread, politics and political economy in the reign of Louis XV, Bd. 1, S. 14

714 Eine Aufstellung aller, aber insbesondere der sozialen und wirtschaftlichen Ursachen findet sich in dem großen Referenzwerk von Michelet, L'Histoire de la Révolution française, das auch auf Deutsch übersetzt wurde (Geschichte der Französischen Revolution) in Bd. 1.

715 Paul Johnson, Intellectuals, S. 14f.

716 Rousseau, Les Confessions, Buch 6, Kapitel 11: „Enfin je me rappelai le pis-aller d'une grande princesse à qui l'on disait que les paysans n'avaient pas de pain, et qui répondit: Qu'ils mangent de la brioche." Die Arbeit an dem Werk war zwar schon spätestens 1770 beendet, es erschien aber erst zwischen 1782 und 1789 in zwei Teilen.

717 Ludwig XVIII. berichtet in seiner 1823 erschienenen Relation d'un voyage à Bruxelles et à Coblentz, S. 59 wie man so über die Königin Maria Teresa („la reine Marie-Thérèse"), Gemahlin von Ludwig XIV., witzelte: „[N]ous songeâmes à la reine Marie Thérèse, qui répondit un jour que l'on plaignait devant elle les pauvres gens qui n'ont pas de pain:‚Mais, mon Dieu, que ne mangent-ils de la croûte de pâté?' Möglicherweise hat man sie später mit Marie-Antoinette verwechselt und aus der Fleischpastete Kuchen gemacht.

718 Im Großen deutschen Anekdoten-Lexikon von 1843 taucht die Geschichte noch nicht auf, obwohl Marie-Antoinette bereits hier unter dem Schlagwort „Glück" erscheint, S. 109.

Dementsprechend haben sich Untersuchungen in der Vergangenheit auf das Problem der Lebensmittelversorgung im Zusammenhang mit der Französischen Revolution konzentriert[719]. Die empfindliche Balance zwischen der konstanten Nachfrage und dem schwankenden Angebot stellte sich jedoch über weite Strecken der frühneuzeitlichen Epoche des Ancien Régime hinweg als eine latente Krise dar[720]. Ihre Ausschläge sorgten für periodische Unruhen[721]. Die Abhängigkeit vom teuren Getreide[722] hob die gesellschaftlichen Gegensätze in Frankreich auf ein substanzielles, ja existenzielles Niveau[723].

Die politische Bedeutung der Lebensmittelversorgung machte die „Kornvorsorge“ zu einer der Kernaufgaben der Police. Delamare dachte den Regeln der Police zur Versorgung mit Getreideprodukten nicht nur eine individuelle und gesundheitliche Bedeutung zu, sondern vor allem eine gesamtgesellschaftliche und lebensnotwendige[724].

„De tous les alimens le Pain est le plus commun & le plus universel; personne ne s'en passe, il entre dans tous nos repos, & souvent il est le seul soûtien de la vie du Pauvre. Ainsi c'est avec beaucoup de raison que l'on s'interesse si fort à sa bonté aussi bien qu'à son abondance. Le grand nombre d'Ordonnances & de Réglemens qui ont prescrit dans tous les temps à ceux qui le façonnent & qui le débitent, l'ordre & la discipline qu'ils y doivent observer, & la severité des condamnations qui ont été prononcées contre les prévaricateurs, font assez connoître combien cette Police a toûjours été jugée importante au bien public.“[725]

> Aus allen Lebensmitteln ist das Brot das vielseitigste, häufig die einzige Lebensgrundlage der Armen. Deswegen interessiert man sich aus gutem Grund für seine Qualität und die reichhaltige Versorgung. Die zahlreichen Ordonnances und Règlements, die denjenigen, die es herstellen und in es Umlauf bringen, die dabei anzuwendende Ordnung und die Disziplin vorschreiben, sowie die Schwere der Urteile gegen die Nachlässigen zeigen, für wie wichtig diese Police für das allgemeine Wohl schon immer erachtet wurde.

Das Parlement de Provence erließ im 17. und 18. Jahrhundert viele arrêts de règlement, die den Aspekten der Grundversorgung mit Weizen gewidmet waren.

---

719 Kaplan, Bread, politics and political economy in the reign of Louis XV, S. XIX.
720 Kaplan, Bread, politics and political economy in the reign of Louis XV, S. XVI.
721 Wie bspw. im später sog. Mehlkrieg („guerre des farines“). Dazu Bouton, The Flour War: Gender, Class, and Community in Late Ancien Régime French Society.
722 Zu den Getreidepreisen in Frankreich in der Frühen Neuzeit vgl. Buat, Marchés et spéculation à Paris pendant la disette de 1692–1694, Histoire & Mesure, S. 55ff.
723 Kaplan, Bread, politics and political economy in the reign of Louis XV, S. XVII.
724 Delamare, Traité de la police, Bd. 2, S. 565.
725 Delamare, Traité de la police, Bd. 2, S. 497.

Ihre Regeln betrafen nicht den Anbau, sondern vielmehr den Verkauf und die Verarbeitung von Weizen. Das hatte einen konkreten Grund. In der Provence war die Versorgunglage besonders angespannt[726]. Die Landwirtschaft konzentrierte sich auf Wein und Oliven[727]. Die ca. 600.000 Einwohner[728] waren für ihre Ernährung aber auf Brot angewiesen, das zum Teil von außerhalb eingeführt wurde. Während einige darin eine Verschärfung des Problems sahen[729], verteidigte Régusse diese Importe als geeignete Maßnahme, die naturgemäß bedingten schlechten Ernten der Region auszugleichen:

„Le Bled est la denrée plus nécessaire; si elle n'abonde, la disette cause infailliblement du desordre; elle vient quelquefois des mauvaises recoltes; on peut y remedier en partie par des précautions, en faisant venir du Bled étranger, surtout en Provence, où le Pais n'en produit pas assez pour la nourriture de ses habitans."[730]

> Das Weizen ist die notwendigste Nahrung; wenn sie nicht reichhaltig vorhanden ist, verursacht der Mangel stets Chaos; sie rührt manchmal von schlechten Ernten; dem kann man zum Teil mit Vorkehrungen Abhilfe schaffen, indem man ausländisches Weizen kommen lässt, vor allem in der Provence, wo das Land nicht genug für die Ernährung seiner Einwohner erzeugt.

In den meisten überlieferten arrêts geht es um die Sicherstellung der Versorgung und nicht um die Qualität des (vorhandenen) Getreides[731]. Für eine flächendeckende Grundversorgung zu bezahlbaren Preisen setzten die Verfügungen auf

---

726 Vgl. die umfassende und auch historische Beschreibung der Lage in der Provence im Brief des Parlements de Provence an den König, Lettre au Roi du Parlement de Provence vom 18. Dezember 1768, zitiert von Coriolis, Traité sur l'administration du Comté de Provence, Bd. 2, S. 103ff.

727 Vgl. Brûlons, Dictionnaire universel de commerce, Bd. 5, S. 222ff.

728 Courgeau, La démographie provençale du XIIIe au XVIe siècle, Population 1962, Nr. 3, S. 550 (556).

729 Laut dem Brief des Parlements de Provence an den König bezog man mindestens einen Fünftel des Getreides aus dem Ausland, was die Bauern unter einen zusätzlichen Preisdruck setzte, Lettre au Roi du Parlement de Provence vom 18. Dezember 1768, zitiert von Coriolis, Traité sur l'administration du Comté de Provence, Bd. 2, S. 106.

730 Régusse, S. 18.

731 Auch wenn die Verfügungen gleich ihrer Zielrichtung und stets unweigerlich die Arbeit der Bauern, Händler und Bäcker betreffen, fallen Règlements, die den qualitativen Aspekt des Produkts z.B. über die Modalitäten der Herstellung ins Auge fassen, nach der hier getroffenen Unterscheidung in die Gruppe berufsregelnder arrêts, sh. C.II.3. Berufsausübung.

den Zwischenstufen der Lieferkette an, meist bei den unbeliebten Händlern, die das Parlement als Nutznießer der Engpässe ansah[732].

Ein umfassendes Beispiel findet sich im Règlement vom 9. September 1628, das Régusse als frühesten arrêt zu diesem Thema in seiner Sammlung aufführt. Das Dictum spiegelt die Regeln eines viel älteren königlichen Edikts[733] und bestimmt, dass der zum Verkauf bestimmte Weizen nur auf öffentlichen Märkten gehandelt wird:

„La Cour [. . .] a ordonné & ordonne que tous les bleds qui s'exposeront en vente, tant dans cette ville d'Aix qu'aux autres Villes & lieux de la Province, seront portés & vendus aux marchés publics, & non ailleurs."[734]

Der Gerichtshof hat angeordnet und ordnet an, dass all der Weizen, der zum Verkauf steht, sowohl in dieser Stadt Aix als auch anderen Städten und Orten der Provinz, zu den öffentlichen Märkten gebracht wird und [dort] verkauft wird und nicht anderswo.

Dieser Marktzwang[735] ist ein typisches Mittel der Wirtschaftsregulierung im Europa der Frühen Neuzeit[736]. Hier sollte er natürlich einem Schwarzmarkt für Weizen vorbeugen und entgegenwirken sowie insgesamt für eine gerechtere Verteilung der Waren sorgen. Leidtragende eines derart freien Handels mit lebensnotwendigen Ressourcen waren nämlich wenig überraschend die ärmeren Untertanen, die für ihre tägliche Ernährung auf preiswertes Brot angewiesen waren[737]. Um ihnen das auf den öffentlichen Märkten vorzuhalten, traf der arrêt

---

732 Lettre au Roi du Parlement de Provence vom 18. Dezember 1768, zitiert von Coriolis, Traité sur l'administration du Comté de Provence, Bd. 2, S. 105.

733 „Édit qui ordonne que la vente des bleds et grains aura lieu aux marchés publics, et que le petit peuple, à quelque heure qu'il se présente sera toujours servi le premier" vom 7. November 1544, Isambert, Recueil général des anciennes lois françaises, Bd. 13, S. 886.

734 Arrêt de règlement vom 9. September 1628, Régusse, S. 16.

735 Sh. dazu Champagny, Traité de la police municipale, Bd. 2, S. 814ff., wo auch eine Auflistung älterer Gesetze zu finden ist, die den Verkauf bestimmter Produkte auf öffentlichen Märkten des Königreichs vorschreiben. Auf S. 818 wird auch das spätere Gesetz vom 7. Vendémiaire des Jahres IV (Décret sur la police des grains et de l'approvisionnement des marchés et des armées) zitiert, das ein einen generellen Marktzwang für Korn in Artikel 1 anordnet und dabei erstaunlich nah an den Text des arrêts de règlement vom 9. September 1628 herankommt: „Les grains [. . .] ne peuvent [. . .] être vendus et achetés ailleurs que dans les [. . .] marchés publics."

736 Vgl. Ausführungen im deutschsprachigen Werk von Jung, Lehrbuch der Staats-Policey-Wissenschaft, §§ 1090ff., zum Marktzwang für Getreide S. 474, § 1105.

737 Delamare, Traité de la police, Bd. 2, S. 497; Lettre au Roi du Parlement de Provence vom 18. Dezember 1768, zitiert von Coriolis, Traité sur l'administration du Comté de

auch eine Verfügung, die eine für Weizen zu befolgende Verkaufsmodalität der Marktanbieter festsetzte:

„[La Cour ordonne] qu'en la vente & distribution d'iceux, le menu peuple, vivant du jour à la journée, sera premier preferé, à quelque heure qu'il arrive ausdits marchés, & après ceux qui voudront en avoir pour la provision de leurs maisons."[738]

> Der Gerichtshof ordnet an, dass bei dem Verkauf und der Verteilung dieser [Getreide] das einfache Volk, das in den lieben Tag hineinlebt[739], zuerst bevorzugt wird, zu welcher Stunde es auch zu den besagten Märkten kommt, und danach erst diejenigen, die es für den Vorrat ihrer Haushalte [kaufen] wollen.

Im Gegensatz zur Haltung bei den arrêts über das Tragen von Waffen[740] spielte sich das Parlement hier als Beschützer des „menu peuple"[741] auf, indem es ihm zu jeder Zeit den Vorrang an den Marktständen gewährte, während reine Vorratskäufer ausdrücklich zurückstehen sollten[742]. Es flankierte diese Anordnung noch mit dem neben der Marktzwanganordnung[743] eigentlich überflüssigen Verbot, Weizen auf anderen als diesen öffentlichen Märkten zu handeln. Darüber hinaus knüpfte es an die Verfügungen eine Strafdrohung, die neben der Konfiszierung eine Geldzahlung gemessen an dem Wert des Weizens vorsah[744]. Sie erscheint modern im Vergleich zu vielen Strafandrohungen anderer arrêts der Zeit, die meist fixe Beträge festlegten oder die Höhe der Geldstrafen ohne weitere Kriterien in das Ermessen der untergeordneten Entscheidungsträger stellten[745].

Zusätzlich zu den repressiven Maßnahmen verfolgte das Parlament in diesem arrêt wiederum einen präventiven Ansatz, der in dem ansonsten sehr ähnlichen

---

Provence, Bd. 2, S. 104: „[L]'augmentation du prix du pain a, sans doute, exposé des familles entières à se nourir de leurs larmes."

738 Régusse, S. 16f.

739 Kritzinger, Nouveau dictionaire des proverbes François-Allemand, oder neues Französisch-Deutsches Sprichwörterbuch, S. 403, „vivre du jour à la journée".

740 Sh. C.II.1.b) Gefährliche Waffen und Maskeraden. Dort schimpft das Parlement regelrecht mit dem einfachen Volk.

741 Das „gemeine" Volk nach zeitgenössischen Übersetzungen, Haas, Neues Teutsches und Französisches Wörterbuch, „Gemein", Sp. 1248

742 Auffällig ist indes die widersprüchliche Formulierung „premier preferé", Régusse, S. 17. Sie deutet an, dass alle bevorzugt, während das einfache Volk „zuerst" bevorzugt werden sollte.

743 Arrêt de règlement vom 9. September 1628, Régusse, S. 16.

744 Arrêt de règlement vom 9. September 1628, Régusse, S. 17.

745 Sh. C.III.3.d) Strafandrohungen.

königlichen Edikt[746] keinen Anklang fand. Wie auch bei den bereits dargestellten arrêts zum Tragen von Waffen[747] legte es nämlich Aufzeichnungspflichten fest, die in diesem Fall allerdings auf die Händler selbst bezogen waren:

„[La Cour ordonne] Que tous ceux qui voudront faire le trafic ou marchandise des bleds & austres grains, ou les acheter, vendre & revendre en cette Province, seront tenus de faire enregistrer leurs noms, surnoms & demeures, aux Greffes des lieux où ils seront portés & amassés lesdits grains, à peine de confiscation d'iceux, & d'amende arbitraire."[748]

Der Gerichtshof ordnet an, dass all diejenigen, die in dieser Provinz mit Weizen und anderem Korn [handeln] wollen, oder es kaufen, verkaufen und wiederverkaufen, verpflichtet sind, ihre Vornamen, Namen und Aufenthaltsorte bei den Schreibern der Orte, wo sie das besagte Korn hinbringen und sammeln, registrieren lassen, unter der Strafe der Konfiszierung [des Korns] und arbiträrer Geldstrafe.

Das Parlement bediente sich damit einer üblichen Vorsorgemaßnahme zur möglichen Nachverfolgung bestimmter Personen[749], um den Handel auf den Märkten auch nachhaltig kontrollieren zu können. Der arrêt offenbart damit gleichzeitig und einmal mehr, dass das Parlement die Getreidehändler für die steigenden Getreidepreise verantwortlich sah[750]. Die Anmeldepflicht der Kaufleute mag für einen alltäglichen Gegenstand wie Weizen ungewöhnlich und streng wirken. Ausgehend von dem Wert der Ressource[751] erscheint eine solche Pflicht aber nicht verwunderlich[752]. Mit diesem Hintergrund verträgt sich auch die Art, wie

---

746 „Édit qui ordonne que la vente des bleds et grains aura lieu aux marchés publics, et que le petit peuple, à quelque heure qu'il se présente sera toujours servi le premier" vom 7. November 1544, Isambert, Recueil général des anciennes lois françaises, Bd. 13, S. 886.

747 Sh. C.II.1.b) Gefährliche Waffen und Maskeraden.

748 Arrêt de règlement vom 9. September 1628, Régusse, S. 17.

749 Sh. C.II.1.b) Gefährliche Waffen und Maskeraden.

750 Vgl. auch den später verfassten Lettre au Roi du Parlement de Provence vom 18. Dezember 1768, zitiert von Coriolis, Traité sur l'administration du Comté de Provence, Bd. 2, S. 105, wo die Handwerker (Bäcker) und (Getreide-)Händler im Gegensatz zu den „cultivateurs" kritisiert werden.

751 Vgl. Delamare, Traité de la police, Bd. 2, S. 565, 497; Régusse, S. 18. Es war der wichtigste Wirtschaftssektor der Zeit, Kaplan, Bread, politics and political economy in the reign of Louis XV, Bd. 1, S. XVI.

752 In ähnlicher Weise registriert man heutzutage auch Vertreter von Berufsgruppen, die spekulativ und unter Ausnutzung des Gruppenverhaltens in grundsätzlich freien Märkten arbeiten, z. B. Börsenmakler bzw. Skontoführer, die von der Börsenaufsichtsbehörde bestellt und entlassen werden müssen.

nach dem arrêt Verstöße zu ahnden waren: Schon das Versäumnis der Anmeldung konnte neben einer Geldstrafe zur Konfiszierung des schwarz gehandelten Korns führen.

Dass Weizen der Kaufleute der Provence fortan wirklich unter Anmeldung auf Märkten gehandelt wurde, bleibt aber zu bezweifeln[753]. Schon ca. 30 Jahre später wurden effektivere Kontrollmechanismen für die Durchsetzung der Regeln im Verkauf von Weizenprodukten im sog. arrêt „Pour le Pain“ von 1662[754] zum Teil neu festgelegt und verfeinert. Das Parlement hat darin eine konkrete Zuständigkeit für die Überwachung der Weizen- und Brotpreise geschaffen:

„La Cour [...] enjoint audit Lieutenant Général, de commettre de 15. en 15. jours de notables Bourgeois de la probité requise, pour aller deux fois la semaine aux jours ordinaires en la place du marché, voir le prix courant du bled & autres grains qui s'y vendent, & en faire leur raport & le remettre au Greffier dudit Lieutenant.“[755]

> Der Gerichtshof hat angeordnet und dem besagten Generalstatthalter aufgetragen, notable Bürger[756] mit der erforderlichen Ehrlichkeit alle 15. Tage abzuordnen, um zweimal die Woche zu den ordentlichen Tagen auf den Marktplatz zu gehen, den aktuellen Preis von Weizen und anderem Korn zu sehen, das [man] dort verkauft, und ihren Bericht zu machen und ihn dem Schreiber des besagten Statthalters zu übergeben.

Nun sollten also „notable“ Stadtbürger die Marktpreise in Erfahrung bringen und der Verwaltung darüber Bericht erstatten. Dem „Lieutenant Général“ selbst war eine solche Aufgabe nicht zuzumuten. Der große Aufwand bei der Überwachung von Preisen erforderte Personal und veranlasste das Parlement eher dazu, sich für die Preiskontrolle durch den Statthalter auf die Berichte von Stadtbürgern zu verlassen. Gegenüber der Denunziantenregelung im arrêt von 1628[757] erscheint diese Art der Überwachung effektiver. Der Bericht der Bürger konnte vor allem aber einen weiteren Zweck erfüllen:

„[La Cour] enjoint au Greffier [...] d'en delivrer extrait aux Consuls [...] pour ordonner aux boulangers [...] & en regler le prix que le pain doit avoir.“

---

753 Vgl. auch den über 100 Jahre später verfassten Brief des Parlements über die Zustände in der Provence, Lettre au Roi du Parlement de Provence vom 18. Dezember 1768, zitiert von Coriolis, Traité sur l'administration du Comté de Provence, Bd. 2, S. 105.

754 Arrêt de règlement „Pour le Pain“ vom 16. März 1662, Régusse, S. 42f.

755 Régusse, S. 42f.

756 „Notable“ Bürger meint solche, die sich aufgrund ihrer Dienste oder ihrer Rolle in der Gemeinschaft besonders hervorgetan haben, vgl. Dictionnaire de l'Académie françoise, Bd. 2, S. 152; Dictionnaire universel François et Latin, Bd. 6, S. 236.

757 Régusse, S. 42f.

> Der Gerichtshof trägt es dem Greffier auf, den Konsuln einen Auszug zukommen zu lassen, damit [sie] den Bäckern die Preise, die das Brot haben soll, vorschreiben und regeln können.

Das Kontrollinstrument sollte dazu dienen, aktiven Einfluss auf die Preisgestaltung zu nehmen. Für die Festsetzung angemessener Brotpreise mussten die zuständigen Konsuln laufend über die aktuellen Marktpreise informiert sein. Die Zuverlässigkeit der Berichte sollten die namhaften und ehrenwerten Stadtbürger garantieren. Sie wurden mit dieser Aufgabe zu ständigen Helfern der örtlichen Verwaltung[758], anders als die eher zufälligen denonciateurs im Sinne der Verfügungen von 1628. Mit den festzusetzenden „Sollpreisen" erhob das Parlement die öffentliche Kontrolle des Weizenhandels von der bloß überwachenden zu einer gestaltenden Rolle. Diese Regelung scheint sich für eine Weile bewährt zu haben, bis sich die Umstände deutlich verschlechterten.

Das Jahr 1709 war für Frankreich wie für die Provence von einem besonders harten Winter[759] und Missernten[760] geprägt und machte wegen der allgemeinen Weizenknappheit[761] eine umfassende „Erneuerung"[762] des arrêts de règlement von 1628[763] notwendig. Der arrêt de règlement vom 21. März 1709[764] leugnete zwar einerseits den erlebten allgemeinen Mangel[765], traf aber andererseits erstmals konkrete Verfügungen gegen diejenigen, die große Mengen an Weizen bei sich einlagerten:

„Sur la requête presentée à la Cour [...] contenant [...] [que] plusieurs particuliers ne laissent pas de faire des amas de blé considerables [...] [et] [la] cherté du pain [...] n'[est] pas causée par aucune disete de Blé, mais bien par

758 Den „notables Bourgeois" als abgrenzbare zeitgenössische soziale Gruppe waren auch andere Rechte und Aufgaben vorbehalten, vgl. Dictionnaire universel François et Latin, Bd. 6, S. 236.

759 Zu den klimatischen Schwankungen der Zeit und den Auswirkungen sh. Le Roy Ladurie, Les fluctuations du climat de l'an mil à aujourd'hui, Kapitel 11; ferner umfassender für die Provence Deharbe, Le grand hiver de 1709 en Provence orientale.

760 Régusse, S. 234; Die Missernten werden ausführlicher thematisiert von Laurent Jacquot, 1709, une année misérable, und Marcel Lachiver, Les années de misère.

761 Le Roy Ladurie, Les fluctuations du climat de l'an mil à aujourd'hui, Kapitel 11.

762 Régusse, S. 234: „On renouvella les Règlements du 9. Septembre 1628."

763 Régusse, S. 42f.

764 Arrêt de règlement „Contre ceux qui amassent du Blé" vom 21. März 1709, Régusse, S. 232ff.

765 Régusse wiederum gibt im Kommentar auf S. 234 mit dem Hinweis, dass es sich um ein „steriles" Jahr handelte, zu verstehen, dass der Hintergrund des arrêts sehr wohl die Mangelzeit bzw. Unterversorgung war.

l'abus que lesdits particuliers en font de le reserver, sans vouloir le vendre, & d'en empêcher le libre commerce [...] La Cour, conformément aux Arrêts de Reglement d'icelle, & notamment à celui du 31. Janvier 1692. a fait & fait inhibitions & défenses à toute sorte de personnes, tant en cette Ville d'Aix, qu'en tous autres Lieux de la Province, d'empêcher le libre commerce du Blé, comme aussi de faire amas & serrée de blés pardessus la quantité necessaire pour leur provision."[766]

> Auf die dem Gerichtshof vorgelegte Anfrage mit dem Inhalt, dass einige Einzelne es nicht unterlassen, beträchtliche Weizenmengen anzuhäufen, und die Teuerung des Brotes nicht durch einen Mangel an Weizen bedingt ist, aber wohl durch den Missbrauch, den die besagten Einzelnen daran begehen, ihn vorzubehalten, ohne ihn verkaufen zu wollen und den freien Handel damit zu verhindern, [untersagt es] der Gerichtshof in Übereinstimmung mit seinen arrêts de règlement, insbesondere dem vom 31. Januar 1692 allen Personen, sowohl in dieser Stadt Aix als auch anderen Orten der Provinz, den freien Handel mit Weizen zu verhindern wie auch [mehr] Weizen [anzuhäufen] [als] die für ihre Vorsorge notwendige Menge.

Auch wenn die Weizenknappheit als Ursache der Verteuerung von Brot im Verlauf des Jahres 1709 unbestreitbar ist[767], verfolgte das Parlement einen sinnvollen Ansatz. Tatsächlich trieb die Spekulation mit Weizen den Preis unweigerlich in die Höhe, vor allem in Krisenzeiten[768]. Und die Weizenproduktion ließ sich nicht spontan ankurbeln. Die Verfügung konnte zumindest als Mittel für eine gerechtere und Wohlfahrt-fördernde Ressourcenallokation eine bessere Versorgung gewährleisten[769].

Doch in der Kornvorsorge wie auch auf anderen Gebieten präsentierte sich das Problem der Durchsetzung[770]. Dass die Verfügungen des Parlements für die

---

766 Régusse, S. 232ff.

767 Auch Régusse meint in seinen Kommentar zum arrêt de règlement vom 9. September 1628, S. 18, dass die betreffenden Verfügungen stets in Mangelzeiten erneuert wurden und bezieht sich ausdrücklich auf die Jahre 1709 und 1734. Sh. ferner Le Roy Ladurie, Les fluctuations du climat de l'an mil à aujourd'hui, Kapitel 11; Deharbe, Le grand hiver de 1709 en Provence orientale. Dasselbe gilt auch für die Mangelzeit von 1692 bis 1694, wie Buat anhand von Preisdaten nachweisen konnte, Marchés et spéculation à Paris pendant la disette de 1692–1694, Histoire & Mesure, S. 55ff., Rn. 78ff.

768 Vgl. dazu allgemein Buat, Marchés et spéculation à Paris pendant la disette de 1692–1694, Histoire & Mesure, S. 55ff., insb. Rn. 84ff. für die begriffliche Diskussion.

769 Buat bewertet die tatsächliche Wirkung vergleichbarer Maßnahmen der Zeit jedoch schlecht, Marchés et spéculation à Paris pendant la disette de 1692–1694, Histoire & Mesure, S. 55ff., Rn. 91f.

770 Rigaudière, Les ordonnances de police, in Stolleis, Policey im Europa der frühen Neuzeit, S. 120 ff., 131, 159.

Weizenversorgung oft und vielerorts nicht befolgt wurden, zeigt der arrêt vom 17. Mai 1729[771]. In der reproduzierten Anfrage geht es um die Zuwiderhandlungen, die selbst Richter in der Ausführung der Regeln begingen:

„[Q]uelques Marchands [...] alloient acheter des bleds hors des marchés publics, & en faisoient des magasins pour faire augmenter le prix; & ayant été averti que les nommés ... Négocians & Marchands de bled, alloient acheter [...] [à] Aix & Pertuis, [des] bleds [...] & qu'ils n'en faisoient paroître ensuite aux marchés qu'une petite quantité [...] [Mr. le Premier President] auroit donné ordre de faire arrêter lesdits ... & de les conduire dans les prisons de Pertuis[772] [...]; [...] ledit Procureur General a été averti que Me. ... Juge de Pertuis, loin de donner des ordres pour faire garder ces Prisonniers arrêtés [...], les auroit au contraire fait sortir de la prison, & leur auroit donné la liberté de rester dans l'apartement du Geolier [...]; les Prisonniers se sont évadés."[773]

Einige Kaufleute kaufen Weizen außerhalb der öffentlichen Märkte und [halten] ihn im Lager, um den Preis steigen zu lassen; und auf [die Benachrichtigung], dass die benannten ... Weizenhändler und -Kaufleute in Aix und Pertuis Weizen kauften und dass sie davon nur eine kleine Menge auf den Märkten erscheinen lassen, hat Monsieur le Premier Président den Befehl gegeben, die besagten ... festnehmen zu lassen und in das Gefängnis von Pertuis führen zu lassen; der besagte Procureur général wurde benachrichtigt, dass Monsieur... Richter von Pertuis, statt Befehl zu geben, die Gefangenen [festzuhalten], sie aus dem Gefängnis hat gehen lassen und ihnen die Freiheit gegeben hat, in der Wohnung des Kerkermeisters zu bleiben; die Gefangenen sind entflohen.

Auf diesen in der Anfrage dargestellten Sachverhalt stattete der arrêt Monsieur Barrigue, einen Conseiller am Parlement, mit dem Recht aus, die Schuldigen zu „dekretieren"[774] und die aus einer Anhörung erhaltenen Informationen an den Procureur général zu übermitteln[775]. Dieser beschränkte und auf einen Einzelfall bezogene Inhalt des arrêt erscheint ungewöhnlich in einer redigierten Sammlung[776], ist aber nicht untypisch im Kontext der arrêts de règlement[777]. Denn

---

771 Arrêt de règlement „qui permet d'informer sur les contraventions faites par plusieurs particuliers, au sujet des Bleds" vom 17. Mai 1729, Régusse, S. 330ff.

772 Pertuis ist eine kleine Stadt in der Provence, ca. 20 km nördlich von Aix am Fluss Durance gelegen.

773 Régusse, S. 330f.

774 Régusse, S. 331.

775 Régusse, S. 331.

776 Vgl. dafür auch C.I.2.c) Zweck und Bedeutung der Sammlung von Régusse.

777 Beispiele für solche vorläufigen arrêts de règlement des Parlements de Provence finden sich in den Registern vor allem zu Maßnahmen im Seuchenschutz, so der arrêt de règlement vom 8. Oktober 1669, ADBR, B 3699; der arrêt de règlement vom

oft genügten die Sachverhaltskenntnisse für die Redaktion eines umfassenden Règlements zunächst nicht aus[778], sodass die Parlements Befragungen, Begehungen und andere Ermittlungsmaßnahmen anordneten. Sie erließen solche Zwischenverfügungen auf dem Weg zu einem endgültigen arrêt de règlement in derselben Form, sodass es sich dabei stets um arrêts handelt, die je nach Umfang und Intensität ihrer Anordnungen auch das Attribut Règlement erfüllen[779]. Der knappe Regelungsinhalt des arrêts von 1729 spricht eher gegen eine solche Qualifikation, macht seinen Inhalt aber nicht völlig uninteressant. Schließlich zeugt seine Anfrage doch von einem ständigen Missstand: Die erlassenen Règlements insbesondere zur Weizenversorgung wurden oft nicht konsequent beachtet. Selbst Richter handelten ausdrücklichen Anweisungen zuwider. Die schwache Durchsetzung der Police war ein generelles Problem im Ancien Régime[780].

b) *Fischverkauf*

Als maritime Provinz hatte die Provence glücklicherweise auch Zugang zu anderen Ressourcen. Der Fischfang bescherte der Lebensmittelversorgung eine wichtige Stütze[781], über die die Binnenlande des Königreichs nicht verfügten. Allerdings gehörte Fisch schon in der Provence der Frühen Neuzeit u. a. wegen der nicht nachhaltig betriebenen Fangmethoden zu den Lebensmitteln, die sich ärmere Leute nicht mehr leisten konnten[782].

Das beklagten die Zeitgenossen und forderten offen ein größeres Engagement der Police[783]. Tatsächlich waren der Fang, die Zubereitung und der Verkauf von

---

3. Oktober 1670 („Yeres"), ADBR, B 3699, sowie die zusammenhängenden arrêts de règlement vom 13. Februar und vom 20. März 1671 („toulon"), ADBR, B 3699.

778 Payen, La Physiologie de l'arrêt de règlement, S. 174f.

779 Diese arrêts lassen sich als arrêts préparatoires zusammenfassen, vgl. umfassend dazu Payen, La Physiologie de l'arrêt de règlement, S. 174ff. und insbesondere S. 180ff.

780 Rigaudière, Les ordonnances de police, in Stolleis, Policey im Europa der frühen Neuzeit, S. 120 ff., 131, 151.

781 Darluc, Histoire naturelle de la Provence, Bd. 3, S. 84ff., 93ff.

782 Darluc, Histoire naturelle de la Provence, Bd. 3, S. 93. Die auf den folgenden Seiten aufgezeigten Ursachen für den geringeren Fischfang sind gut vergleichbar mit den aktuell von Umweltschutzverbänden kritisierten Zuständen im Zusammenhang mit der Überfischung der Meere. Vgl. Jeremy B. C. Jackson et al.: Historical Overfishing and the Recent Collapse of Coastal Ecosystems. In: Science. Vol. 293, Nr. 5530, 27. Juli 2001, S. 629–637; Charles Clover: The End of the Line. How overfishing is changing the world and what we eat. Ebury Press, London 2004.

783 Darluc, Histoire naturelle de la Provence, Bd. 3, S. 97.

Fischen einer der von Delamare gezeigten ständigen Gegenstände der Police[784]. Das Parlement de Provence widmete sich diesem Thema hin und wieder über den Zeitraum, den seine überlieferten arrêts abdecken. Die darin enthaltenen Verfügungen verfolgten denselben Zweck und vergleichbare Ansätze wie die arrêts zur Weizenversorgung[785]. Die Verfügungen sind sich bisweilen sehr ähnlich. Ein arrêt über die Umstände des Verkaufs von Fisch offenbart besonders viele inhaltliche Gemeinsamkeiten mit dem arrêt von 1628 über den Verkauf von Weizen[786] einerseits und mit dem sog. arrêt pour le pain von 1662[787] andererseits. In diesem arrêt vom 16. Dezember 1673[788] geht es um den Verkauf von Fisch auf öffentlichen Märkten. Weil das Feld maßgeblich von Kaufleuten und den Bedingungen eines grundsätzlich freien Handels bestimmt war, bediente sich das Parlement der bekannten Instrumente: Wie beim arrêt von 1628 über den Verkauf von Weizen[789] ordnete es einen Marktzwang an und versah die Verfügungen mit einer Denunziantenregelung, die demjenigen, der einen verbotenen Vorgang meldet, einen Drittel der zu zahlenden Geldstrafe zuspricht.

Allerdings weist der arrêt im Unterschied zu den Weizen- und Brot-Règlements eine Besonderheit auf, die seine Entstehung betrifft: Seine Regelungen hat das Parlement nicht selbst geschaffen. Sie beruhten nämlich auf einem Règlement[790], das die Konsuln der Stadt Aix für den Verkauf von Fisch erlassen haben. Die Konsuln wandten sich damit an das Parlement, um dem eigenen Règlement die Fassung eines arrêts der Cour souveraine[791] verleihen zu lassen. Diese Gattung von arrêts de règlement bezeichnen Forschung[792] und auch die

784 Delamare, Traité de la Police, Bd. 2, Titel 6.

785 Vgl. Delamare, Traité de la police, Bd. 3, Titel 37, S. 215ff.

786 Arrêt de règlement „Qui ordonne que tous les Bleds qui s'exposeront en vente, seront portés & vendus aux marchés publics“ vom 9. September 1628, Régusse, S. 16ff.; sh. C.II.2.*a) Getreide.*

787 Arrêt de règlement „Pour le Pain“ vom 16. März 1662, Régusse, S. 42ff.; sh. C.II.2.*a) Getreide.*

788 Arrêt de règlement vom 16. Dezember 1673, ADBR, B 3699 bzw. arrêt de règlement „Concernant la vente de Poisson“, Régusse, S. 112ff.

789 Régusse, S. 16ff., sh. oben.

790 So der Text der wiedergegebenen requête, arrêt de règlement vom 16. Dezember 1673, ADBR, B 3699 bzw. arrêt de règlement „Concernant la vente de Poisson“, Régusse, S. 113.

791 Die Form des arrêt war den Cours souveraines vorbehalten, Guyot, Répertoire universel et raisonné de jurisprudence, Bd. 3, S. 67.

792 Payen, La physiologie de l'arrêt de règlement, S. 116ff.

zeitgenössischen Quellen[793] als arrêts d'homologation. Die arrêts d'homologation waren das Ergebnis sich überschneidender Aufgabenbereiche in einer hierarchisch organisierten Verwaltung ohne klar abgegrenzte Zuständigkeiten. Die Parlements konnten sie zielführend für sich nutzen. Die Aufwertung niederer Règlements machte die eigene Arbeit effizienter ohne die Verwaltung offensichtlich zu zergliedern oder irreversible Zugeständnisse zu machen. Der dafür notwendige formale Akt erfolgte im Gewand des arrêts und verlieh dem Règlement der niederen Verwaltungsinstanz die genuine Autorität des Gerichtshofs, der es bedurfte, entweder um damit größere Beachtung zu finden oder um überhaupt Geltung beanspruchen zu können. Der Inhalt wurde zwar nur „gleichgesetzt", mit der neuen Form erhielt er aber auch eine neue Qualität. In größeren Gerichtsbezirken des Königreichs sorgte das für eine sinnvolle Aufgabenteilung und schütze die Parlements vor mühsamer Kleinarbeit. Die Provence war aber ein relativ kleiner Sprengel der auf Aix ausgerichtet war. Anders als in Paris bedurfte es hier keiner Zwischenebene, die sich treu zum Parlement blickend lokalen Besonderheiten zuwendet. Deswegen waren in Aix weder dieser Begriff[794] noch dieser arrêt-Typ üblich. Die Register enthalten kaum Beispiele für solche Akte. Das ist eine Besonderheit für die arrêts de règlement aus Aix. Trotzdem erlaubte das Parlement de Provence es den niederen Verwaltungsebenen, einige Fragen per Règlement zu erfassen und ihm vorzulegen. Das belegt der arrêt vom 16. Dezember 1673. Zudem eröffnet er ungezwungen, dass er aus einem autorisierten Règlement besteht. Er sticht insofern als Ausnahme von der für Aix nachgezeichneten terminologischen und quellentypischen Besonderheit heraus. Hier offenbart die wiedergegebene requête selbst, dass der Procureur général im vorliegenden Fall seine Anfrage für einen arrêt d'homologation aus dem Règlement der Konsuln entwickelt hat:

---

793 In der Praxisliteratur z. B. Ferrière, Dictionnaire de droit et de pratique, Bd. 1, S. 721; Guyot, Répertoire universel et raisonné de jurisprudence, Bd. 5, S. 3; ders., Supplément au Répertoire universel et raisonné de jurisprudence, Bd. 16, S. 275; aber auch in den arrêts selbst, z. B. der als Flugblatt überlieferte „Arrêt de la Cour de Parlement, qui homologue des articles de réglement convenus entre les officiers de la Sénéchaussée & Siege Présidial de Lyon, pour l'administration de la justice & les fonctions de leurs charges." vom 1. März 1664, BML, 113336 - Recueil factice, Fonds Coste.

794 Régusse, S. 114, vermeidet die Bezeichnung „Homologation" und bevorzugt autorisation, bezieht sich aber an dieser Stelle auf dasselbe. Denn die beschriebene Autorisierung der Ausführung entspricht der Homologation, wie sie bei den anderen Parlements Anwendung findet.

„[L]es Consuls de cette ville ayant fait reglement sur la vente & taxe du Poisson, pour l'observation d'icelui, il importe que la Cour par son autorité ordonne ce qu'elle trouvera à propos pour l'execution d'icelui."[795]

> [Nachdem] die Konsuln dieser Stadt ein Règlement über den Verkauf und die Taxierung[796] von Fisch erlassen haben, ist es für dessen Beachtung wichtig, dass der Gerichtshof durch seine Autorität anordnet, was er befindet in Bezug auf dessen Ausführung.

Die requête bezog sich ausdrücklich auf das Règlement der Konsuln, war allerdings relativ offen formuliert („La Cour ordonne ce qu'elle trouvera"). Das Ziel war damit nicht etwa auf die bloße Aufzeichnung des Règlements beim Parlement eingeengt[797]. Die Anfrage, dass der Gerichtshof mit seiner Autorität anordnet, was er in Bezug auf die Ausführung des Règlements „befindet", enthält sinngemäß auch eine Verschärfung oder Abschwächung der Regeln des Règlements der Konsuln durch das Parlement. Dabei schlug die Anfrage gleichwohl einen konkreten Text des gewünschten Verbots vor, weil der Procureur général ja den Richtern den materiellen Inhalt des Règlements der Konsuln vorlegte.

Régusse sah zumindest in Bezug auf die im Règlement vorgesehenen Preise für Fisch auf den Märkten eine originäre Prärogative der Konsuln, was sich aus einer Ordonnance von 1519[798] ergab und mit anderen Ordonnances übereinstimmte[799]. Nach seiner Erklärung autorisierte das Parlement solche Règlements üblicherweise auf Anfrage[800], womit die Initiative und die inhaltliche Ausgestaltung den unteren Verwaltungsträgern überlassen waren[801]. Die vom Parlement gewährte „Übersetzung" bzw. Autorisierung des Règlements der Konsuln in

795 Régusse, S. 112f.; Arrêt de règlement vom 16. Dezember 1673, ADBR B 3699.

796 So die zeitgenössische Übersetzung, vgl. Frisch, Nouveau Dictionnaire des Passagers, Sp. 1903, samt der Erklärung: „[W]as man einem Einnehmer erlaubt, wegen der ausserordentlichen Unkosten, der er tragen muß, von der Summe zu nehmen."

797 Außerdem konnte die Anfrage auch keine starren Grenzen für die Ausgestaltung des endgültigen Règlements setzen, wie schon das Dispositiv des arrêt de règlement „Pour la Police" vom 15. Januar 1683, Régusse, S. 145ff., im Vergleich mit der wiedergegebenen Anfrage belegt. Sh. C.II.1.a) Die Müllentsorgung.

798 Régusse meint die Ordonnance von Königs Franz I. vom 21. November 1519, die die im Ansatz die Preise von Lebensmitteln und die Zuständigkeiten der Markt-Police regelte, Isambert, Recueil général des anciennes lois françaises, Bd. 12, S. 168. Allerdings bezieht sie sich in erster Linie auf die von Gastwirten angebotenen Waren und Leistungen.

799 Régusse, S. 114; arrêt de règlement vom 16. Dezember 1673, ADBR, B 3699.

800 Régusse, S. 114; arrêt de règlement vom 16. Dezember 1673, ADBR, B 3699.

801 Régusse, S. 114; arrêt de règlement vom 16. Dezember 1673, ADBR, B 3699.

einen arrêt de règlement entspricht dem erklärten Grundprinzip der Homologation[802]. Der endgültige arrêt ging aber, so wie es die Anfrage nach ihrer Formulierung zuließ, über den Inhalt des vorgelegten Règlements hinaus:

„La Cour a ordonné & ordonne que ledit Reglement sera executé de l'autorité de la Cour, & en consequence a fait & fait inhibitions & défenses aux Poissonniers & Poissonneries de porter le Poisson ailleurs qu' aux lieux accoûtumés, ne de le vendre en cachette, & d'user d'aucune fraude, cacher le Poisson, de le vendre à plus haut prix que celui du Reglement, à peine de 100. liv. d'amende pour la premiere fois, sauf de plus grandes peines en cas de rescidive; fait pareilles défenses aux Hôtes & Cabaretiers d'acheter le Poisson qu'après dix heures, conformément au Reglement, & hors la halle de la Poissonnerie."[803]

> Der Gerichtshof hat angeordnet und ordnet an, dass das besagte Règlement ausgeführt wird mit der Autorität des Gerichtshofs und [verbietet] es in der Folge den Fischhändlern und Fischverkäufern, den Fisch anderswo als zu den gewohnten Orten zu bringen sowie ihn [versteckt] zu verkaufen und jeglichen Betrug zu [begehen], den Fisch zu verstecken, ihn zu höheren als in dem Règlement vorgesehenem Preis zu verkaufen, unter der Geldstrafe von 100 Pfund für das erste Mal [und] größeren Strafen bei [Rückfälligkeit]; [verbietet] es gleichermaßen den [Gastwirten], Fisch nach 10 Uhr zu kaufen, in Übereinstimmung mit dem Règlement, und außerhalb der Fischmarkthalle.

Neben den vom vorgelegten Règlement vorgesehenen Verboten, Fisch anderswo als auf Märkten und zu höheren als den vorgeschriebenen Preisen zu verkaufen und zu bestimmten Uhrzeiten anzukaufen, verbietet es der arrêt den Gastwirten, Fisch außerhalb der Fischmarkthalle zu kaufen. Das Gericht nutzte die Gelegenheit und ergänzte und verschärfte die Verbote des Règlements der Konsuln. Das war dem Parlement mit der offen gestellten Anfrage ausdrücklich überlassen. Obwohl das Dispositiv das Règlement der Konsuln explizit mit der Autorität des Gerichts ausstattet und den Text scheinbar bloß rezitiert, handelt es sich damit in Teilen schon wegen des Inhalts und im Ganzen wegen der Form um ein eigenes Règlement des Parlements.

Der arrêt von 1673 fand seine Wiederholung[804] in einem Règlement vom 10. März 1678[805]. Das belegt schon die reproduzierte Anfrage, die sich

---

802 Dazu Payen, La physiologie de l'arrêt de règlement, S. 116ff.

803 Régusse, S. 113, arrêt de règlement vom 16. Dezember 1673, ADBR, B 3699.

804 Régusse führt im Kommentar zum arrêt auf S. 124 an, dass er frühere Verbote wiederholt.

805 Régusse, S. 123.

ausdrücklich auf frühere „Arrêts & Règlements" des Parlements bezog[806]. Da sich der Fisch durch Absprachen zwischen den Fischverkäufern und Gastwirten trotz der Anordnungen von 1673 fortwährend verteuerte[807], war eine Aktualisierung erforderlich geworden, die auch einige Verschärfungen enthielt. Die Wiederholung der requête des Procureurs général zeigt noch einmal, dass die Zeitgenossen davon ausgingen, dass der frühere arrêt d'homologation von 1673[808] nicht einfach ein Règlement der Konsuln war, das mit der Autorität des Parlement versehen wurde. Vielmehr war für sie aus dem Règlement der Konsuln ein Règlement des Gerichts selbst geworden. Im Sinne einer wirksamen Aktualisierung dieses Règlements traf der arrêt von 1678 eine Anordnung, die die schon bestehende Rechtslage eindringlich zu erinnern suchte und den Betreffenden scheinheilige Entschuldigungen vorwegnehmen sollte:

„La Cour a ordnonné & ordonne, qu'il sera fait une banderole avec les armes de la Ville, pour être mise à une bigue qui sera posée dans la place du marché, à l'endroit où les Consuls trouveront à propos, & y demeura jusques à dix heures du matin; pendant lequel tems fait inhibitions & défenses à tous Hôtes & Cabaretiers, d'acheter le poisson."[809]

> Der Gerichtshof ordnet an, dass eine Banderole mit dem Wappen der Stadt gemacht wird, um an einem Hebebock angebracht zu werden, der auf dem Marktplatz aufgestellt wird, an dem Ort, den die Konsuln für gelegen halten, und dort bis 10 Uhr am Morgen verbleibt, zu welcher Zeit er es den Gastwirten [untersagt], Fisch zu kaufen.

Der Marktplatz sollte einen Hebebock mit einem Schriftband erhalten, der die Gastwirte von seiner Stelle bis 10 Uhr ausdrücklich und unmittelbar vor Ort dazu auffordert, keinen Fisch zu kaufen. Das war nicht etwa eine neue Form der Bekanntmachung, sondern eine Flankierung des Verbots mit einer eindringlichen Erinnerung und direkten Aufforderung an die Handeltreibenden,

---

806 Sie ging davon aus, dass das betreffende Verhalten bereits verboten war: „[La] Requête [...] [tend] à fins [...] que la cherté du poisson ne procede que de ce que les Hôtes & Cabaretiers colludent avec les Poissoniers, bien qu'il leur soit prohibé par les Arrêts & Règlements de la Cour, d'en acheter qu'après une certaine heure, et aux Poissonniers & à tous Vendeurs de poisson, de le vendre ailleurs qu'en la place accoûtumée[.]", Régusse, S. 123. Das ist im Wesentlichen der Inhalt des arrêt de règlement vom 16. Dezember 1673, ADBR, B 3699 (bzw. Régusse, S. 112ff.).

807 So führt es die requête aus, Régusse, S. 123f.

808 Arrêt de règlement „Concernant la vente de Poisson" vom 16. Dezember 1673, Régusse, S. 112ff. bzw. arrêt de règlement vom 16. Dezember 1673, ADBR, B 3699. Sh. oben.

809 Régusse, S. 123.

Zuwiderhandlungen zu unterlassen. Insoweit handelt es sich beim arrêt von 1678, wenn man das als eine neue Maßnahme ansieht, nicht um eine reine Wiederholung. Darüber hinaus präzisierten die Richter auch das Verbot, den Fisch außerhalb des angestammten Marktplatzes zu verkaufen, indem der arrêt es den Fischverkäufern untersagt, die gewogenen Waren mit nach Hause zu nehmen, wo Verkäufe heimlich stattfinden konnten. Dazu wurden nochmals die Strafen angepasst.

Obwohl es sich bei der Kontrolle des Fischverkaufs um eine Aufgabe der Konsuln handelte, schritt das Parlement innerhalb eines Jahrzehnts zweimal mit eigenen Règlements ein. Der arrêt von 1673 zeigt, dass das unter anderem darauf zurückzuführen ist, dass die Konsuln die bestehenden Regeln aus eigener Kraft schlecht durchzusetzen vermochten. Ob das Problem mit dem arrêt von 1678 gelöst war, ist nicht genau zu beantworten. Weder Régusse noch die untersuchten arrêts der Register enthalten weitere Akte zu diesem Gegenstand, während andere Themen wie der Weizenverkauf noch bis weit in das 18. Jahrhundert hinein für die Richter aktuell blieben. Das belegt zumindest, dass der Konflikt danach nicht wieder eskaliert ist.

3. Berufsausübung

Das Parlement griff, wie im vorigen Kapitel[810] aufgezeigt, mit zahlreichen arrêts in das öffentliche Wirtschaftsleben ein. Weil die Gebote und Verbote der arrêts de règlement ungeachtet ihrer Zielsetzung mithin praktisch immer die wirtschaftliche Betätigung einschränkten, eignet sich die Einordnung als „Wirtschaftspolicey" nicht, um die vielseitigen Verfügungen zu kategorisieren. Tatsächlich kann man die Gegenstände der Règlements konkreter beschreiben, wenn sie wiederholt in arrêts de règlement auftauchen. Das gilt für die arrêts mit besonderen Regeln für bestimmte Berufsgruppen. Für sie erkannte das Parlement Gefahrenpotenziale, meist nachdem es zu Unglücksfällen gekommen war. Die betreffenden arrêts de règlement waren entsprechend konkret auf die jeweiligen Tätigkeiten zugeschnitten und erlauben eine Abgrenzung nach den geregelten Berufen.

So verhielt es sich mit den Apothekern im Ressort des Parlements de Provence. Keine andere Berufsgruppe erhielt derart häufig und anhaltend seine Aufmerksamkeit in Form von arrêts de règlement. In Régusses Sammlung befinden sich zahlreiche Beispiele für die Beschäftigung der Richter mit dem Thema mit weitläufigen und einschneidenden Regelungen für diesen Berufsstand. Den

---

810 Sh. C.II.2. Sicherung der Lebensgrundlagen.

konkreten Hintergrund dafür bildeten die Todesfälle infolge der Einnahme toxischer Substanzen.

Die Menschen des Ancien Régime hatten einen guten Zugang zu Drogen, während die moralischen Hürden für den Umgang mit Rauschmitteln hoch waren[811]. Der Alkohol bildete hier Ausnahme[812]. Die langfristigen Schäden von Genussmitteln oder ihre gewaltanregende Wirkung waren jedoch nicht der eigentliche Problempunkt der ausgemachten arrêts für die Apotheker. Dieser bestand vielmehr in den gefährlicheren unmittelbar tödlich wirkenden Mitteln, die die Untertanen einfach in Apotheken erwerben konnten, weil die allgemeine medizinische Versorgung noch Privatsache und daher weitgehend gewerblich organisiert war. Dabei interessierten die Richter vor allem die bösen Absichten der Untertanen für den Erwerb von Giften. In diesem Licht erklärt sich die rechtliche Kontrolle der Apotheker als eine Form der Verbrechensvorbeugung. Denn die vertriebenen Arzneien zur Förderung der Gesundheit konnten unter bewusst falscher Anwendung ideale Tatmittel werden. Die Wirkung einiger Drogen erlaubt den Vergleich mit Waffen. Und so musste das Parlement zum Schutz des Lebens und der Gesundheit wiederum die unmittelbaren Ursachen angehen[813].

Die überlieferten Règlements zum Apothekerberuf zeigen eine auffällig fallbezogene Aufmachung. Oft nennen sie ausdrücklich ein bestimmtes Verfahren gegen eine oder mehrere Personen, das ihnen vorausging. Im Unterschied zu Règlement-Verfügungen in einem Urteil in einem Parteiverfahren waren sie aber aus einem eigenständigen Verfahren erwachsene Akte. In der Regel war es der mit Drogen herbeigeführte Tod eines Untertanen.

Ein anschauliches Beispiel für die kleinteiligen und mit Sorgfalt geschaffenen Regelungen zum Schutze der Bevölkerung liefert ein arrêt de règlement vom 13. Februar 1681[814]. Er enthielt genaue Anweisungen zur Lagerung und Ausgabe giftiger Substanzen.

---

811 Pollien, Histoire des régulations de l'usage de drogue et d'alcool, Dépendances, Nr. 29, S. 25.

812 Vgl. dafür Ruff, Violence in Early Modern Europe 1500–1800, S. 126f., der sich auf den schon damals erlebten Zusammenhang zwischen Gewalt und Alkohol konzentriert und dabei auf die gut besuchten Schänken am Stadtrand von Paris im 18. Jahrhundert eingeht.

813 Sh. C.II.1.b) Gefährliche Waffen und Maskeraden.

814 Arrêt de règlement „Pour les Apoticaires, marchands, Droguistes & Épiciers", Régusse S. 135f.

„La Cour [...], après avoir jugé ... à être penduë, brulée ensuite, & ses cendres jettées au vent, pourvoyant à la requisition faite par le Procureur Général du Roy, pour éviter les accidens qui arrivent sur le débit du poison, a fait injonction à tous les Apoticaires, marchands Droguistes & Epiciers de cette Province, de tenir des drogues qui sont poison, comme arcenil, réagal, sublimé & autres, en lieu sur, dont ils garderont seuls la clef[.]“[815]

> Nach Verurteilung von ... zur Hinrichtung durch Hängen, Verbrennung und Verstreuung der Asche in den Wind, erlegt es der Gerichtshof auf Anfrage des Procureur Général allen Apothekern [...] auf, um Zwischenfälle bei der Ausgabe von Gift zu vermeiden, die giftigen Drogen wie Arsen [etc.] an einem sicheren Ort aufzubewahren, zu dem sie allein den Schlüssel behalten.

Hierbei handelte es sich um einen arrêt, auch wenn er wie üblich keine juristische Begründung[816] enthält, immerhin seinen tatsächlichen Anstoß leicht zu erkennen gibt. Schon im ersten Nebensatz erwähnt der Text beiläufig, dass der Gerichtshof jemanden zum Tode[817] verurteilt hat. Ohne den Namen des Verurteilten und den Hintergrund der Verurteilung preiszugeben, geht der arrêt dann wie üblich auf die Requisition ein, die sonst an erster Stelle steht, ohne sie aber genauer auszuführen. Dem schließt sich die erste Anordnung unmittelbar an, die Apotheker, Drogisten und Krämer fortan verpflichtete, „giftige Drogen“ sicher hinter verschlossenen Türen aufzubewahren, um „Zwischenfälle zu vermeiden, die beim Vertrieb von Giften auftreten“. Dann kommt das Verbot, Substanzen an andere Personen zu vergeben als an solche, die in der Umgebung ansässig und bekannt sind:

„[La Cour] leur a fait & fait inhibitions & défenses d'en vendre ni débiter à autres qu'à des personnes domiciliées, & notoirement connuës, sans que leurs femmes, enfans & domestiques, compagnons, apprentifs, en puissent vendre & débiter à qui que se soit, sur aucun pretexte, à peine d'en répondre en leur propre nom[.]“[818]

> [Der Gerichtshof] verbietet es ihnen, [solche Substanzen] zu verkaufen oder auszugeben an andere als örtlich ansässige und allgemein bekannte Personen, sowie dass ihre

815 Régusse, S. 135.

816 Dazu: Dauchy, Demars-Sion, La non-motivation des décisions judiciaires, Revue historique du droit 82 (2), S. 223–239.

817 Eine berühmte zeitgenössische Kompilation zur gerichtlichen Praxis des Strafrechtlers und Richters Jean Imbert erklärt, dass Giftmörder für gewöhnlich erhängt werden müssen, Pratique civile et criminelle, S. 716, Nr. 18.

818 Régusse, Arrêts de Règlement, S. 135.

Frauen, Kinder und Gesinde, Gesellen, Lehrlinge sie verkaufen oder ausgeben an jegliche Person unter jeglichem Vorwand, unter der Strafe dafür persönlich einzustehen.

Die Beschränkung der Ausgabe an ortsansässige und bekannte Personen beruht auf einer Zuverlässigkeitserwägung und erscheint damit vergleichbar mit modernen Gefahrenabwehrnormen. Ein praktisch anonymer Handel ließe es zu, dass der unbekannte Käufer sich jeglicher sozialen Kontrolle entzieht. Er vereinfacht den ungehinderten Umlauf und begünstigt den Missbrauch von Drogen. Und bekannte Konsumenten waren, wenn sie sich etwas zu Schulden kommen ließen, für die Strafverfolgung auch besser aufzuspüren[819]. Die Anordnung wendet sich dafür unmittelbar an die Apotheker. Mit verbaut ist allerdings auch die Anweisung, Familie und Hausgesinde vom Vertrieb fernzuhalten unter der Strafe, „im eigenen Namen dafür einzustehen“[820]. Da die Apotheker als primäre Adressaten des arrêts für die Einhaltung der auferlegten Pflichten Sorge zu tragen hatten, war es nur konsequent, wenn sie für Fehler nahestehender Personen zur Rechenschaft gezogen werden konnten.

Dazu ordnete der arrêt eine konkrete und sehr aufwändige Registerführung der Apotheker, Drogisten und Krämer an, die mit einer eigenen Strafandrohung, die u. a. die Möglichkeit der „Verbannung“[821] umfasst, also den zeitlich begrenzten oder unbegrenzten Ausschluss aus dem gesamten Ressort des Parlements de Provence und damit auch von der Berufsausübung in der Region[822].

„[La] Cour [ordonne], que les Apoticaires, Droguistes, Epiciers tiendront un registre paragraphé par le Juge des lieux des noms de ceux à qui ils auront vendu, debité, ou donné lesdites drogues, la quantité, qualité, le jour & l'usage à quoi on les veut destiner, & feront signer les déclarations à ceux qui en prendront, sans

819 Vgl. den von Lautemann/Cornelissen als Erlass des Pariser Parlements vom 5. Januar 1776 zitierten Reformenkatalog des Finanzministers Anne Robert Jacques Turgot, der sich dieser Regelung fast wortgleich bedient und direkt im Zusammenhang mit der Strafverfolgung nennt, Lautemann/Schlenke, Geschichte in Quellen, Bd. 4, S. 142; Schelle, Œuvres de Turgot, S. 238 (Édit de suppression), 248ff.

820 Régusse, Arrêts de Règlement, S. 135. Die Formulierung „répondre en leur(s) propre(s) nom(s)“, zu Deutsch etwa „mit dem/den eigenen Namen (für etwas) einstehen“ taucht in den historischen Rechtstexten aus dem französischen Sprachkreis sehr häufig auf und meint nicht immer dieselbe Rechtsfolge. Aus dem Kontext für die dargestellte Quelle und Régusses Kommentar ergibt sich jedoch, dass es hier um die strafrechtliche Verantwortlichkeit geht.

821 „Bannissement“, zur Übersetzung vgl. Sachs-Villatte S. 79.

822 Bourguignon-Dumolard, Dictionnaire raisonné des lois pénales de France, Bd. 1 S. 125.

pouvoir en vendre, débiter ou donner à des valets ou domestiques; dans lequel livre ils feront aussi inserer le présent Arrêt & Règlement, le tout à peine de 300. liv. d'amende, bannissement, & plus grande peine s'il y échoit."[823]

> Der Gerichtshof ordnet an, dass die Apotheker [etc.] ein vom Richter paragrafiertes Register führen über die Orte, die Namen derjenigen, an die sie die besagten Drogen verkaufen [oder ausgeben], die Menge, den Tag und die Verwendung, der man sie zuführen will, und dass sie die Erklärungen unterzeichnen lassen für diejenigen, die die [Drogen] nehmen, ohne dass [die Drogen] verkäuflich sind gegenüber Dienern oder Hausgesinde; in welchem Buch sie außerdem den vorliegenden [arrêt] einfügen, all das unter einer Geldstrafe von 300, Verbannung, oder größerer Strafe [.]

Die Führung eines Registers für jedes Geschäft dürfte sich für die Apotheker als eine sehr einschneidende Auflage erwiesen haben. Vielleicht handelte es sich dabei aber um eine schon bestehende Verpflichtung. Denn laut Régusses Kommentar bediente sich der arrêt von 1681 der gleichen Mittel wie die Ordonnance von 1656[824]. Leider ist diese Ordonnance nicht eindeutig auszumachen[825]. Jedenfalls kannte er aber eine schon vorher bestehende Grundlage für den arrêt, der die Regelungen nur fallgerecht konkretisierte bzw. wiederholte[826]. Ob der arrêt von 1681 wiederum eine Aktualisierung eines früheren arrêts des Parlements darstellt, geht nicht aus Régusses Worten hervor. Der Autor nennt im Kommentar zum arrêt von 1681 nur spätere arrêts zum selben Thema[827], bei denen es sich um Aktualisierungen des arrêts von 1681 handelte. Zwei davon bezeichnet er genauer, dabei hat er aber nur den arrêt vom 18. August 1741[828] in die Sammlung aufgenommen.

Allerdings gibt es einen früher ergangenen überlieferten arrêt zu diesem Thema aus dem Jahr 1661[829], der nach einem Prozess gegen die Leiche einer des Selbstmords überführten[830] Person erging. Er lässt sich mit dem 20 Jahre später

---

823 Régusse, S. 135.

824 Régusse, S. 136.

825 Möglicherweise handelt es sich um die „Arrests du Roy", die mehrere Ordonnances insbesondere zur Zulassung zum Apothekerberuf neu gruppierten. Dazu Chatonier, Aiache, Sur un document original publié à Clermont en 1656, Revue d'histoire de la pharmacie, Bd. 86 (1998), Nr. 317, S. 59ff.

826 Régusse, S. 136.

827 Régusse, S. 136.

828 Régusse, S. 394.

829 Arrêt de Règlement „Pour les Apoticaires." vom 16. Februar 1661, Régusse, S. 37f.

830 Ein kurzer historischer Überblick zur Bestrafung des Selbstmords in Frankreich findet sich bei Merlin, Repertoire, Bd. 32, S. 391, „Suicide".

ergangenen Akt vergleichen. Dieser arrêt vom 16. Februar 1661 ist allerdings sehr kurz gefasst. Der Inhalt spricht sehr dafür, dass sich das Parlement auf diesem Gebiet später mit dem arrêt von 1681 nicht nur auf Aktualisierungen beschränkt hat. Das legen die Verfügungen des arrêts von 1661 nahe. Das Parlement erlegte den Apothekern zwar darin ganz ähnliche Verpflichtungen zur sicheren Aufbewahrung sowie Registerführung und Verkaufsverbote auf. Sie waren aber bei weitem noch nicht so umfassend, wie die ab 1681.

„La Cour [...] a enjoint à tous les Apoticaires de cette Ville d'Aix, & de la Province, de tenir & fermer sous la clef l'arsenic, & autres droges prohibées & défenduës, ausquels a fait & fait inhibitions & défenses d'en vendre ni débiter, & d'en user sans ordonnance des Medecins, & et leur enjoint d'écrire dans leur livre le nom de ceux à qui ils auront vendu lesdites drogues, & à quel effet, à peine de 10000 liv. & de punition corporelle.“[831]

> Der Gerichtshof erlegt es allen Apothekern dieser Stadt Aix und der Provinz auf, Arsen und andere [verbotene] Drogen [verschlossen zu halten], und verbietet es ihnen, solche zu verkaufen oder auszugeben und zu benutzen ohne Anordnung der Mediziner[;] und erlegt es ihnen auf, den Namen derjenigen in ihr Buch zu schreiben, an die sie die besagten Drogen verkauft haben werden, und zu welchem Zweck, unter einer Geldstrafe von 10000 Pfund und körperlicher Züchtigung.

Auffällig gegenüber dem arrêt von 1681 ist hieran, dass sich die Verfügungen nur auf bestimmte, bereits verbotene Drogen beziehen. Die Apotheker durften sie nur auf bestimmte Anordnung ausgeben und mussten sie ansonsten verschlossen halten. Auch die Pflicht zur Registerführung ist bei weitem nicht so formalisiert und bezieht sich nur auf diese bestimmte Art von Drogen, ohne dass der arrêt in das Register aufzunehmen war. Insoweit erscheinen die Regelungen von 1661 noch recht locker. In seinem Kommentar zu dieser Entscheidung vermerkt Régusse auch die späteren arrêts, insbesondere den arrêt von 1681[832]. Nach seiner Ansicht findet man dort zum Teil dieselben Regeln[833]. Es ist davon auszugehen, dass der arrêt von 1681 in Teilen auf dem von 1661 beruht. Allerdings handelt es sich angesichts der Verschärfungen und weiter ausgeführten Instrumente nicht um eine reine Aktualisierung.

Außer den Verfügungen sind auch die tatsächlichen Umstände der arrêts vergleichbar. Sie beide gehen auf absichtlich herbeigeführte, tödliche Vergiftungen zurück. Es scheint angesichts der gleichartigen Verfügungen nicht besonders ins

831 Régusse, S. 37.
832 Régusse, S. 38.
833 Régusse, S. 38.

Gewicht gefallen zu sein, dass dem früheren arrêt ein Selbstmord vorausgegangen[834] war, während der spätere arrêt in der Folge eines Prozesses gegen einen Attentäter erlassen worden ist[835]. Das ist aus der damaligen Sicht nachvollziehbar. Gifttötungen waren besonders problematisch in der Aufklärung, ganz gleich ob es sich um einen Suizid oder eine Fremdtötung handelte[836]. Und nach Ansicht vieler Zeitgenossen waren das gleich schlimme Verbrechen[837].

Dass arrêts zum selben Thema mit ähnlichen Verfügungen auf gleich gelagerte Fälle ergingen, ist indes nicht ungewöhnlich. Speziell für die arrêts von 1661 und 1681 ist allerdings die ausdrückliche Einbindung der vorher abgeschlossenen Verfahren in den Text eine Besonderheit. Für den arrêt von 1681 findet sich sogar die im vorangegangenen Urteil ausgesprochenen Strafe, die umfasste, „à être penduë, brulée ensuite, & ses cendres jettées au vent“[838], also gehängt, dann verbrannt zu werden und die Asche in den Wind zu verstreuen. Die Referenz zum vorher ausgesprochenen Todesurteil samt Strafausführung war für die Verfügungen nicht notwendig. Aber so war es Zeitgenossen möglich, den Hintergrund der schärferen Regelungen zu verstehen. Die genannten Vorgänge waren damit auch eine Form der Rechtfertigung für die Maßnahmen. Und wie bei anderen arrêts[839] treten die tatsächlichen und rechtlichen „Motive“ des arrêts damit hervor.

Obwohl die Verfügungen der arrêts von 1661 und 1681 nicht nur an sie gerichtet waren, bedeuteten sie in erster Linie für die Apotheker einen deutlichen Einschnitt in ihre berufliche Tätigkeit. Das ergibt sich schon aus der konkret sanktionierten Tätigkeit: Der Vertrieb von Arznei und Heilmitteln, die giftige Substanzen enthalten. Viele der angebotenen medizinischen „Drogen“ wiesen bei einer bestimmten Dosierung selbstverständlich giftige Wirkungen auf. Die im arrêt genannten Beispiele grenzten den Kreis der Substanzen aber auf einige

834 Régusse, S. 37.

835 Régusse, S. 135.

836 „Rien n'est si noir que le crime d'empoisonnement[.]“, Régusse, S. 136.

837 Vgl. Dumas, Traité du Suicide, ou du meurtre volontaire de soimeme, S. 393; für einen Überblick zur strafrechtlichen Bewertung Muyart de Vouglans, Les loix criminelles de France, Bd. 1, S. 164f.

838 Régusse, S. 135.

839 S.o. Bsp.: der arrêt vom 9. September 1628 über die Anfrage des Procureurs, Régusse, S. 16; arrêt vom 18. Februar 1671 mit Verweis auf ein konkretes Verfahren („contre…“), Régusse, S. 97; arrêt vom 10. Februar 1673, ebenfalls über die Anfrage des Procureurs, Régusse, S. 108, noch einmal deutlich im Kommentar S. 110.

wichtige Produkte ein: Mit „arcénil"[840] ist das umgangssprachliche Arsen[841] gemeint, das wegen seines häufigen Einsatzes bei Giftmorden als Erbschaftspulver berüchtigt war[842]. Zum auch benannten „réagal" findet sich ein Artikel in einem Drogen-Lexikon von 1760, der es als „Rotes Arsen" bezeichnet und dementsprechend als hochgiftig einschätzt[843]. Auch der arrêt von 1661 bezog sich auf Arsen[844] und „andere verbotene Substanzen", die mit damit vergleichbar sein mussten.

Arsen war eine vielseitig eingesetzte Chemikalie und ein wertvolles Produkt. Regeln für seinen Vertrieb trafen die Händler schmerzlich. Zudem griff die Verfügung von 1681 auch andere als die beispielhaft benannten Mittel in den Regalen der Apotheken, Drogerien und Krämerladen auf. Sie galt es von nun an verschlossen aufzubewahren. Je nach Größe und Variation des Sortiments der betroffenen Händler konnte die Anordnung also eine größere oder kleinere Belastung darstellen. Es ist leicht vorstellbar, dass ein einfacher Krämer von da an einfach auf den Verkauf bestimmter Drogen verzichtete und sich auf das übrige Angebot beschränkte, um den zusätzlichen Aufwand zu vermeiden. Apothekern stand diese Ausweichmöglichkeit aufgrund der konsequenteren Ausrichtung des Angebots nicht offen. Verhältnismäßig viele Produkte im Sortiment müssen eine verstärkte giftige Wirkung aufgewiesen haben. Es hätte einen bedeutenden Schnitt im Umsatz und damit auch in den Gewinnen bedeutet, sie einfach aus dem Vertrieb fallen zu lassen. Letztlich vertrauten wohl auch die Richter darauf, dass die Apotheken derartige Substanzen nicht sofort aus ihrem Warenangebot strichen, zumal sie den Handel nicht einfach verbieten wollten.

Damit waren die Apotheker ungeachtet des weiter formulierten Adressatenkreises die unmittelbar Betroffenen, weil sich ihr Kerngeschäft im primären

---

840 Hierbei könnte es sich gut um einen Druckfehler handeln: „arcéni<u>c</u>" war in der zeitgenössischen Literatur die gängige Bezeichnung für das giftige Arsenik bzw. Arsen, vgl. Richelet, Dictionnaire françois, Bd. 1, S. 182.

841 Der moderne wissenschaftliche Name der Substanz lautet Arsen(III)-oxid.

842 Diese zynische Bezeichnung wird schon in einer Chronik von 1722 verwendet, die unter den berühmten Giftmorden des späten 17. Jahrhunderts auf dieses gefährliche „Modegift" eingeht: „Il y avoit déjà quelques années que la Marquise de Brinvilliers avoit été brûlée à Paris pour crime d'empoisonnement. Ce crime étant devenu à la mode, par l'effet d'une certaine poudre, appelée poudre de succession, on érigea une Chambre ardente pour en connoître, & pour poursuivre ceux qui en étoient accusez.", Limiers, Mézeray, Abregé chronologique de l'histoire de France, Bd. 8, S. 314f.

843 Nicolás Lemery, Dictionnaire universel des Drogues simples, S. 638

844 Régusse, S. 37f.

Gegenstand der genannten arrêts, der Ausgabe von Arzneien, erschöpfte. Dass der Fokus auf den Apothekern als Berufsgrippe lag, zeigen auch die anderen arrêts, die Régusse aufführt[845]. Der arrêt de règlement vom 18. August 1741[846] als Aktualisierung des arrêts vom 13. Februar 1681 folgte ebenfalls auf einen Strafprozess wegen einer tödlichen Vergiftung, der auch vor dem Parlement verhandelt wurde[847]. Die ausführlich zitierte Anfrage benennt auch im Gegensatz zum arrêt von 1681[848] die in der Verhandlung verurteilte Giftmörderin Anne Goulin. Der Strafprozess wirkt deswegen insgesamt stärker in das Verfahren zum Erlass des arrêt de règlement hinein. Die getroffenen Verfügungen wiederholten im Wesentlichen aber die Ausführungen der früheren arrêts.

Im Übrigen konkretisierte der arrêt vor allem die zu beachtenden Formalien wie z. B. den genauen Inhalt des Registers und die Unterzeichnung durch Käufer, die nicht lesen können. Das Verbot, Leuten von außerhalb Drogen zu verkaufen fand wiederum eine Lockerung, die sich an den praktischen Bedürfnissen orientierte und die gegenüber 1681 effektivere Behördenarbeit offenlegt:

„[S]i l'acheteur est habitant d'une autre Ville, Village & Bourg, en ce cas, il ne pourra lui être livré des susdits mineraux, qu'autant qu'il sera muni d'un certificat signé par les Juges des lieux ou par les Consuls, lequel certificat restera entre les mains des vendeurs pour leur décharge."[849]

> Wenn der Käufer in einer anderen Stadt [...] wohnhaft ist [...], sind ihm die besagten [Drogen] nur [auszugeben], wenn er eine von den örtlichen Richtern oder Konsuln unterzeichnete Bescheinigung [vorlegt], [welche] bei den Verkäufern verbleibt zu deren Entlastung.

Seitdem durften die Apotheker die betreffenden Drogen immerhin auch an nicht ortsansässige bzw. allgemein bekannte Personen ausgeben – aber eben nur gegen Vorlage einer Bescheinigung, die von einem Richter oder einem Konsuln unterzeichnet war. Die Bedürfnisse der Landbevölkerung, die sich nur in Städten mit Arzneien versorgen konnte, ließen diese Ausnahme zu. Die Bescheinigung ist dafür zugleich eine eindeutige Verschärfung gegenüber der bloßen Pflicht, ein

---

845 Zumal die redaktionellen Titel der arrêts ebenso wie die Verfügungen Apotheker stets zuerst nennen.

846 Arrêt de règlement „Qui prescrit les formalités qui doivent être observées par les Apoticaires" vom 18. August 1741, Régusse, S. 394ff.

847 Régusse, S. 394.

848 Arrêt de règlement „Pour les Apoticaires, marchands, Droguistes & Épiciers" vom 13. Februar 1681, Régusse S. 135f.

849 Régusse, S. 395.

Register zu führen. Allerdings stellte diese zusätzliche Formalität keine schwere Belastung für die Apotheker dar, da die Käufer sich um die Ausstellung kümmern mussten und die Apotheker die Bescheinigung lediglich aufbewahren sollten.

Eine weitere Verfügung des arrêts von 1741, die wiederum nicht ganz neu ist, entspricht einer Praxis des Parlements, den Inhalt der Anordnungen bei der Aktualisierung von Entscheidungen nochmals und eindringlicher zu kommunizieren. In diesem Fall ordnete das Parlement erneut an, den vorliegenden arrêt in dem Buch, also den zu führenden Registern, aufzubewahren, sodass er sich den Apothekern wie den Käufern stets präsentierte:

„[La Cour] ordonne que le présent Arrêt sera inseré dans ledit livre.“[850]

> Der Gerichtshof ordnet an, dass der vorliegende arrêt in das besagte Buch eingefügt wird.

Mit den strengen Vertriebsmodalitäten in Bezug auf giftige Substanzen hatte es nicht sein Bewenden. Eine weitere Entscheidung vom 17. August 1743[851] geht nochmal auf die Drogen der Apotheker ein, dieses Mal aber die wirkungslosen, die bei vorgesehenen Stippvisiten in den Apotheken ausfindig gemacht werden konnten. Nach der konkreten Verurteilung von Apothekern mit solchen nutzlosen Mitteln ergriff das Parlement die Gelegenheit, um uno actu ein Règlement mit weiterreichenden Bestimmungen für alle Apotheker aufzustellen:

„[L]a Chambre enjoint à tous les Apoticaires de mettre sur les bouteilles, vases & boëtes où sont renfermées les drogues & préparations, le nom desdits remedes en langue vulgaire.“[852]

> Die Kammer erlegt es den Apothekern auf, den [umgangssprachlichen] Namen der besagten Mittel auf den Gefäßen, Fläschchen oder [sonstigen Behältnissen] der Drogen [kenntlich] zu machen.

Bei einigen Kontrollbesuchen hatte sich herausgestellt, dass die Apotheker nur Symbole auf den Behältnissen verwendeten, in denen sie ihre Mittel und Zutaten aufbewahrten. Damit konnten nur sie nachvollziehen, um welche Substanzen es sich handelte. Das ließ jedoch Raum zum Missbrauch. Deswegen sollten sie die allgemein verständlichen Bezeichnungen auf die Flaschen, Vasen und Schachteln aufbringen. Außerdem suchte sich das Parlement die Hilfe von Experten, um ein Standardsortiment der Apotheken aufzustellen:

---

850 Régusse, S. 395. Vgl. dieselbe Verfügung für den Arrêt de règlement „Pour les Apoticaires, marchands, Droguistes & Épiciers“ vom 13. Februar 1681, Régusse S. 135.

851 Régusse, S. 411ff.

852 Régusse, S. 411ff.

„[La Chambre] ordonne en outre que les Sindics des Medecins & et des Apoticaires des Villes d'Arles, Marseille & Toulon, seront tenus d'envoyer dans un mois au Procureur General du Roy, une liste des remedes simples & composés, qui sont le plus d'usage dans ces Villes, pour être ensuite dressé, de l'avis de la Faculté de Medecine, un code general de tous les medicamens & compositions dont les Apoticaires doivent être pourvûs"[853]

> Die Kammer ordnet außerdem an, dass die Vorsteher der Mediziner und Apotheker der Städte Arles, Marseille und Toulon verpflichtet sind, dem Procureur Général innerhalb eines Monats eine Liste in den Städten [gebräuchlicher] einfacher und zusammengesetzter Mittel zuzusenden, damit nach Einschätzung der Medizinerfakultät ein allgemeiner Code aller Medikamente und Mixturen, mit denen die Apotheker sich ausstatten sollen, ausgearbeitet werden kann.

Konkret handelte es sich um einen Befehl an die berufsständischen Vertreter der Mediziner und Apotheker in Arles, Marseille und Toulon, Listen mit den gebräuchlichen Mitteln der Apotheker aufzustellen und innerhalb eines Monats dem Procureur Général zukommen zu lassen. Daraus sollten die Mitglieder der Medizinischen Fakultät der Universität einen allgemeinen *code* über die Medikamente und Zusammensetzungen, die Apotheker vorrätig haben sollten, ausarbeiten. Auch wenn es sich bei dieser Anordnung um die letzte in dieser Entscheidung handelt, deutet die Vorarbeit an dem code an, dass sich das Parlement schon auf weitere Regeln zu einer Art Pflichtsortiment vorbereitete. Leider handelt es sich hierbei aber auch um den letzten der arrêts mit Regeln für Apotheker, die in den vorliegenden Quellen überliefert sind.

4. Religion und Sitten

Während die meisten der arrêts de règlement im Rahmen der Police tatsächlichen Gefahren für das Leben der Untertanen entgegenwirkten, zielten andere auf das geordnete Zusammenleben der Untertanen ab. Auch wenn sie natürlich die Dauerhaftigkeit einer Gemeinschaft fördert, sind solche arrêts de règlement leicht abzugrenzen. Sie sind in der Regel von sittlichen Vorstellungen der Zeitgenossen inspiriert.

Religion und Sitten spielten in der Gesellschaft des Ancien Régime eine große Rolle. Das trifft besonders auf die Provence zu[854]. Die Kirche war der Treffpunkt für die Gemeinde. Die Predigten schärften ihren Besuchern die christlichen

853 Régusse, S. 411ff.

854 Hierzu ausführlich Agulhon, La vie sociale en Provence intérieure au lendemain de la Révolution, S. 221ff.

Moralvorstellungen ein. Allerdings blieben die Untertanen den Vorstellungen nicht so treu, wie ihre Bekenntnisse es nahelegten. Um das sittentreue Verhalten kümmerten sich die herrschaftlichen Verwaltungsträger. Es war wiederum eine Aufgabe der Police, die religiösen Moralvorstellungen in der Bevölkerung durchzusetzen[855].

Dabei ging es aber nicht nur um die christlichen Tugenden, sondern oft einfachere sittliche, manchmal triviale und auch penible Verbote. Sowohl der arrêt vom 29. Mai 1669[856] als auch der arrêt vom 30. Juni 1669[857] beziehen sich jeweils auf Details in den Verhaltensweisen, die der Respekt katholischer Feiertage verlangte. Im ersteren machte das Parlement de Provence genaue Vorgaben für die zu verwendenden Requisiten des Prozessionszuges[858]. Im letzteren erließ es das Verbot, u. a. Lastentiere an Feiertagen durch die Stadt zu treiben. Immerhin gelangten beide arrêts in die Sammlung von Régusse.

Auch der arrêt de règlement vom 10. Februar 1672 erinnerte an das Verbot, an Feiertagen zu arbeiten und richtete sich dabei an die Handwerker, in erster Linie an Wundärzte und Bader. Sie scheinen die früheren Ordonnances und Règlements am auffälligsten missachtet zu haben, auf die der arrêt eingangs in der reproduzierten Anfrage verweist:

„[L]es artisans de cette ville et autres contre la teneur des ordonnances, arrests & reglements de la cour mesme les chirurgiens et barbiers contre [l'ordonnance] d'hiver [...] art. XVIII. [...] travaillent [...] dans leurs boutiques & font le poil aux jours des saincts dimanches & festes comandees par l'eglise."[859]

> Die Handwerker dieser Stadt und anderer, entgegen dem Gehalt der Ordonnances [und arrêts de règlement] des Gerichtshofs selbst, die Wundärzte und Bader, entgegen der Ordonnance vom Winter, Artikel XVIII, arbeiten in ihren Läden und waschen an von der Kirche vorgegebenen heiligen Sonn- und Feiertagen.

Aufgrund der Zuwiderhandlungen, beantragte der Procureur général ein ausdrückliches Verbot, das mit einer Geldstrafe von 30 Pfund bewehrt ist:

---

855 Vgl. Delamare, Traité de la Police, Bd. 1, S. 4, der hierin sogar den ersten der Gegenstände der Police erkennt: „La Police, selon nous, est donc toute renfermée dans ces onze parties que l'on vient de parcourir: la Religion [etc.]."

856 Régusse, S. 62f.

857 Régusse, S. 63f.

858 Schon die Register enthalten nicht wenige arrêts im Zusammenhang mit Festzügen, so z. B. der Arrêt de règlement vom 24. Mai 1672, ADBR, B 3699 und der arrêt de règlement vom 15. Juni 1672, ADBR 3699.

859 Arrêt de règlement vom 10. Februar 1672, ADBR, B 3699.

„[Le Procureur général] requiert le bon plaisir de ladite Cour soit ordonnes que deffences seront faites auxdits chirurgiens ou barbiers de tenir leurs bassins hors leurs boutiques ny tenir icelles ouvertes et faire le poil & a tous autres artisans de tenir aussi leurs boutiques ouvertes ny travailler a leurs mestiers aux jours de dimanches & des festes comandees par l'eglise et en cas de contrevention ils seront gaigés pour trente livres aplicables a pieux usages.“[860]

Der Procureur général erfragt den Wohlgefallen des besagten Gerichtshofs, anzuordnen, dass [es] den Wundärzten und Badern [verboten werde], ihre Becken [vor] ihren Läden sowie diese geöffnet zu halten und zu waschen und allen anderen Handwerkern, ihre Läden geöffnet zu halten sowie in ihren Berufen zu arbeiten an von der Kirche vorgegebenen Sonn- und Feiertagen und [dass sie] im Falle der Zuwiderhandlung 30 Pfund für fromme Zwecke [zu zahlen haben.]“

Während das Parlement die Anfrage des Procureur fast wortgleich im endgültigen arrêt umsetzte, entschied es sich letztlich aber für eine geringere Strafe:

„[L]a Cour a fait & fait Inhibitions & deffences aux chirurgiens, barbiers et autres de ceste profession de tenir leurs bassins hors leurs boutiques ny tenir icelles ouvertes & faire le poil & fait pareilles defences a tous autres artisants de tenir aussi leurs boutiques ouvertes ny travailler de leurs mestiers [auxdits] jours de dimanches et festes commandees par l'eglise a paine d'estre gaigés pour dix livres aplicables a pieux usages.“[861]

Der Gerichtshof [verbietet es] den Wundärzten, Badern und anderen dieses Berufs, ihre Becken [vor] ihren Läden sowie diese geöffnet zu halten und zu waschen und [verbietet es gleichsam] allen anderen Handwerkern, ihre Läden geöffnet zu halten sowie in ihren Berufen zu arbeiten an von der Kirche vorgegebenen Sonn- und Feiertagen und [ordnet an, dass sie] im Falle der Zuwiderhandlung 10 Pfund für fromme Zwecke [zu zahlen haben.]

Außerdem legte das Parlement nicht nur die Zuständigkeiten für die Ausführungen dieses arrêts fest, sondern noch eine Strafe für den Fall, dass die Ausführungsbeamten die Verbote nicht angemessen durchsetzen:

„[La Cour] ordonne qu'il en sera informe par le premier juge royal ou huissier de la cour enjoint au viguier et son lieutenant de tenir la main a l'execution du present arrest à peine de suspension de leurs charges.“[862]

---

860 Arrêt de règlement vom 10. Februar 1672, ADBR, B 3699.
861 Arrêt de règlement vom 10. Februar 1672, ADBR, B 3699.
862 Arrêt de règlement vom 10. Februar 1672, ADBR, B 3699.

> Der Gerichtshof ordnet an, dass er darüber durch den ersten königlichen Richter oder Gerichtsvollzieher des Gerichtshofs informiert wird [und] trägt es dem Vikar und seinem Statthalter auf, die Ausführung des vorliegenden arrêts sicherzustellen unter der Strafe der Suspendierung von ihren [Ämtern].

Die Androhung, die Beamten ihrer Verantwortung zu entheben, ist nicht ungewöhnlich in den arrêts de règlement des Parlements de Provence und charakteristisch für Verfügungen, die schon bei ihrer Entstehung an ihrer Anerkennung zweifeln ließen. Bei den arrêts de règlement im Bereich von Religion und Sitten wie auch in allen anderen gezeigten Bereichen war das eine wesentliche Hürde.

III. Aufbau, Form und Stil

Während die Gegenstände der arrêts de règlement recht unterschiedlich waren, zeigen sie konsequente formale Gemeinsamkeiten. Diese präsentieren sich als innere und äußere Merkmale. Die inneren sind eher sprachlicher Art, die äußeren betreffen die Aufmachung der Urfassungen der arrêts de règlement in den Registern. Die formale Analyse der arrêts stützt sich deswegen zum einen auf die arrêts de règlement in all ihren Verbreitungsmedien wie Sammlungen und Druckblättern, die die arrêts wortgetreu reproduzierten. Zum anderen stützt sie sich auf die ursprünglichen Quellendokumente, wie sie sich in den Registern des Parlements de Provence präsentieren[863].

Die arrêts de règlement weisen zunächst eine Reihe äußerer formaler, besser gesagt: aktenkundlicher Merkmale auf, die sie als eigenständige Gattung unter den zeitgenössischen Behördenakten[864] herausstellen und unmittelbar bei Sichtung der Register ins Auge fallen[865]. Das betrifft zunächst den Aufzug, die Urkundenform und die Zeichnung der arrêts, wie sie im Register als Erstfassungen überliefert sind.

Über diese jeweiligen „Ur-arrêts" hinaus sind die typischen Wort-Formeln der arrêts de règlement innere formale Eigenarten dieser Akte, die sich außerhalb der Register fortsetzen. Denn bei Kopien und Druckveröffentlichungen (z.B. in

863 Sh. C.I.1.a) Die Register des Parlements de Provence.

864 Sh. die Beschreibung der in den Registern überlieferten arrêt-Dokumente unter C.I.1.a) Die Register des Parlements de Provence.

865 Sh. C.I.1.a) (1) Herkunft, Qualität und Zweck sowie (2) Ordnung der Register.

den genannten Sammlungen[866]) blieben diese Charakteristika recht zuverlässig erhalten, wie sich aus Vergleichen ermitteln lässt[867].

Allerdings lassen sich die Erkenntnisse zu äußeren und inneren Merkmalen genauso wenig trennen, wie die Untersuchung von urschriftlichen arrêts und reproduzierten arrêts. Denn letztlich hängen beide in der Gestalt eines arrêts als Registerdokument zusammen. Dazu kommt, dass die Form auf den Inhalt ausschlägt. Ganz allgemein lassen sich in der bewussten Sprache die inhaltliche und die formale Ebene schlicht nicht trennen. Etwas romantisierend kann man hier von einem Kunstwerk reden, dessen äußere Gestaltung gerade seinen inneren Gehalt ausmacht. Es gehört zur quellenkundlichen Arbeit, sich mit beidem genauer auseinanderzusetzen. So verrät eine Quelle mehr über ihre Bedeutung und ermöglicht in vorsichtiger Interpretation Schlüsse, die über die ausdrücklichen Aussagen eines Textes hinausgehen.

Die einheitliche Betrachtung von Form und Inhalt ist aber nicht nur die angezeigte Methode, sondern vielmehr eine zwingende Folge der zweckgerichteten Gestaltung der arrêts de règlement. Denn nicht nur aus der quellenkundlichen Sicht sind Inhalt und Form der arrêts de règlement Teile eines Geflechts. Auch aus der Perspektive der Zeitgenossen bildeten die arrêts de règlement eine solche gestalterische Einheit. Im Rahmen der Police générale waren die Règlements nämlich allseitige Kommunikations- und Befehlsinstrumente, die die Durchsetzung ihrer Inhalte meist den unteren Verwaltungsebenen direkt übertrugen. Hierfür schuf das Gericht die näheren Regeln und Befugnisse. Das bedurfte einer eindringlichen, geordneten und nachvollziehbaren Mitteilung an die entsprechenden Beamten unterschiedlicher Organisationsstufen- und Einheiten. Das stellten die stark typisierten Formeln der arrêts de règlement sicher. Sie belegten zugleich die Eindringlichkeit und die Authentizität des Befehls.

Diese funktionale Gestaltung hing mit der Autorität des Parlements zusammen, das die „Echtheit" und sichere Ausführung seiner Akte gegenüber den (unmittelbaren) Adressaten gewährleisten musste. Die typisierten Formeln der arrêts entsprechen einer notwendigen autoritativen Kommunikation. In den standardisierten Textbestandteilen besteht deswegen sowohl

866 Sh. C.I.2.a) Die arrêtistes.

867 So sind die arrêts de règlement in der Sammlung von Régusse in der Regel wortgentreu, wenn auch nicht zeichengetreu veröffentlich worden. Nur selten zeigen sich inhaltliche Ungenauigkeiten, wie z. B. beim arrêt de règlement „Qui défend aux Seigneurs d'établir pour Juges autres que ceux qui sont Catholiques" vom 21. März 1673, Régusse, S. 110f. und ADBR, B 3699, die wohl auf fehlerhafte Transkriptionen zurückgehen.

ein Informationswert als auch ein Evidenzwert[868], der den Zeitgenossen offensichtlich war. Die Authentizität und Verbindlichkeit der arrêts drückt sich in den Dokumenten daher nicht allein über oberflächliche Formalien wie den Vermerk des Datums und die Unterschriften der Richter aus. Vielmehr noch sind das die untrüglichen Formeln sowie die Gliederung und innere Ordnung der arrêts. Diese Merkmale machten den unverkennbaren Stil des Parlements in seinen arrêts de règlement aus.

1. Die Anfrage

Die arrêts de règlement des Parlements de Provence lassen sich mit etwas Erfahrung in der Lektüre trotz ihrer hypotaktischen Gestaltung leicht in einen Aufbau zerlegen, der zuerst einen Eingangsteil herausstellt. Dieser erste Teil eines jeden arrêts erschöpft sich in einer kurzen und nicht abgegrenzten Einleitung (a) in die Sache. Dafür greift er auf die Anfragen (b) zurück, die dem arrêt zugrundelagen.

a) Die Einleitung

Die überlieferten arrêts in den Registern und in den Sammlungen kennen unterschiedliche, aber typenhafte Einleitungen in den Text der Entscheidung. In der relativen Mehrzahl[869] der arrêts des 17. Jahrhunderts nennt sich das Gericht schon direkt am Anfang des arrêts in der dritten Person, also im sog. Objektiven Stil, als Urheber der Entscheidung. Da ein arrêt de règlement fast immer aus einer Satzperiode besteht, kennt man in diesen Fällen von vorn herein mit dem Subjekt des Satzes die regelnde Autorität. Das Prädikat (bespielhaft: „ordonne“) folgt dann aber erst im Dictum, also ein bis zwei Absätze später[870]. Die Einleitung besteht deswegen nicht aus dem (vollständigen) Hauptsatz, sondern nur aus dem

868 Vgl. Hochedlinger, Aktenkunde, S. 39. Eine Trennung zwischen ausdrücklichen Informationen und selbstverständlichen Begleitumständen ist allerdings nicht ganz leicht, weil selbst die für die Zeitgenossen klar formulierten Botschaften aus Sicht eines Forschers eine völlig fremde Bedeutung haben können. Hier entscheidet das Maß der Interpretationsarbeit. Weil diese Differenzierung aber sehr subjektiv und schwierig ist, verzichte ich, wie schon gesagt, auf eine künstlich geteilte Darstellung und orientiere mich stattdessen an den Abschnitten der arrêts de règlement.

869 Für den Zeitraum von 1669 bis einschließlich 1673 lassen sich 44 von insgesamt 103 gezählten im Register überlieferten arrêts de règlement mit dieser Art der Einleitung ausfindig machen. Für die übrigen ausgewerteten arrêts de règlement zeigt sich ein ähnliches Bild.

870 Wenn es zwischen Einleitung und Dictum einen Zwischenabschnitt gibt, kann der Gerichtshof auch hier nochmals eine Erwähnung finden.

Subjekt des Hauptsatzes und ggf. aus einem Nebensatz, der das Verfahren nachzeichnet.

Die Bezeichnungen für das Gericht sind nicht immer dieselben, aber unmissverständlich. In den allermeisten arrêts begnügte sich das Parlement mit „La Cour" (Der Gerichtshof) als Selbstbezeichnung. In anderen arrêts liegt der Fokus auf dem Spruchkörper innerhalb des Gerichts, der für arrêts de règlement nach der Literatur eigentlich immer in den sog. „Chambres assemblées" (Versammelte Kammern) bestehen sollte[871]. Die Praxis war in dieser Hinsicht eine andere, denn die Tagung der „zusammengerufenen Kammern" zum Erlass eines arrêt de règlement war im Parlement de Provence jedenfalls im 17. und 18. Jahrhundert offenkundig die Ausnahme. Ein anderer Spruchkörper, der als Subjekt in der Eingangsformulierung auftauchen kann, ist die während der Gerichtsferien tagende Kammer, die „Chambre ordonnée durant les vacations"[872]. Manchmal kommen arrêts jedoch bis zu ihrem Mittelteil ganz ohne Subjekt aus, um den Gerichtshof bzw. den Spruchkörper erst unmittelbar vor dem Dispositiv, dem normativen Kernstück, zu nennen.

Die Mehrheit der untersuchten arrêts aus dem 18. Jahrhundert zeigt eine bessere Trennung der Abschnitte, die den Hauptsatz intakt lässt. In ihnen beginnen die Einleitungen mit einem Nebensatz. Er enthält Informationen zum Verfahren und mündet entweder in einem Zwischenabschnitt oder endet direkt vor dem Dictum, das wiederum einheitlich mit einem Hauptsatz ausgesprochen wird. Daher beginnen diese arrêts oft mit der Formulierung „Sur ce qui a été representé", „Sur la requête du Procureur général" oder „Sur la réquisition faite par le Procureur général, contenant que", die dann in der Darstellung der jeweiligen Anfrage und ggf. anderen Details zum Verfahren aufgeht. Auch einige arrêts des 17. Jahrhunderts verwenden diese Formulierungen. Sie benennen den Gerichtshof („La Cour" oder „La Chambre") dann oft als Subjekt erst zu Beginn des Hauptsatzes mit dem Dictum, also im letzten Abschnitt[873]. Die meisten arrêts

---

871 So sah es jedenfalls Guyot, Répertoire universel de jurisprudence, Bd. 3, „Arrêt", der diese Ansicht jedoch später relativierte im Supplement, Bd. 2, „Arrêt", indem er die Praxis beschrieb, dass auch die einzelnen Kammern arrêts de règlement erließen, die von den anderen als solche beachtet wurden.

872 Z.B. im arrêt de règlement vom 3. Juli 1672, ADBR, B 3699; arrêt de règlement vom 13. Juli 1672, ADBR, B 3699.

873 Arrêt de règlement vom 4. Februar 1670; arrêt de règlement vom 30. Juli 1670; arrêt de règlement vom 13. Februar 1671; ein arrêt de règlement vom 30. Juni 1670 („Second Cayer d'Arrests d'estat de 1671"); arrêt de règlement vom 26. November 1671; arrêt de règlement vom 13. Juli 1672, alle ADBR, B 3699.

des 18. Jahrhunderts und auch einige arrêts des 17. Jahrhunderts[874] verwenden an dieser Stelle eine Formel, die auch bei Aufzeichnungsbeschlüssen anzutreffen ist und bei arrêts de règlement den Veröffentlichungsaspekt herausstellt: „Il sera dict que". Hieran schließt sich in der Regel ein Subjektsatz über den Gerichtshof an. Er führt die Verfügungen des Dictums aus, sodass das Parlement gleichwohl als regelndes Subjekt hervortritt. Diese Hinleitung zum Dictum scheint unabhängig von der Formulierung der Einleitung bzw. des Nebensatzes Verwendung gefunden zu haben[875].

Die grammatikalisch sinnvollen und in den arrêts anzutreffenden Kombinationen der Formulierungen von Einleitung und Dictum, die den ersten Abschnitt einfassten, waren also „La Cour... a ordonné"; „Sur la requête... La Cour a ordonné"; „Sur la requête... Il sera dit que la Cour a ordonné" und „Vu par la Cour la requête"... Il sera dit".

Den meisten Einleitungen der arrêts des Parlements de Provence nennen in Übereinstimmung mit dem Verfahren[876] die Anfrage, die auf seinen Erlass gerichtet war. Sie zu stellen, war Aufgabe des Procureurs général. Er war der höchste Vertreter der Interessen des Königs am Parlement de Provence und für die Einleitung des Verfahrens zum Erlass eines arrêts de règlement verantwortlich. Wenn er auf Missstände, Rechtsverletzungen oder Gefahren aufmerksam wurde, richtete er sie an die Richter des Parlements, die sich mit der Sache befassen mussten. Das ist der Grund dafür, dass sich die arrêts ausdrücklich auf die vorgelegten Anfragen beziehen. Die einleitenden Formulierungen der arrêts reproduzieren die unterschiedlich gearteten Anfragen und spiegeln damit ein Stück weit das Verfahren zum Erlass. So unterschiedlich die Anfragen sein konnten, gehen auch die arrêts darin auseinander, wie sie die Anfragen, typischerweise requêtes, in den Entscheidungstext miteinbeziehen.

---

874 Arrêt de règlement vom 6. März 1671; ein arrêt de règlement vom 30. Juni 1670 („Arrests d'estat de 1671"); arrêt de règlement vom 10. Februar 1672; zwei arrêts de règlement vom 4. August 1672; arrêt de règlement vom 10 Februar 1673; arrêt de règlement vom 8. März 1673; arrêt de règlement vom 21. März 1673; arrêt de règlement vom 11. August 1673; arrêt de règlement vom 7. Oktober 1673; arrêt de règlement vom 6. November 1673; arrêt de règlement vom 16. Dezember 1673, alle ADBR, B 3699.

875 Vgl. den arrêt de règlement vom 20. März 1671, ADBR, B 3699.

876 Sh. C.IV.1. Die Einleitung durch Anfragen und Beschwerden.

b) *Die Anfrage als Begründung*

Am Anfang des arrêt als einzelne Quelle steht deswegen meist eine requête oder eine requisition[877] des Procureurs général. Das ist der häufigste Fall für die arrêts, sowohl in Aix-en-Provence als auch bei den anderen Parlements[878]. Möglich ist aber auch die einfache Bezugnahme auf eine direkte plainte[879] gegenüber dem Gerichtshof. Das waren konkrete Beschwerden von Untertanen oder untergeordneten Verwaltungsträgern. Diese Außenstehenden maßten es sich nicht an, die Cour souveraine zu einem bestimmten Handeln anzusuchen, wie es der Procureur général tat. Sie trugen Missstände in ihrer Beschwerde an das Parlement heran, ohne konkret ausformulierte Regelungsvorschläge zu machen. Nichtsdestoweniger können sich die arrêts auch ausdrücklich auf Beschwerden beziehen. In allen Varianten findet sich die Anfrage bzw. Beschwerde zumindest erwähnt, oft auch in Auszügen zitiert und manchmal vollständig reproduziert.

Demgegenüber hat aber auch oft die einfache Kenntniserlangung der Richter selbst genügt, sodass ein arrêt de règlement ganz ohne Anfrage oder Beschwerde ergehen konnte. So zumindest stellt es sich nach den arrêts dar, die weder eine Anfrage noch eine Beschwerde zitieren. Diese Entscheidungen kann man in Anlehnung an einen Teil der Forschung als arrêt „proprio motu"[880], also aus eigenem Antrieb gefasste arrêts, bezeichnen. Allerdings sind die begrifflichen Grenzen hier nicht konsequent. Denn obwohl der Procureur général und sein Stab nicht zur Compagnie des Parlements im engeren Sinne gehörten, waren sie doch in die Arbeitsabläufe des Parlements wie Zahnräder in das Getriebeinnere eingepasst. Deswegen hält Lemonnier-Lesage auch die arrêts auf Anfrage des Procureurs ohne weiteren Bezug auf „äußere" Beschwerden oder Hinweise für arrêts proprio motu[881]. Hier soll der Begriff nur solche arrêts einfassen, die abweichend vom „Normalfall" nicht den Anlass ihrer Verfügungen zu erkennen geben, sondern unmittelbar das Dictum des Parlements herausstellen. Hinsichtlich des Aufbaus solcher arrêts besteht die formale, wenn auch triviale Besonderheit jedenfalls darin, dass sie selbstverständlich keine requête oder sonstige Anfrage erwähnen.

---

877 Sh. C.IV.1.b) Requête und réquisition.

878 Payen, Les arrêts de règlement du Parlement de Paris, passim; Lemonnier-Lesage, Les arrêts de règlement du Parlement de Rouen, S. 33.

879 Sh. C.IV.1.e) Plainte.

880 Payen, Les arrêts de règlement du Parlement de Paris au XVIII siècle, S. 471f.; Lemonnier-Lesage, Les arrêts de règlement du Parlement de Rouen, S. 21.

881 Lemonnier-Lesage, Les arrêts de règlement du Parlement de Rouen, S. 21, 33.

Die arrêts, die auf requêtes beruhen sind insofern interessanter, als dass sie mehr über die Arbeit des Parlements verraten. Als häufigste Variante der in den Registern und Sammlungen überlieferten arrêts kann man sie für das Parlement de Provence insbesondere im Hinblick auf den Aufbau als den Normalfall ansehen. Die idealtypische und tatsächlich häufig in den Quellen anzutreffende Referenz auf die requête zu Beginn eines arrêts sieht in etwa folgendermaßen aus:

„La Cour pourvoyant sur ce que le procureur général du roy a requis par requeste a elle presentée [...] a fait et fait tres expresses inhibitions et deffenses."[882]

> Der Gerichtshof, in Abhilfe auf das, was der Procureur général du roi in seiner ihm vorgelegten Anfrage ersucht hat, erließ und erlässt [folgende] sehr ausdrückliche Untersagungen und Verbote.

Die Einleitungen sind dabei, wie schon insgesamt für arrêts angedeutet, nicht ganz einheitlich, auch wenn sie gleichermaßen auf requêtes verweisen. Eine andere, sehr häufig in den arrêt-Texten zu lesende Einleitung lautet beispielhaft:

„Sur la requeste presentee a la cour par le procureur general du roy [...] il sera dict que la cour a fait & fait tres expresses et iteratifves inhibitions & deffences."[883]

> Auf die dem Gerichtshof von dem Procureur général du roi vorgelegte Anfrage [...] sei es gesagt, dass der Gerichtshof [folgende] sehr ausdrückliche und wiederholte Verbote erließ und erlässt.

Die Anfragen finden sich in der Regel nicht datiert. Stattdessen verwenden die Einleitungen einen einfachen wörtlichen Verweis („Sur la requête presentée par le Procureur général du Roi"). Manchmal stellen die arrêts de règlement in der Einleitung aber einen eindeutigen thematischen Bezug zur korrespondierenden Anfrage her. Das geschah durch die teilweise oder vollständige Reproduktion des Wortlauts der vorgelegten Anfrage im Text des arrêts[884]. Das erlaubte es Adressaten und Rechtsanwendern auch, die Gründe des arrêts zu ermitteln,

882 Z.B. im arrêt de règlement vom 20. Mai 1672, ADBR, B 3699.

883 Arrêt de règlement vom 10. Februar 1673, ADBR, B 3699. Ein in formaler Hinsicht immerhin mit den arrêts de règlement des Parlements de Provence vergleichbarer arrêt d'enregistrement vom 7. Mai 1672 erwähnt sogar ausdrücklich drei Anfragen, auf die er gleichzeitig antwortet, ebenfalls ADBR, B 3699.

884 Z.B. der arrêt de règlement vom 10. Februar 1673, ADBR, B 3699, der die requête des Procureur général auf drei Seiten reproduziert. Auch zwei arrêts de règlement vom 4. August 1672, ADBR 3699 reproduzieren ihre Anfragen recht umfangreich, wären aber zuletzt immerhin im Dispositiv hinsichtlich ihrer jeweiligen requête zu unterscheiden.

die der Text nicht ausführte[885]. Denn in den allermeisten Fällen rechtfertigen die Anfragen ihr Ersuchen an das Parlement mit den dargestellten Situationen und teilweise auch mit zitierten Normen[886], sodass ihre Wiedergabe im arrêt vor dem Dispositiv von großer praktischer Bedeutung war. Gleichwohl stellten viele arrêts ihren Bezug auf die Anfragen und ihre Ausführungen nur über eine abgekürzte Formulierung her:

„Sur la requête presentée a la cour chambres assamblées par le procureur general du roy tandante a fin pour les causes y contenues. . ."[887]

> Auf die dem Gerichtshof von dem Procureur général du roi vorgelegte requête, die für die in ihr enthaltenen Gründe darauf gerichtet ist. . .

Eine vergleichbar kurze Formulierung, die auch die vorher zum selben Thema ergangenen arrêts de règlement miteinbezieht lautet folgendermaßen:

„La Cour pourvoyant sur ce que le procureur general du roy a requis par requeste a elle presentee et en consequence des precedents arrets a fait & fait tres expresses inhibitions [. . .] de joüer au mail."[888]

> Der Gerichtshof, in Abhilfe auf das, was der Procureur [. . .] in der an ihn vorgelegten Anfrage ersucht hat und in Konsequenz der vorgegangenen arrêts, erließt und erlässt sehr ausdrückliche Untersagungen, Mail zu spielen.

Diese kappe und unpräzise Verweistechnik entspricht aber nicht der eindeutigen Mehrzahl der Fälle. In etwa genauso oft reproduzierte das Parlement die Anfrage wörtlich, in direkter bzw. indirekter Rede[889], was zu einem für arrêts

885 Vgl. zur fehlenden Begründung in gerichtlichen Akten im frühneuzeitlichen Frankreich den umfassenden Beitrag von Dauchy und Demars-Sion, La Non-Motivation des décisions de justice, Revue historique, Bd. 82 (2), S. 171–188.

886 So auch im arrêt de règlement vom 10. Februar 1673, ADBR, B 3699, dessen requête die mit früherem arrêt bestätigten Universitätsstatuten heranzieht.

887 Arrêt d'enregistrement vom 19. Oktober 1672, ADBR, B 3699.

888 Arrêt de règlement vom 20. Mai 1672, ADBR, B 3699. Ähnlich kurz drückt sich auch der arrêt de règlement vom 29. Mai 1673, ADBR, B 3699 in Bezug auf seine requisition aus.

889 So der arrêt de règlement vom 28. September 1669; der arrêt de règlement vom 23. Oktober 1669; der arrêt de règlement vom 18. Januar 1670 „exploits"; der arrêt de règlement vom 4. Februar 1670 „reales orange"; der arrêt de règlement vom 30. April 1670 „Seillans"; der arrêt de règlement vom 30. Juli 1670 „blasphemes"; der arrêt de règlement vom 6. Oktober 1670 „Yeres"; der arrêt de règlement vom 13. Februar 1671; der arrêt de règlement vom23. Februar 1671; der arrêt de règlement vom 16. März 1671; der arrêt de règlement vom 22. Mai 1671; zwei arrêts de règlement vom 30. Juni 1671; zwei arrêts de règlement vom 8. Juli 1671; der arrêt de règlement

kennzeichnenden Doppelaufzug führte, wenn das Gericht der „Vorlage" in der requête folgte und ein gleichlautendes Dispositiv erließ.

Der Verweis auf die Anfragen, gleich ob mit wörtlicher, direkter oder indirekter Wiedergabe, bezog die Supplik des Procureurs ausdrücklich samt Vortrag zu den Tatsachen in den arrêt ein und verlieh diesen Ausführungen damit einen besonderen Wert. Denn wenn ein arrêt de règlement mit seinen Verfügungen der Anfrage entsprach, musste er in Abwesenheit einer gesonderten Begründung den vernünftigen Erwägungen des Procureurs in seiner requête gefolgt sein. Damit relativierte sich der ansonsten recht konsequente Verzicht auf die Wiedergabe von Entscheidungsgründen. Andersherum macht es eine fehlende Wiedergabe der Anfrage gerade bei früheren Entscheidungen ohne mitüberlieferte Supplik schwer, die Gründe für den Erlass der arrêts nachzuzeichnen. Das ist sehr frustrierend im Hinblick auf die generell fehlenden Begründungen, die Verweise auf Suppliken sehr wertvoll machen.

Auch wenn die arrêts de règlement im Allgemeinen also keine formelle Begründung für das Dictum ausführen, kann man die Gründe in den Verweisen und den Ausführungen der Anfragen erkennen. Von dieser Bedeutung der reproduzierten Anfragen gingen auch Zeitgenossen wie Régusse aus. In einem Kommentar zu einem arrêt de règlement in seiner Sammlung spricht er von seinen „Motiven"[890]. Eigentlich stellt der arrêt nur die Regeln heraus, auf die sich die Anfrage des Procureurs bezog. Ansonsten ist auch diese gar nicht wiedergegeben. Régusse sieht darin aber schon einen deutlichen Hinweis[891]. Ob das auch die Intention des Parlements war, ist zweifelhaft. Arrêts de règlement – wie auch andere Gerichtsakte in der Frühen Neuzeit – hatten eigentlich bewusst

vom 13. Juli 1671; einer der beiden arrêts de règlement vom 17. Juli 1671; der arrêt de règlement vom 28. Juli 1671; der arrêt de règlement vom 29. Juli 1671; der arrêt de règlement vom 22. Oktober 1671; der arrêt de règlement vom 26. Oktober 1671; der arrêt de règlement vom 26. November 1671; der arrêt de règlement vom 13. Dezember 1671; der arrêt de règlement vom 10. Februar 1672; der arrêt de règlement vom 28. März 1672; der arrêt de règlement vom 23. Mai 1672; der arrêt de règlement vom 13. Juli 1672; der arrêt de règlement vom 27. Juli 1672; zwei arrêts de règlement vom 4. August 1672; der arrêt vom 1. Dezember 1672; der arrêt de règlement vom 10. Februar 1673; der undatierte arrêt de règlement, der am 8. März veröffentlicht wurde; der arrêt de règlement vom 21. März 1673; der arrêt de règlement vom 30. Mai 1673, alle ADBR, B 3699.

890 Régusse, S. 18, „motifs".

891 Régusse, S. 18.

keine Entscheidungsgründe[892]. Zeitgenössische Autoren gingen nur selten darauf ein[893]. Die Forschung verweist für diesen nicht in Quellen thematisierten Wandel gegenüber dem Mittelalter auf die alte Ordonnance vom 11. März 1344, die die Beratungen der Richter zu einer Geheimsache machte[894]. Dauchy und Demars-Sion führen diese Entwicklung eher auf die Schwierigkeiten der Cours souveraines bei der Anwendung des lückenhaften Gewohnheitsrechts zurück[895]. Das lässt sich für den beispielhaft genannten arrêt, auf den sich Régusses Kommentar bezieht, aber nicht nachweisen und erscheint fraglich in Anbetracht des rechtsquellenreichen Droit écrit im Süden Frankreichs.

Jedenfalls belegt Régusses Kommentar die Bedeutung des Einleitungsteils der arrêts mit seiner Einordnung als Gründe. Er erklärt auch ein Stück weit die typische Gliederung der arrêts de règlement. Denn Régusse verstand mit dem Verweis auf die Anfrage des Procureurs samt der normativen Grundlage und den Ausführungen des Gerichts zu den konkreten Zielen der Anordnungen als die Gründe[896]. Darin erschöpfte sich der erste Teil des arrêts. Außerdem ging er davon aus, dass Leser die Gründe auf andere Entscheidungen projizieren können[897]. Wenn man die vielseitigen Neben-Verfügungen des arrêts herausfiltert und nur die Ausführungen der Einleitung mit dem wesentlichen Dispositiv betrachtet, tritt das hervor, was Régusse als begründeten Akt qualifiziert:

„La Cour pourvoyant sur la requisition [du] Procureur Général [. . .], concernant la vente, disette & nécessité des Bleds, & reglement sur le trafic, & débit d'iceux [. . .] ordonne [. . .] qu'en la vente & distribution d'iceux, le menu peuple, vivant du jour à la journée, sera priemier preferé.“[898]

Der Gerichtshof, in Abhilfe der Anfrage des Procureurs général betreffend den Verkauf, den Mangel und den Bedarf an Weizen und des Règlements über den Verkehr und die Ausgabe dessen, ordnet an, dass beim Verkauf und dem Vertrieb dieser das einfache Volk, das in den Tag hineinlebt, zuerst bevorzugt wird.

---

892 Vgl. dazu ausführlich Dauchy, Demars-Sion, La Non-Motivation des décisions de justice, Revue historique, Bd. 82 (2), S. 171–188 und in Bezug auf die gewöhnlicherweise fehlende Begründung S. 171.

893 Dauchy, Demars-Sion, La Non-Motivation des décisions de justice, Revue historique, Bd. 82 (2), S. 171–188 (172).

894 Dauchy, Demars-Sion, La Non-Motivation des décisions de justice, Revue historique, Bd. 82 (2), S. 171–188 (177ff.), m.w.N.

895 Dauchy, Demars-Sion, La Non-Motivation des décisions de justice, Revue historique, Bd. 82 (2), S. 171–188 (183ff.).

896 So auch ausdrücklich in dem arrêt vom 10. Februar 1673, Régusse, S. 109, 110.

897 Régusse, S. 18.

898 Régusse, S. 16f.

Hier stehen juristische neben pragmatischen und moralischen Erwägungen. Die eingangs zitierte Anfrage des Procureurs nennt der arrêt zusammen mit einem schon bestehenden Règlement, auf das sie sich stützt. Damit muss sich auch der arrêt darauf stützen[899]. Zugleich hebt er die sichere Versorgung mit Weizen hervor, ebenfalls als Teil der Anfrage. Die später im Text folgende Anordnung zur Bevorzugung des „einfachen Volkes" wiederum enthält die moralische Anreicherung, scheint aber nicht der Anfrage entnommen zu sein.

Es ist nicht leicht, die sog. Gründe vom Gehalt des arrêts zu trennen, den das Parlement mit eigenen Erwägungen anreichern konnte. Vielleicht geht die aufgliedernde Analyse hier auch schon zu weit. Denn jede Regelung offenbart ein Stück weit ihre Gründe, ohne sie ausdrücklich zu benennen. Aber immerhin reichten die Formulierungen dieses arrêts aus, Régusse von „motifs" sprechen zu lassen. Tatsächlich lassen sich Motive hier besser als bei anderen arrêts nachzeichnen. Man darf sie eben nur nicht als Entscheidungsgründe im modernen Sinne verstehen[900]. Im Unterschied dazu sind sie nicht gebündelt, sondern über Zitierungen von Anfragen und Anordnungen verstreut. Die vorsichtige und kurze Wiedergabe konnten die Zeitgenossen gleichwohl als mitveröffentlichte Begründung verstehen, wie Régusse auch in anderen Kommentaren nahelegt[901]. Ihnen fehlt nur ein strenges Korsett. Stattdessen treten sie subtil in einem formal eigenständigen Teil des arrêts auf. Das ist die wesentliche Funktion der Einleitung eines arrêts de règlement.

c) Der objektive Stil – Das Subjekt

Schon bei der anfänglichen Lektüre der Einleitung eines arrêts zeigt sich ein auffälliges Formmerkmal, das den ganzen arrêt-Text prägt. Wie auch immer die konkrete Formulierung des arrêts de règlement aussieht, steht er im objektiven Stil[902]: Das Gericht benennt sich meist schon gleich am Anfang der arrêts in der dritten Person. Mit der sich direkt anschließenden Ausführung zur requête ist damit erst einmal klar, dass das Parlement (alleiniger) Anfrageadressat ist, ohne dass das einer Erwähnung bedurfte. Diese Art, die Anfrage- und

---

899 Wie auch ganz allgemein der Kommentar zur Anfrage des Procureurs zum arrêt vom 10. Februar 1673 verdeutlicht, Régusse, S. 110.

900 So auch Hilaire in Bezug auf die mittelalterlichen Entscheidungsgründe des Parlement de Paris, Jugements et jurisprudence, Archives de philosophie du droit, Bd. 39: Le procès, Sirey, 1995, S. 181–190 (183).

901 Régusse, S. 97, S. 110.

902

Entscheidungsinstanz in der selbstgezeichneten Urkunde herauszustellen, erzeugt eine Distanz zwischen den Agenten, Parlement einerseits, Procureur und Allgemeinheit andererseits. Zugleich öffnet es aber auch die Perspektive und verleiht den arrêts den Zeugnischarakter, der ihrer dokumentarischen Natur entspricht[903]. Die Beschränkung auf die Bezeichnung „La Cour" zeugt aber trotzdem noch von dem innenperspektivischen Ursprung des arrêts de règlement. Denn in der Außenwahrnehmung, das heißt aus Sicht der Untertanen außerhalb des Gerichts wie auch aus der Sicht der Gens du Roi am Gerichtshof, redete man nur von dem Parlement bzw. Cour de Parlement[904]. Das lässt sich mit einigen Suppliken des Procureurs général belegen, die in ihrer formellen Einleitung in der Regel die offizielle Bezeichnung zur Anrede verwenden:

„A Nos Seigneurs Du Parlement Supplie Le Procureur General, Remontre qu'on se plainte de divers abus dans la police des Spectacles."[905]

Unseren Herren vom Parlement unterbreitet der Procureur général, stellt dar, dass man sich über die verschiedenen Missbräuche der Spektakel-Police beschwert.

Auch die zeitgenössische rechtswissenschaftliche Literatur[906] und selbst die auf einigen arrêts zu findenden Veröffentlichungsvermerke machen deutlich, dass es sich bei „La Cour" nur um eine im Innern des Gerichtshofs gebräuchliche Bezeichnung handelte. Ansonsten wäre auch eine Abgrenzung zu anderen Gerichtshöfen zumindest erschwert. Genau diese Abgrenzung war gegenüber den Adressaten der arrêts de règlements aus Sicht des Parlements de Provence aber nicht notwendig. Das beanspruchte Monopol für arrêts de règlement in seinem Ressort zeigt sich in den arrêts vor allem anhand dieser selbstsicheren Kurzbezeichnung. Auch im Verhältnis zum König ist die Wendung interessant. Denn nirgendwo im Stil der Entscheidungen zeigt sich, dass das Parlement von delegierten Befugnissen Gebrauch machte, wie es die Theorie behauptete[907].

---

903 Sh. C.I.1.(1) Herkunft, Qualität und Zweck.

904 Ausnahmsweise findet man auch in den arrêts selbst die Bezeichnung „Parlement", so in dem arrêt de règlement vom 12. Februar 1671: „La Cour [...] a ordonné & ordonne que les quatorze huissiers [...] seront obliges de se trouver a toutes les ceremonies du parlement.", ADBR, B 3699.

905 Supplik vom 19. Februar 1763, ADBR, B 3705.

906 Denn sie verwenden fast nur die Bezeichnung Parlement, so z. B. Régusses Werk, der die offizielle Bezeichnung „Parlement de Provence" verwendet, aber auch die zeitgenössischen Wörterbücher, sh. A.I.2.b) Der Quellenbegriff.

907 Vgl. hierzu die zeitgenössische Staatstheorie, die den Parlements vom Souverän abgeleitete Befugnisse zugestand, B.III.1. Die Cours souveraines.

Stattdessen präsentiert es sich mit seinem Stil als unabhängiger Herrschaftsträger.

2. Das Dispositiv

Nach der Einleitung, die die Anfrage ausbreitet, folgt in den arrêts regelmäßig ein Dictum. Es ist der eigentliche Akt des Parlements. Im Aufbau der arrêts de règlement ist das Dictum leicht vom Einleitungsteil abzugrenzen. Leerzeilen, Einrückungen und leichte Veränderungen im Schriftformat heben den Hauptteil der Entscheidung von der Eingangsformel, der reproduzierten Anfrage und ggfs. einem Übergangsteil ab. In Anknüpfung an die moderne Terminologie, die unter „dispositif" den regelnden Gehalt eines Urteils fasst, lassen sich die im Dictum enthaltenen Verfügungen, also die Verbote, Anordnungen, Anweisungen und ggf. Strafen, zusammen als Dispositiv bezeichnen.

a) Das Kernstück des arrêts de règlement

Der Begriff „Dispositiv" entspricht als Ausdruck und auch grob inhaltlich dem französischen Terminus „dispositif". In der modernen französischen Rechtswissenschaft beschreibt dieser Terminus den Teil eines Urteils, der die eigentliche Entscheidung enthält. Aber auch zeitgenössische Quellen, insbesondere Entscheidungs- und Gesetzessammlungen[908] verweisen mit „dispositif" auf den entscheidenden Teil der zitierten Rechtstexte. Das Dispositiv fasst also den gesamten normativen Gehalt ein. Deswegen und wohl, weil der Begriff auch im Französischen so schön unscharf ist, beziehen sich einige Autoren in der Forschung zu arrêts de règlement damit auf deren Maßnahmenteil[909], den sie so von den ausufernden Wiedergaben der Anfrage und inhaltlich uninteressanten Formeln abgrenzen können. In der deutschsprachigen rechtswissenschaftlichen und rechtshistorischen Literatur findet „Dispositiv" hingegen weniger Verwendung[910]. Damit ist der Begriff allerdings auch nicht vorbelastet.

---

908 Vgl. Verwendung des Begriffs bei Bonnet, Recueil d'arrêts de la cour de parlement de Provence, S. 1; Joseph-Nicolas Guyot, Pierre-Jean-Jacques-Guillaume Guyot in Répertoire universel et raisonné de jurisprudence S. 508 (ausdrücklich arrêt de règlement, wenngleich des Conseils du roi).

909 Z.B. Payen, Les arrêts de règlement du Parlement de Paris au XVIIIe siècle, u. a. S. 41, 65, 73. Lemonnier-Lesage hingegen bevorzugt den weniger technisch anklingenden Begriff „portée", um den rechtlichen Gehalt zu beschreiben, Les arrêts de règlement du Parlement de Rouen, S. 62ff.

910 Die schweizerische deutsche Rechtssprache bezeichnet damit den Urteilstenor; deutsche Rechtswörterbücher- und Lexika kennen den Begriff gar nicht. Er stieß bisher

Das Dispositiv ist das Herzstück des arrêts de règlement. Es hielt die Antwort auf die in der Anfrage geschilderte Problematik bereit. Vergleichbar mit dem Tenor einer Gerichtsentscheidung stellte es die auf den Sachverhalt fortan anzuwendende Regel auf. Oft handelte es sich dabei um ein Verbot, wie die im Wesentlichen gleichlautenden Formeln der Verfügungen unmittelbar offenlegen:

„La Cour [. . .] a fait et fait tres expresses inhibitions et deffenses."[911]

> Der Gerichtshof erließ und erlässt sehr ausdrückliche [Verbote].

Für Verfügungen, die nicht Verbote sind, bedienen sich die arrêts de règlement eines anderen Verbs. Das Parlement pflegte solche Befehle „anzuordnen", wenn sie sich an die Allgemeinheit richteten:

„La Cour a ordonné & ordonne que ledit Reglement sera executé de l'autorité de la Cour."[912]

> Der Gerichtshof ordnete und ordnet an, dass das besagte Règlement mit der Autorität des Gerichtshofes ausgeführt wird.

Den Verben kommt auf dieser Ebene der arrêts de règlement eine große Bedeutung zu. Sie sind oft graphisch hervorgehoben und beginnen einen neuen Absatz, in dem sie das Dispositiv an den Rest des arrêts anbinden. Sie trennen die arrêts auf in einen einleitenden Teil[913] mit seinem Hintergrund und einen verfügenden Teil mit der Lösung. Daraus ergibt sich die charakteristische Struktur im Aufbau

---

nur auf eine gewisse Aufmerksamkeit in Deutschland in Foucaults Diskurs- und Machttheorie, vgl. dazu Preusker, Macht und Diskurs bei Michel Foucault, wonach Wissen die Grundlage für zielgerichtetes Handeln gegen einen Notstand bildet, so Jäger, Kleiner (Hrsg.), Michel Foucault, S. 72ff. Allerdings birgt er damit einige interessante Parallelen zu den arrêts de règlement, wie auch Foucaults Begriffserklärung zeigt: „Was ich unter [. . . Disposition] festzumachen versuche ist erstens ein entschieden heterogenes Ensemble, das Diskurse, Institutionen, architekturale Einrichtungen, reglementierende Entscheidungen, Gesetze, administrative Maßnahmen, wissenschaftliche Aussagen, philosophische, moralische oder philanthropische Lehrsätze, kurz: Gesagtes ebenso wohl wie Ungesagtes umfasst. [Ich verstehe] unter Dispositiv eine Art von – sagen wir – Formation, deren Hauptfunktion zu einem gegebenen historischen Zeitpunkt darin bestanden hat, auf einen Notstand (urgence) zu antworten. Das Dispositiv hat also eine vorwiegend strategische Funktion.", Foucault, Dispositive der Macht, S. 119f.

911 So bspw. im arrêt de règlement vom 20. Mai 1672, ADBR, B 3699.

912 So bspw. beim arrêt de règlement vom 16. Dezember 1673, Régusse, S. 113 bzw. ADBR, B 3699.

913 Sh. C.III.1. Die Anfrage

der arrêts de règlement des Parlements de Provence. Zugleich lenkt das jeweilige Verb den Blick wiederum auf die regelnde Autorität.

b) Der objektive Stil – Das Prädikat

Außerdem ist das jeweilige Verb die notwendige Fortsetzung des regelmäßig im Eingang des arrêts festgelegten objektiven Stils. Dabei handelt es sich häufig um das Hauptverb des grammatikalischen Satzes, aus dem die Entscheidung besteht. Der entschlackte und idealisierte Hauptsatz eines typischen arrêts lautet demnach:

„La Cour [...] a ordonné & ordonne que [...]"[914]

An dieser Formulierung ist neben dem objektiven Stil besonders die doppelte Flexion des Verbes „ordonner" beachtenswert. Diese eigentümliche Konstruktion ist auch in den arrêts anzutreffen, mit denen der Gerichtshof Verbote erlassen hat und erlässt: „a fait et fait [tres expresses] inhibitions et deffenses"[915]. Diese Dopplung ist typisch für das Dispositiv und markiert in aller Regel seinen Beginn. Die Verben stehen dann stets in denselben beiden Zeitformen: Zunächst kommt das Verb im passé composé[916], womit das Dispositiv ausdrückt, dass der Gerichtshof in der (jüngsten) Vergangenheit eine Verfügung erlassen hat. Dann folgt das Verb nochmal in der ebenfalls entsprechend dem objektiven Stil („la cour") konjugierten Präsensform. Statt der einfachen Dokumentation, dass der Gerichtshof etwas angeordnet hat, bringt diese Formulierung damit gleichzeitig zum Ausdruck, dass er gegenwärtig zur Lektüre des Schriftstücks immer noch

---

914 Z.B. Arrêt de règlement vom 7. Januar 1670 „Bomiens", Arrêt de règlement vom 8. Februar 1670 „reales orange", Arrêt de règlement vom 15. Juli 1670 „enqueyrades", Arrêt de règlement vom 6. Oktober 1670 „Yeres", Arrêt de règlement vom 13. Februar 1671 „toulon", Arrêt de règlement vom 20. März 1671 „toulon", Arrêt de règlement vom 10. Juni 1671, Arrêt de règlement vom 17. Juli 1671, Arrêt de règlement vom 23. Dezember 1671, Arrêt de règlement vom 28. März 1672, Arrêt de règlement vom 6. Mai 1672, Arrêt de règlement vom 29. Juni 1672, Arrêt de règlement vom 8. März 1673, alle ADBR, B 3699.

915 Z.B. Arrêt de règlement vom 7. November 1670 „epices grenobles", Arrêt de règlement vom 16. März 1671 „enqueyrades" („iteratifves inhibitions & deffences"), arrêt de règlement vom 21. Mai 1671 „archeveque d'avignon", arrêt de règlement vom 21. Juni 1671, arrêt de règlement vom 8. Juli 1671 (2), arrêt de règlement vom 3. August 1671, arrêt de règlement vom 26. Oktober 1671, arrêt de règlement vom 20. Mai 1672, arrêt de règlement vom 10. Februar 1672, arrêt de règlement vom 15. Juni 1672, alle ADBR, B 3699.

916 Tempus der französischen Sprache vergleichbar mit dem deutschen Perfekt, vgl. dazu Haß, Doppelte Zeitformen im Deutschen und im Französischen, S. 45ff.

das Geschriebene anordnet, die erlassene Anordnung also fortwährend Verbindlichkeit kraft der Autorität des Parlements beansprucht. Damit verknüpfen die Texte der arrêts in ihren Verfügungen die dokumentarische mit der normativen Funktion. Als Schriftstücke waren sie sowohl konstitutive Regelungsakte (Präsens) wie auch Beweis für die getroffenen Verfügungen des Parlements (Perfekt). Der Inhalt der Regeln bestand in erster Linie in den Maßnahmen, die im Dispositiv stets an erster Stelle stehen.

c) Maßnahmen und Anweisungen

Das Dispositiv bestand in der Regel aus mehreren konkreten Verfügungen. Darunter befanden sich in erster Linie die Maßnahmen, die den aufgeworfenen tatsächlichen Problemen oder Rechtsfragen Abhilfe verschaffen sollten. Die Gestaltung der Maßnahmen mutet oberflächlich sehr vielseitig an, erst bei der Auswertung einer gewissen Zahl von arrêts fallen Gemeinsamkeiten auf. Dem Parlement lag im Rahmen der Police ein Instrumentenbaukasten vor, mit dem es in geschickten Zusammenstellungen letztlich in der Gesamtheit sehr unterschiedliche arrêts de règlement schaffen konnte. In ihrer Gestaltung war das Parlement frei. Es war weder an einen Vortrag noch an Anträge gebunden. Denn bei den arrêts de règlement handelte es sich nicht um Gerichtsentscheidungen im klassischen Sinne, obwohl das arrêt-Gewand und das Parlement als gerichtlich organisierter Träger der Entscheidung eine solche Einordnung formal rechtfertigen.

Das Dispositiv als inhaltliches Kernstück eines arrêts de règlement beschränkte sich nicht darauf, gleich einem Urteil fallweise ein bestimmtes Recht zuzusprechen, sondern enthielt in aller Regel Verfügungen an die Allgemeinheit. Die arrêts de règlement hatten zwar ebenfalls stets einen bestimmten Sachverhalt zum Gegenstand. Er war aber nur Anlass und begrenzte niemals den Dispositionsumfang für Regeln, die das Parlement für eine ganze Fallgruppe aufstellte. Dementsprechend beziehen sich die Maßnahmen nur selten auf die konkreten Vorfälle, die das Einschreiten veranlassten, sondern gehen ausdrücklich darüber hinaus. Diesen Unterschied zu Urteilen in Parteiverfahren stellen die Maßnahmen der Dispositive der arrêts de règlement besonders heraus.

Die Maßnahmen eines arrêts de règlement wurzelten jedenfalls in der Regel in der Anfrage des Procureurs général und nahmen den darin enthaltenen Sachverhalt auf. Ohne die im Fall Betroffenen besonders zu erwähnen, wenden sie sich dann an alle. Gerade bei policeylichen arrêts de règlement zeigt eine geläufige typenhafte Formulierung, dass die Maßnahmen alle Untertanen, also „à toutes (sortes de) personnes"[917] und „de quel état, condition et qualité qu'elles soient"[918] erfassen sollte. Je nach Gegenstand des arrêts konnte aber auch nur eine mehr oder weniger konkrete Gruppe von Personen außerhalb des Parlements von dem Gehalt des arrêts betroffen sein. Beispielhaft lassen sich hier gerade die arrêts zur Ausübung bestimmter Berufe nennen, die in der Regel alle Angehörigen eines bestimmten Gewerbes betrafen[919]. Genauso gut kam es aber auch vor, dass die Verfügungen ganz bestimmte, sogar namentlich benannte Personen angingen[920]. Das ist wiederum ein Beleg dafür, wie schwer arrêts schon anhand ihres wichtigsten inhaltlichen Kriteriums, der Allgemeinverbindlichkeit, zweifelsfrei als arrêts de règlement einzuordnen sind.

Ohne sich auf einen speziellen Fall zu beziehen, erhoben die Maßnahmen der arrêts de règlement einen Anspruch auf abstrakte Verbindlichkeit nach außen über eine hierarchische, sehr konkrete Verbindlichkeit im Verhältnis zu den unteren Verwaltungsträgern. Denn während die Verfügungen gerade in Police-arrêts an die Untertanen gerichtet waren, konnte nur die Ausführung der unteren Stellen die Umsetzung der Maßnahmen sichern. Daher richten sich gerade policeyliche Verfügungen zugleich an zwei Adressatengruppen, die oft beide in den Dispositiven angesprochen werden: An die Untertanen, um die Gefahr oder den Missstand zu bannen; an die Untergerichte, um die Regeln gegenüber den Untertanen durchzusetzen. Insofern verfolgten die Verfügungen also einerseits den Zweck, die Missstände durch die zurechtgeschnittenen Maßnahmen gegenüber den Untertanen zu unterbinden, und andererseits, die ganz vielfältigen und ggf. neuen Regeln in ihrer Anwendung gegenüber den Untertanen mithilfe von Anweisungen an untergeordnete Verwaltungsträger zu sichern und durchzusetzen. Diese Anweisungen lassen sich durch eine bestimmte, typische Formulierung von den Maßnahmen trennen:

„[L]a Cour enjoint au lieutenant, viguier, huissier et sergeant et autres de tenir la main a l'execution du present arrest."[921]

Der Gerichtshof trägt es dem Statthalter, Vikar, Gerichtsvollzieher, Sergent und anderen auf, die Ausführung dieses arrêts sicherzustellen.

---

917 Wörtlich: An alle (Arten von) Personen, gleich welchen Standes, Zustandes oder welcher Qualität sie sind. So bspw. der arrêt de règlement vom 27. Juli 1672, ADBR, B 3699 sowie der arrêt de règlement vom 13. Juli 1672, ADBR, B 3699.

918 Arrêt de règlement vom 20. Mai 1672, ADBR, B 3699.

919 So bspw.: Apotheker (Sh. C.II.); Bader und Chirurgen im arrêt vom 10. Februar 1670, ADBR, B 3699; Drogisten und Lebensmittelhändler im arrêt vom 13. Februar 1681, Régusse, S. 135f.; Gastwirte in dem arrêt de règlement vom 4. August 1672, ADBR, B 3699; Fischverkäufer im arrêt de règlement vom 16. Dezember 1673, ADBR, B 3699.

920 So z.B. der arrêt de règlement vom 13. Mai 1672, der in einer Disziplinarsache gegen nur einen Gerichtsvollzieher des Parlements erging, ADBR, B 3699.

921 Arrêt de règlement vom 20. Mai 1672, ADBR, B 3699.

Im Sinne dieser doppelten Ausrichtung lässt sich das Dispositiv eines Police-arrêts de règlement schon mit der Formulierung entsprechend dem rechtlichen Gehalt in Maßnahmen gegenüber den Untertanen einerseits und Anweisungen an Verwaltungsträger zur Durchsetzung der Maßnahmen andererseits teilen.

Die verfügten Maßnahmen bestanden zumeist in Verboten und Geboten für die Untertanen (oder bestimmte Gruppen von ihnen) hinsichtlich bestimmter Verhaltensweisen. Die Ausgestaltung hing sehr vom jeweiligen problematischen Sachverhalt ab[922]. Die Anweisungen hingegen bestimmten, wie die Beamten der Verwaltung in der gesamten Provinz, sowohl innerhalb als auch außerhalb der Organisation des Parlements, diese Verhaltensweisen durchzusetzen hatten. Das Parlement de Provence legte hierbei besonderen Wert auf eine gute Berichterstattung. Viele arrêts verpflichteten die unteren Verwaltungsträger, das Parlement über Zuwiderhandlungen zu informieren[923]. Der arrêt de règlement vom 10. Februar über die Ladenöffnungszeiten von Badern und Chirurgen benutzt dafür eine im Aufbau der arrêts typische Formel:

„[La Cour ordonne] sur les contreventions [...] qu'il en sera informé par le premier juge royal ou huissier de la cour."[924]

> Der Gerichtshof ordnet an, dass er über die Zuwiderhandlungen vom ersten königlichen Richter oder Gerichtsvollzieher des Gerichtshofs informiert wird.

Außerdem konkretisierte das Parlement auch die Verantwortlichkeitsbereiche der Richter und Beamte in seinen arrêts, indem es ihnen genauere Aufgaben zum weiteren Verfahren auferlegte. Meist betraf das die Einleitung eines mündlichen Verfahrens[925] im Falle von Zuwiderhandlungen oder sogar die Festnahme von Delinquenten. Die Formel dafür präsentierte sich dann so:

---

922 Deswegen lassen sich hier keine allgemeinen Aussagen zum Inhalt treffen. Allerdings finden sich viele der unterschiedlich gearteten Verbote und Gebote der Police-arrêts oben in den Beispielen unter den typischen Gegenständen der arrêts de règlement des Parlement de Provence erklärt, C.II. Typische Regelungsgebiete und Gegenstände.

923 Arrêt de règlement vom 4. August 1672, ADBR, B 3699.

924 Arrêt de règlement vom 10. Februar 1672, ADBR, B 3699. Mit einer sehr ähnlichen Formulierung legt auch ein arrêt de règlement vom 4. August 1672 Informationspflichten fest, ADBR, B 3699.

925 Arrêt de règlement vom 20. Mai 1672, ADBR, B 3699; arrêt de règlement vom 24. Mai 1672, ADBR, B 3699; arrêt de règlement vom 4. August 1672, ADBR, B 3699.

„[L]a Cour enjoint au viguier et son soubviguier [...] de [...] faire saisir et saisir les contrevenants.“[926]

Der Gerichtshof trägt es dem Vikar und seinem Untervikar auf, Zuwiderhändler festzunehmen.

Mit den typenhaften Formeln konnten die Beamten ihren jeweiligen Beitrag zur Durchsetzung der arrêts besser überschauen. Mit den standardisierten Befehlstexten grenzte das Parlement die geschaffenen Aufgabenbereiche voneinander ab und ermöglichte eine effiziente Information der Adressaten auf der zergliederten Durchsetzungsebene. Das setzte sie wiederum einer effizienteren Kontrolle aus[927]. Manchmal ging das Parlement dafür so weit, dass es die unteren Richter und Beamten anwies, über ihre eigenen Vorkehrungen zur Erreichung des Zwecks des Règlements an ihre Vorgesetzten und unter Umständen den Gerichtshof selbst Bericht zu erstatten:

„[La Cour] ordonne qu'il en sera informé par les Juges des lieux auxquels Enjoint de tenir la main a l'execution de ces ordonnances, arrests & reglements & d'avertir de leurs delligences & donner connoissance aud[it] procureur general du roy des contreventions et informations par eux faites.“[928]

Der Gerichtshof ordnet an, dass darüber durch die Richter vor Ort informiert wird, denen aufgetragen ist, die Ausführung dieser Ordonnances, arrêts und Règlements sicherzustellen, und über ihre Vorkehrungen zu unterrichten und dem Procureur général du Roi über die Zuwiderhandlungen und gewonnenen Informationen Bescheid zu geben.

Diese adressatenbezogene Unterscheidung in Maßnahmen einerseits und Anweisungen andererseits legt nachvollziehbar dar, dass die Verfügungen in den arrêts ihre Verbindlichkeit vor allem über die untergeordneten Verwaltungsträger beanspruchten. Das legen schon die Formulierungen und die Ordnung der Verfügungen nahe. Die Gebote und Verbote mochten sich ausdrücklich an die Untertanen richten. Allerdings war es nach der Auffassung der Zeitgenossen, darunter auch Régusse[929] ein Befehl an die Untergerichte und Funktionsträger

926 Arrêt de règlement vom 24. Mai 1672, ADBR, B 3699; mit ähnlicher Formulierung auch im arrêt de règlement vom 15. Juni 1672, ADBR, B 3699 und im arrêt de règlement vom 13. Juli 1672, ADBR, B 3699.

927 Die konkreten Anweisungen konnten im Falle der Nichtbefolgung mit Strafandrohungen belegt sein wie z.B. beim arrêt de règlement vom 4. August 1672, ADBR, B 3699. Sh. dazu auch C.III.2.d) Strafandrohungen.

928 Arrêt de règlement vom 4. August 1672, ADBR, B 3699.

929 Vgl. Vorwort von Régusse, S. i, ii.

niederer Verwaltungsebenen, die das Dispositiv fortan hinsichtlich seiner Ausführung und Durchsetzung gegenüber den Untertanen zu beachten hatten. Ohne diesen Unterbau hätten die Maßnahmen auch keine Chance auf Durchsetzung gehabt. Das Parlement arbeitete nicht in der Ebene der Ausführung seiner Normen, sondern delegierte sie vielmehr. Die Anweisungen im vorletzten Abschnitt der arrêts de règlement rahmten die materiellen Verfügungen in einen Befehl ein, der die Anwendung unmittelbar gegenüber den Untertanen sicherte.

d) Strafandrohungen

Viele der ausgewerteten arrêts de règlement des Parlements enthalten konkrete Strafandrohungen, die keine gesetzliche Vorlage hatten. Im Bereich der Police, war es Aufgabe der Beamten, die genauen Strafen festzulegen, wie Montesquieu später feststellte:

„Dans l'excercice de la police, c'est plutôt le magistrat qui punit, que la loi; dans les jugemens des crimes, c'est plutôt la loi qui punit, que le magistrat.“[930]

> In der Ausübung der Police ist es eher der Magistrat, der bestraft, als das Gesetz; in den Urteilen zu Verbrechen ist es eher das Gesetz, das bestraft, als der Magistrat.

Während die diversen Verfügungen den wesentlichen Inhalt des Dispositivs eines arrêts ausmachten und die materiellen und prozeduralen Regeln für den angetragenen Sachverhalt enthielten, bedurfte ihre Durchsetzung oftmals konkreten Nachdrucks. Zur Umsetzung eines Règlements war es in vielen Fällen unumgänglich, Konsequenzen aufzuzeigen, die einer Nichtbeachtung von Regeln folgen würden. Die überlieferten arrêts de règlement des Parlements de Provence enthalten deswegen häufig Strafandrohungen für Zuwiderhandlungen, sowohl der Untertanen als auch der unteren Verwaltungsträger.

Die Strafandrohungen sind neben den Maßnahmen und Anweisungen der zweite wesentliche Teil des Dictums und erweitern das Dispositiv eines arrêts de règlement. Weil Sie direkt an die Ausführung einer Verfügung anknüpfen, folgen sie im Aufbau entweder direkt auf die jeweiligen Anordnungen[931] oder gebündelt am Ende eines arrêts de règlement vor einer eventuellen Bekanntmachungsformel[932] als Abschluss.

---

930 Montesquieu, De l'Esprit des Lois, Buch 26, Kap. 24., zitiert nach Prost de Royer, Dictionnaire de jurisprudence et des arrêts, Bd. 6, S. 460.

931 Arrêt de règlement vom 10. Februar 1672, ADBR, B 3699.

932 Arrêt de règlement „Pour la Police“ vom 15. Januar 1683, Régusse, S. 145ff. Dieser oben (C.II.1.A. Einleitung a) Die Müllentsorgung) thematisierte arrêt enthält

Funktionell flankierten sie die materiellen Verfügungen in zweierlei Hinsicht. Einmal dienten sie dazu, den Gehorsam der Untertanen direkt zu erzwingen. Zum anderen erhöhten sie den Druck auf die in den arrêts mit der Durchsetzung der Verfügungen beauftragten Beamten. Die jeweiligen Strafen waren demnach auch unterschiedlich geartet und gewichtet.

Für die Verfügungen gegenüber den Untertanen bediente sich das Parlement de Provence einiger Strafmittel, die mit typisierten Formulierungen als Androhungen in den arrêts de règlement überliefert sind. Häufig drohte das Parlement den Untertanen mit Geld- oder Leibesstrafen bei der Nichtbefolgung der arrêt-Verfügungen. Eine entsprechende Formel in den arrêts liest sich folgendermaßen:

„[La] Cour a fait & fait tres expresses et iteratifves inhibitions et deffences a toutes personnes graduees es Universites estrangeres esd[ites] facultes [...] de pratiquer leurs fonctions [...] qu'ils n[']ayent [...] fait l'examen [...] a paine de mil livres d'amende."[933]

Der Gerichtshof hat erlassen und erlässt sehr ausdrückliche und wiederholte Verbote und Untersagungen gegenüber allen an den besagten ausländischen Fakultäten besagter ausländischer Universitäten graduierten Personen, ihre Funktionen auszuüben, wenn sie nicht die Prüfung absolviert haben, unter der Geldstrafe von eintausend Pfund.

Die Geldstrafen konnten aber durchaus geringer als 1000 Pfund[934] ausfallen. Bei der Zumessung zeigte sich das Parlement sehr flexibel. Das Beispiel eines arrêts, der den Bewohnern von Aix das Organisieren von Freudenfeuern zur Feier der Siege Ludwigs XIV. in Holland vorschreibt[935], belegt, dass die Richter den Bezug

---

zahlreiche und kleinteilige Verfügungen und Anweisungen, die eine klare Zuordnung der Strafandrohungen erforderten.

933 Arrêt de règlement vom 10. Februar 1673, ADBR, B 3699; Régusse, S. 108ff.

934 Zur „Livre Tournois" als Einheit sh. Natalis de Wailly, Mémoire sur les variations de la livre tournois depuis le règne de saint Louis jusqu'à l'établissement de la monnaie décimale, S. 177–418, Mémoires de l'Institut de France, Académie des Inscriptions et belles lettres, 1857, Bd. 21. Für einen Überblick zu Währung und Kaufkraft im Ancien Régime lohnt sich ein Blick in d'Avenels Histoire économique de la propriété, des salaires, des denrées et de tous les prix en général. Er ordnet für mehrere Epochen Summen auf Grundlage historischer Bewertungen ein. 2000 Pfund sollen 1683 eine „gute Hochzeit" gemacht haben, Bd. 1, S. 29.

935 „La Cour [...] ordonne que tous les habitans fairont feu de joye [...] en temoignage des victoires de sa majeste en olande [sic!] a paine de trente livres [.]", Arrêt de règlement vom 29. Juni 1672, ADBR, B 3699. Die Geldstrafe beträgt nur 30 Pfund.

zur Bedeutung der jeweiligen Verfügung im Blick behielten[936]. Ebenso dürfte hierfür das Vermögen der potenziellen Delinquenten eine Rolle gespielt haben. So differenzierte man angesichts unterschiedlicher Adressatengruppen und ihrer wirtschaftlichen Verhältnisse auch schon bei der Auswahl der Strafmittel und das sogar ausdrücklich nach diesem Kriterium:

„[La] Cour [. . .] a fait inhibitions & défenses [à] toutes personnes, de quelque qualité & condition qu'elles soient, de se masquer de jour [. . .] à peine, quant au plebées du foüet, & aux nobles de 500. [Livres.]"[937]

Der Gerichtshof hat Verbote und Untersagungen an alle Personen, gleich welcher Qualität und welchen Zustandes sie seien, erlassen, sich am Tage zu maskieren unter der Strafe, für die Plebejer der Peitsche und für die Adeligen [der Zahlung] von 500 Pfund.

So unterschiedlich die Strafandrohungen auch ausfielen, war es nicht immer das Parlement, das sie bestimmte. Manchmal begnügte es sich auch mit den Strafen, die ein königliches Gesetz für eine bestimmte Zuwiderhandlung festlegte. So setzte das Parlement z.B. in einem arrêt vom 4. August 1672[938], der ausdrücklich auch einer königlichen Ordonnance zur Durchsetzung verhelfen sollte, keine besonderen Strafen fest, sondern verwies auf die Strafen in der Ordonnance.

Etwas weniger flexibel, aber durchaus an die Adressaten angepasst zeigen sich die Strafandrohungen gegenüber ungehorsamen Richtern und Beamten. Diese bestanden typischerweise in Geldstrafen und Suspensionen:

„[La Cour ordonne] sur les contreventions [. . .] qu'il en sera informé par le premier juge royal ou huissier de la cour[,] enjoint au viguier et son lieutenant de tenir la main a l'execution du present arrest à peine de suspension de leurs charges."[939]

Der Gerichtshof ordnet an, dass er über die Zuwiderhandlungen vom ersten königlichen Richter oder Gerichtsvollzieher des Gerichtshofs informiert wird [und] trägt dem

936 So konnten Geldstrafen auch nur in Sous, d.h. je 1/20 eines Livres Tournois bemessen sein. Der arrêt de règlement „Pour la Police" vom 15. Januar 1683 setzte eine Geldstrafe von 30 Sous („sols") fest für den Fall, dass Hauseigentümer oder -Bewohner die Abfälle auf den Straßen vor ihren Gebäuden nicht zusammenfegen, Régusse, S. 146. Sh. auch C.II.1.a) Die Müllentsorgung.

937 Arrêt de règlement vom 7. Februar 1662, Régusse, S. 41f. Auch der arrêt de règlement vom 20. Dezember 1685, Régusse, S. 172ff., differenziert ausdrücklich nach diesem Kriterium und droht die Galeerenstrafe den Plebejern und die Geldstrafe den übrigen an.

938 Arrêt de règlement vom 4. August 1672, ADBR, B 3699.

939 Arrêt de règlement vom 10. Februar 1672, ADBR, B3699.

Vikar und seinem Statthalter auf, die Ausführung dieses arrêts sicherzustellen unter der Strafe der Suspension von seinem Amt.

Unter dem Aspekt der Strafandrohungen sind die Verfügungen also auch hinsichtlich des angefügten Strafmittels und in ihrer konkreten Bemessung zu unterscheiden. In der Regel sind die Strafen getrennt voneinander den jeweiligen Maßnahmen und Anweisungen zugeordnet. Daher gibt es keinen einheitlichen Teil im Dispositiv mit Strafdrohungen. Stattdessen gibt es vor allem bei längeren arrêts mit vielen unterschiedlichen Maßnahmen und Strafen ein augenscheinliches Chaos im Dictum[940]. Im Allgemeinen führt das im Aufbau eines Gesamtarrêts mit Verfügungen und Anweisungen zu einem doppelt gegliederten Abschnitt mit Maßnahmen und jeweils angebundenen Strafandrohungen, die nie ganz voneinander zu trennen sind und so auch gemeinsam Außenwirkung entfalten. Um diese Funktion auch tatsächlich abzusichern, bedurfte es in jedem arrêt einer letzten Anweisung, der Bekanntmachung.

3. Bekanntmachungsformel

Die Bekanntmachung des arrêts ist übereinstimmend mit der Reihenfolge der Verfahrensschritte[941] das letzte Stück im Aufbau eines arrêt de règlement. Weil es sich genau genommen wiederum um eine Anweisung handelt, gehört sie nicht nur formell zum Dictum, sondern auch materiell zum normativen Dispositiv des arrêts.

Tatsächlich enthalten viele der untersuchten arrêts de règlement[942] des Registers des Parlements de Provence überhaupt gar keine Bekanntmachungsformel. Das erscheint verwunderlich im Hinblick auf Ferrières[943] Definition eines arrêts de règlement:

---

940 Vgl. die zahlreichen Verfügungen mit konkreten Strafandrohungen im arrêt de règlement „Pour la Police“ vom 15. Januar 1683, Régusse, S. 145ff.

941 Sh. dazu C.IV. Verfahren.

942 Für den Zeitraum von 1670 bis 1673 sind das 46 arrêts. Das entspricht in etwa der Hälfte der für diese Zeit insgesamt überlieferten arrêts. Für den Zeitraum von 1763 bis 1766 lassen sich nur wenige arrêts ganz ohne Veröffentlichungsanweisung ausmachen, z.B. der arrêt de règlement vom 15. Juni 1763, ADBR, 3705; arrêt de règlement vom 23. Dezember 1763, ADBR, B 3705; arrêt de règlement vom 3. September 1764, ADBR, B 3705

943 Claude-Joseph de Ferrière (ca. 1680–1748), französischer Rechtswissenschaftler und insbesondere Rechtshistoriker mit einer Leidenschaft für das Römische Recht. Er war vor seiner Tätigkeit an der Sorbonne Advokat am Pariser Parlement.

„La marque qu'un Arrêt est Arrêt de règlement, c'est quand il est dit à la fin [. . .] qu'il sera lù & publié."[944]

Das Kennzeichen dafür, dass ein arrêt ein arrêt de règlement ist, ist wenn es am Ende gesagt wird, dass er verlesen und veröffentlicht wird.

Für einige arrêts de règlement ohne Bekanntmachungsformel lässt sich das ganz leicht erklären. Die in diesen arrêts enthaltenen Maßnahmen richteten sich nämlich entweder nur an einzelne Personen oder an Funktionsträger in der Verwaltung. In solchen Fällen war eine breite Außenbekanntmachung nicht notwendig[945]. Die Adressaten erlangten auf andere Weise Kenntnis von den zu beachtenden Regeln.

Anders lag es doch bei den arrêts de règlement mit allgemeinen Police-Verfügungen gegenüber einer Vielzahl von Untertanen. Sie bedurften einer guten Verbreitung. Diese stellte das Parlement zwar häufig am Ende eines arrêts sicher, indem es die zuständigen Beamten mit unterschiedlichen Formeln anwies, den gefassten arrêt zu veröffentlichen – im vollen Umfang, also auch mit der Bekanntmachungsformel.

Die Formeln zur Bekanntmachung stellen kein konstitutives Merkmal der arrêts de règlement des Parlements de Provence dar, auch wenn der eine oder andere zeitgenössische Autor das im Allgemeinen so gesehen hat. Anders lässt es sich nicht erklären, dass viele der überlieferten arrêts de règlement des Registers und in Régusses Sammlung[946] gar keine bestimmte Anweisung zu ihrer Veröffentlichung enthalten.

In Übereinstimmung mit Ferrières Ansicht schließen die arrêts aber mit der Bekanntmachung, wenn sie eine solche Formel enthalten. Dann ist sie die letzte Anweisung und markiert stets das Ende des Dispositivs eines arrêts de règlement. Nach der Anweisung zur Veröffentlichung findet sich in der Regel das Ende der Satzperiode[947]. Damit ist sie der letzte Baustein im Aufbau eines idealtypischen arrêts de règlement des Parlements de Provence.

---

944 Ferriere, Introduction ou Dictionnaire, „Arrêt", Bd. 1, S. 96

945 Allerdings kann es auch in solchen Fällen zu einer breiteren Bekanntmachung gekommen sein. Umgekehrt gibt es arrêts, die allgemeine Verfügungen enthalten, aber gleichwohl keine Anweisung über ihre Veröffentlichung, z. B. der arrêt de règlement vom 15. Juni 1763 („petite verole") über die Bestattung der Leichen von Pockenkranken, ADBR, B 3705.

946 Z.B. arrêt de règlement vom 18. November 1684, Régusse, S. 165f.; arrêt de règlement vom 20. Dezember 1685, Régusse, S. 172ff.

947 Obwohl sie in gewisser Weise dieselbe Funktion hatten, sind Veröffentlichung und Aufzeichnung der arrêts voneinander zu trennen. Während die Veröffentlichung als

IV. Verfahren

Für das Verfahren zum Erlass eines arrêts de règlement am Parlement de Provence gibt es keine überlieferten Regeln. Zwar enthält das Règlement général vom März 1672 eine ganze Verfahrensordnung[948] mit einigen Artikeln, die möglicherweise auch die Règlements betrafen. Sie bezieht sich aber fast ausschließlich auf kontradiktorische Zivilprozesse und ist deswegen für die zumeist policeylichen und ohne Parteiverfahren erlassenen arrêts de règlement ohne Bedeutung.

Ohne unmittelbare normative Quelle lässt sich das Verfahren daher nur in Teilen aus dem Ergebnis heraus rekonstruieren. Dafür sind die arrêts de règlement schon ganz hilfreich. Denn ihr Aufbau[949] orientiert sich am Gang des Verfahrens und ihre Aussagen um das Dispositiv herum lassen Rückschlüsse auf die wesentlichen Abläufe bis zum Erlass zu. Damit lassen sich die wichtigsten Verfahrenselemente zumindest grob nachzeichnen.

1. Die Einleitung durch Anfragen und Beschwerden

Wie aus den schon gezeigten Quellenauszügen ersichtlich, liefen die Stränge zur Einleitung des Verfahrens beim Procureur général zusammen. Er war ganz allgemein die Schnittstelle zwischen den Richtern, der Krone und den Untertanen in der Provinz. Er vertrat gleichzeitig die in der Theorie deckungsgleichen Interessen des Königs wie auch der Allgemeinheit. Dem entspricht seine Stellung als personeller Kopf der Verwaltung bzw. Police seines Ressorts[950]. Und insofern war er auch der unmittelbare Agent, um das Parlement dazu anzustoßen, sein wichtigstes Police-Instrument, den arrêt de règlement auf den Weg zu bringen[951].

---

formelhafte Anweisung einen Teil des Dispositivs des arrêts de règlement ausmachte, taucht die Aufzeichnung gar nicht im Text der arrêts auf. Trotzdem sind die arrêts de règlement in das Register des Parlements de Provence gelangt. Daraus ist zu schließen, dass es sich bei der Aufzeichnung um eine Selbstverständlichkeit im Verfahren handelte. Sh. dazu C.IV. Verfahren.

948 Règlement général de la Cour du Mois de Mars 1672, ADBR, B 3699; Zu diesem Règlement général gibt es auch eine zeitgenössische kommentierte Edition von Janety, Commentaire sur le règlement de la cour de Parlement de Provence de 1672.

949 Sh. C.III. Aufbau, Form und Stil.

950 Olivier-Martin, Les lois du roi, S. 167.

951 Payen, Les arrêts de règlement du Parlement de Paris au XVIIIe siècle, S. 221. Er schränkt diese Sichtweise an anderer Stelle jedoch etwas ein, indem er den Fokus auf die unterschiedlich gearteten „Impulse“ der Untertanen und Subalternen legt, La physiologie de l’arrêt de règlement du Parlement de Paris, S. 9ff. Das lässt sich mit dem weiten geografischen Umfang des Ressorts des Parlements de Paris erklären.

a) Die Anfragen des Procureurs

Fast jeder überlieferte arrêt de règlement des Parlements de Provence beginnt mit einer Anfrage. Sie zu formulieren und den Richtern vorzulegen war im Rahmen der Police des Parlements primäre Aufgabe des Procureurs général du roi[952]. Er war der höchste Vertreter der Interessen des Königs am Parlement de Provence und für die Einleitung des Verfahrens zum Erlass eines arrêts de règlement verantwortlich. Dafür unterstand ihm ein ganzer Stab an Beamten, der zusammen mit ihm gemeinhin als Gens du roi oder einfach als „le parquet" bezeichnet wurde[953]. Wenn der Procureur général auf Missstände, Rechtsverletzungen oder Gefahren aufmerksam (gemacht) wurde[954], richtete er eine entsprechende Anfrage an die Richter des Parlements, die sich mit der Sache befassen mussten. Wie bereits am Aufbau gezeigt, kann man das auch den Einleitungen der arrêts selbst entnehmen[955]. Solche Anfragen bereitete der Procureur général auch vor, wenn er als Vertreter des Königs Gesetze zur Aufzeichnung im Register einreichte[956]. Die arrêts de règlement erforderten jedoch eine intensivere Vorbereitung. Die Formulierungen, die die requêtes in Verfahrenshinsicht als Gegenstand der Entscheidung der Richter belegen, sind unterschiedlich, gleichen sich aber durchweg in ihrer Bedeutung[957].

Typischerweise handelte es sich bei der Anfrage um ein schriftliches Dokument, das der Procureur dem Gericht vorgelegt hat. Das ergibt sich im Umkehrschluss aus ausdrücklichen Hinweisen im Text der Einleitung von arrêts, wenn sie auf mündliche Anfragen ergingen. In der schriftlichen requête führte der Procureur sowohl den Sachverhalt in den Punkten aus, die ihn zur Anfrage veranlasst haben, wie auch seinen Regelungsvorschlag. In genau dieser Gliederung konnte er seine Anfragen auch mündlich formulieren.

---

952 Payen, Les arrêts de règlement du Parlement de Paris au XVIIIe siècle, S. 221.

953 Die Quellen aus Aix halten sich konsequent an die formellen Titel der Beamten und vermeiden derartige Verallgemeinerungen.

954 Eine umfassende Darstellung zu den Vorgängen bis zur Anfrage skizziert Payen, La physiologie de l'arrêt de règlement du Parlement de Paris, S. 10ff.

955 Sh. C.III.1.a) Die Einleitung.

956 Sh. C.I.1.b) Arrêts d'enregistrement und arrêts de règlement. Die Aufzeichnungsbeschlüsse nennen selbst die requêtes auf die sie ergingen.

957 Als besonders häufig in den Quellen anzutreffenden Mustertypen in der Einleitung eines arrêts kann man diese Formulierung sehen: „Sur la requête presentee a la Cour par le Procureur general...", arrêt de règlement vom 19. Februar 1763 „Jesuites", ADBR 3705.

b) *Requête und réquisition*

Die überlieferten arrêts de règlement aus Aix verwenden zwei unterschiedliche Termini für die Anfragen des Procureurs. Einmal handelt es sich um die requête, die man zumindest rein sprachlich als ein konkretes Ansuchen des Procureurs betrachten kann. Daneben ist die réquisition auszumachen. Dieser Terminus übersetzt sich nach dem heutigen Verständnis ebenso wie „requête" als Anfrage. Und auch im Verfahren scheint sich die réquisition in ihrer Bedeutung nicht von der requête unterschieden zu haben:

„La Cour pourvoyant sur la requisition verbalement faite par le procureur general du roy [...] a interdit l'entree & le commerce dans cette province."[958]

Der Gerichtshof, in Abhilfe auf die durch den Procureur général du roi mündlich gestellte Anfrage, hat den Eingang und den Handel in dieser Provinz verboten.

Für die arrêts de règlement des Parlements de Rouen soll es sich bei der réquisition um eine verstärkte Form der einfachen Anfrage (requête) gehandelt haben[959], also ein eindringliches Ansuchen. In den Quellen des Parlements von Aix-en-Provence lässt sich dafür aber kein eindeutiger Beleg finden. Die beiden Bezeichnungen tauchen auch nur in den arrêt-Texten auf. Die selbständig schriftlich überlieferten Anfragen des Procureurs général (Suppliken) kennen keine solche Bezeichnung, sondern enthalten lediglich die Verben „supplier" und „requerir", wobei letzteres stets den Antragsteil mit Regelungsvorschlag einleitet[960].

Dabei finden beide Termini, requête und réquisition, ihre Entsprechung im Verb requerir. Die verkürzte Bezugnahme auf das Verb, mit dem die überlieferten Anfragen unabhängig von der Bezeichnung in den arrêts das konkrete Ansuchen einleiten, gelang also mit beiden Bezeichnungen. Dabei lässt sich allenfalls die inkonsequente Auffälligkeit beobachten, dass „réquisition" öfter mündlich gestellte Anfragen des Procureurs général bezeichnet[961]. Nicht immer findet man diese Bezeichnung gleich am Anfang des arrêts wie bei den schriftlichen

---

958 Arrêt de règlement vom 1. Dezember 1672, ADBR, B 3699.

959 Lemonnier-Lesage, Les arrêts de règlement du Parlement de Rouen, S. 30ff.

960 Sh. Sh. C.IV.1.d) Suppliken.

961 So bspw. im Arrêt vom 8. Oktober 1669, arrêt vom 7. Januar 1670 („Bomiens"), arrêt vom 18. Januar 1670 (Exploits), Arrêt vom 12. Februar 1671, alle ADBR, B 3699. Allerdings ist der Hinweis auf die Mündlichkeit der réquisition sogar durchgestrichen im arrêt vom 15. Juni 1672, ADBR, B 3699, was den Schluss aufdrängt, dass es sich hier um eine schriftliche Anfrage handelte, die man ausnahmsweise eben doch mit „réquisition" betitelte.

requêtes. Gerne nennen die Texte zunächst nur „representations" des Procureurs général[962] oder zitieren ihn fast wörtlich[963], um seine Ausführungen dann, kurz vor dem Dispositiv, als requisition zu bezeichnen. Da es sich dabei allerdings auch nicht um eine Regel handelt, sollte man die beiden Termini requête und réquisition nicht so auffassen, dass sie jeweils selbstständige Anfragearten verkörperten. Dafür bietet die Terminologie in den arrêts des 17. und 18. Jahrhunderts keine ausreichende Konsequenz.

c) Mündliche Anfragen

Viele Anfragen sind trotz Erwähnung in den arrêts nicht eigenständig oder gar nicht überliefert. Das liegt nicht nur an der Dokumentationsarbeit des Gerichts. Der Procureur konnte die Anfragen schließlich auch mündlich stellen. Über die nicht eigenständig dokumentierten Ersuchen und die dazugehörigen Vorträge erfährt man nur aus den arrêts de règlement. Der arrêt de règlement vom 15. Juni 1763 mit dem Titel „petite verole" befasste sich mit einer solchen mündlichen Anfrage des Procureurs zur Regelung der Bestattung von Pockenopfern:

„[L]a requisition verbalement faitte a la cour par le procureur general cont[ient] que suivant l'usage de cette province on expose a decouvert les corps qui sont portés a la sepulture [...;] Requiert etre ordonne qu'a l'avenir les corps de ceux qui meurent de la petite verole seront couverts lors qu'on les portera a la sepulture"[964]

> Die dem Gerichtshof vom Procureur général mündlich gestellte requisition beinhaltet, dass man nach dem Brauch dieser Provinz die Toten, die zu ihrer Grablege getragen werden, unbedeckt zur Schau stellt; verlangt [anzuordnen], dass in Zukunft die Körper derer, die an den Pocken sterben, bedeckt werden, wenn man sie zur Grablege trägt.

Auch hier bezieht sich der Terminus requisition auf eine mündliche Anfrage. Der Text gibt ausnahmsweise einen genaueren Inhalt wieder und berücksichtigt dabei auch den klassischen zweigliedrigen Aufbau der schriftlich überlieferten requêtes mit Sachverhalt und Ansuchen[965]. Auf die kurze Darstellung, dass man nach den Gewohnheiten in der Provinz die Körper von Verstorbenen vor der Beisetzung unbedeckt zur Grabstätte trägt, folgt die eigentliche Anfrage. Sie verlangte von Richtern ein Règlement, das die Bedeckung der Körper von an der Pockenkrankheit Verstorbenen beim Bestattungszug anordnet, um den

---

962 Arrêt vom 18. Januar 1670 „Exploits", ADBR, B 3699.
963 Arrêt de règlement vom 15. Juni 1763 „Aix College université", ADBR, B 3705.
964 Arrêt de règlement vom 15. Juni 1763 „petite verole", ADBR, B 3705.
965 Sh. C.IV.1.d) Suppliken

Anwesenden die „gefährlichen Eindrücke“[966] zu ersparen. Eine solche Reproduktion der mündlichen Anfrage in indirekter Rede steht der protokollartigen wörtlichen Aufnahme einer mündlich gestellten Anfrage gegenüber, die man so in einem arrêt de règlement, der ebenfalls 1763 erlassen wurde, antrifft:

„Ce jour les Chambres assemblées M. le Procureur general du Roy est entre et a dit ‚Messieurs, La faculté des arts qui vient d'etre retablie, ne peut mieux signaler les premieres de son exercice, qu'en presentant a l'université un plan d'education [. . .]; Je requiers être ordonné que la faculté des arts nomme des deputés pour rédiger le plan d'Etudes qui doit etre suivi dans le college de l'université [. . .] et est sorti.“[967]

[Heute], ist M[onsieur] Procureur général du roi [vor] den versammelten Kammern eingetreten und hat gesagt Messieurs, die Artistenfakultät, die gerade erst wieder eingerichtet wurde, kann ihre Erstarbeit nicht besser ausdrücken, als durch die Vorlage eines Ausbildungsplans gegenüber der Universität; Ich verlange [anzuordnen], dass die Artistenfakultät Stellvertreter benennt, um einen Studienplan zu verfassen, der in dem Kollegium der Universität befolgt wird. und ist herausgegangen.

Dieser beispielhafte arrêt de règlement berichtet vom Erscheinen des Procureurs vor den versammelten Kammern (Chambres assemblées) des Parlements an dem Tag, an dem der arrêt erlassen wurde. Dann gibt er den sehr umfangreichen Vortrag des Procureurs wörtlich wieder, in dem es um die Ausarbeitung eines Studienplans durch die Artistenfakultät der Universität in Aix ging. Der Übergang in die direkte Rede des Procureurs ist fließend. Dementsprechend mündet die Zitierung seines Vortrags auch nahtlos in der Schilderung, dass der Procureur abschließend aus dem Saal herausgetreten ist. Für das Verfahren bei einer mündlichen Anfrage ergeben sich aus dieser wörtlichen Zitierung ein paar wichtige Erkenntnisse. Zum einen ist davon auszugehen, dass der Procureur général persönlich vor den Kammern erscheinen musste, um das Ansuchen vorzutragen. Er ging dafür in den Gerichtssaal und verließ ihn direkt nach seinem Vortrag wieder. Wahrscheinlich schlossen sich die Beratung der Richter und die Fassung des arrêts de règlement unmittelbar an. Daran war der Procureur général nicht beteiligt. Zum anderen drückte sich der Procureur général bei seinen Ersuchen in der ersten Person aus. So präsentierten sich die dargestellten Anfragen wie seine persönlichen Anliegen. Das unterstreicht seine zentrale Rolle in der Einleitung eines Règlement-Verfahrens.

966 „[I]mpressions dangereuses“, Sachverhaltsteil der requête im arrêt de règlement vom 15. Juni 1763 „petite verole“, ADBR, B 3705.

967 Arrêt de règlement vom 15. Juni 1763 „Aix College université“,

Im Hinblick auf die konsequente Mündlichkeit der Anfrage ergeben sich wiederum Zweifel aus einer formelartigen Überleitung zum Dispositiv des betreffenden arrêts. Dort ist zu lesen, dass der Gerichtshof die unterschriebene requête[968] geprüft hat. Leider bleibt offen, wo genau Ripert de Monclar[969], Procureur général und Urheber der betreffenden requête, sie unterschrieben hat, nachdem er seine Anfrage doch mündlich gestellt hat. Weil aber gerade ihre Wiedergabe im eigentlichen arrêt direkt und wörtlich erfolgt, ist von einem Protokoll auszugehen, das während des Vortrages erstellt wurde und anschließend vom Procureur zu unterzeichnen war. Ein ähnlicher Hergang lässt sich bei einem arrêt vom 5. Mai 1763 nachvollziehen, der ebenfalls auf einer mündlichen Anfrage des Procureurs beruhte. Vor dem Dispositiv erwähnt der arrêt-Text nochmals die schriftlichen „Schlussfolgerungen" des Procureurs[970], von denen zuvor nicht die Rede war. Diese „Verschriftlichung" der zunächst mündlichen Anfrage erscheint auf den ersten Blick etwas verwunderlich und unwirtschaftlich, zumal die requête von vorn herein hätte schriftlich gestellt werden können. Für eine schnelle Entscheidung der versammelten Kammern des Gerichts war ein protokollierter Vortrag jedoch durchaus sinnvoll. Mit dem mündlichen Vortrag konnte jeder der entscheidenden Richter unmittelbar und gleichzeitig von derselben requête und ihren Gründen Kenntnis erlangen, ohne dass aufwändige Kopien und deren schleppende Lektüre erforderlich waren. Das hatte einen organisatorischen und ökonomischen Vorteil gegenüber der Verbreitung von requête-Schriften an die Richter im Vorfeld eines koordinierten Beratungstermins.

d) Suppliken

Die zumindest ab 1709 konsequent als eigenständige Dokumente überlieferten schriftlichen Anfragen des Procureurs lassen sich als Suppliken[971] bezeichnen. Sie bestanden, genauso wie seine mündlichen Anfragen, aus einem Sachverhaltsteil und einem Antragsteil. Da die arrêts de règlement oft nur einen Teil der requêtes wiederholen oder sie komplett fallen lassen, ist die Trennung

968 „Requête signée", arrêt de règlement vom 15. Juni 1763 „Aix College université", ADBR, B 3705.

969 Jean-Pierre-François Ripert de Monclar (1711–1773), Procureur général am Parlement de Provence ab 1738.

970 Arrêt vom 5. Mai 1763, ADBR, B 3705.

971 Die überlieferten Dokumente weisen die formelhafte Einleitung „A Nos Seigneurs Du Parlement Supplie Le Procureur General", z. B. in der Supplik vom 19. Februar 1763, ADBR, B 3705. Das belegt, dass sie als schriftliche Exemplare vom Procureur général „eingereicht" wurden und rechtfertigt die Bezeichnung „Supplik".

insbesondere für mündliche Anfragen dort nicht immer nachvollziehbar. Die überlieferten schriftlichen Suppliken zeigen ihre Gliederung aber ganz deutlich. Als Beispiel dient hierfür eine requête des Procureurs général vom 27. Juni 1763, die zunächst die tatsächlichen Umstände schildert:

„[L]e Procureur Général Remontre que l'hopital Général de la Charité de la ville de Marseille renfermant 332 Pauvres n'a pour toute dotation que 25166". de revenu & supporte annuellement 86,305" pour interets de debtes, pensions viageres & acquittement de fondations ainsy qu'il comte par l'Etat sommaire annexé à la presente requette. Que dans cette Situation les biens etant insuffisants pour le Payement des debtes, il n'est pas juste que les revenus soient employés à la nourriture de pauvres & qu'il convient de les reserver pour les Creanciers."[972]

Der Procureur général stellt dar, dass das Hôpital Général de la Charité der Stadt Marseille, das 332 Arme beherbergt, nur einen Betrag von 25.166 [Pfund] an Einnahmen hat und jährlich [mit] 86.305 [Pfund] für Schuldzinsen, Altenpensionen und Stiftungszahlungen [belastet ist], wie es der der vorliegenden requête angefügte Gesamtzustand zählt. Dass es in dieser Situation, wo die Güter nicht ausreichend sind für die Zahlung der Schulden, nicht gerecht ist, dass die Einnahmen für die Versorgung der Armen aufgewendet werden und dass es sich anschickt, sie für die Gläubiger vorzuhalten.

Hier stellt der Procureur général zunächst nur den Sachverhalt dar, dass das Armenhospiz der Stadt Marseille relativ geringe Einnahmen im Vergleich zu seinen hohen Ausgaben hat, die neben der Rückzahlung von Schulden auch die Ernährung der Armen betreffen. Darauf folgt dann die eigentliche Anfrage, der Antrag auf ein Règlement mit einer vorgeschlagenen Formulierung:

„Requiert etre ordonné que toutes les sommes provenantes des revenus fixes de l'hopital de la charité de la ville de Marseille seront mises dans une caisse pour servir au payement des interets des debtes de l'ouvre & acquittement des pentions viageres; qu'inhibitions & deffenses seront faites aux Recteurs d'employer lesdites sommes à l'Entretien & Nourriture des pauvres."[973]

Verlange [anzuordnen], dass all die Summen aus den fixen Einnahmen des Hôpitals Général de la Charité der Stadt Marseille in eine Kasse gesteckt werden, um der Zahlung der Schuldzinsen der Einrichtung und Begleichung der Altenpensionen zu dienen; dass

972 Supplik vom 27. Juni 1763 zum arrêt de règlement vom 27. Juni 1763, ADBR, B 3699. Hier geht es nicht um klassische Police-Verfügungen. Allerdings handelt es sich um das anschaulichste Beispiel aus den Registern. Außerdem kann der Inhalt der Verfügungen eines formellen arrêts de règlement keinen Unterschied bei der Anwendung der Verfahrensregeln gemacht haben.

973 Supplik vom 27. Juni 1763 zum arrêt de règlement vom 27. Juni 1763, ADBR, B 3705.

> [es] den Rektoren [verboten] wird, die besagten Summen für den Unterhalt und die Versorgung der Armen zu verwenden.

Wörtlich verlangt der Procureur général darin, dass der Gerichtshof anordnet, dass all die Gelder aus den fixen Einnahmen des Hospizes in eine Kasse eingezahlt werden, die der Zahlung der Schuldzinsen und der Entrichtung der Leibrenten dient, sowie dass es den Rektoren verboten werde, die Summen für den Unterhalt und die Ernährung der Armen aufzuwenden. Die Formulierung des Antrages findet sich vollständig und wortgetreu im Dictum des arrêt[974] wieder.

Dieser entscheidende Teil der requête diente oft als Vorlage für das Dispositiv der arrêts de règlement. Die redaktionelle Vorarbeit lag beim Procureur général. Weil das Parlement den Vorschlag sehr oft wortgetreu übernahm, haben viele arrêts de règlement einen charakteristischen Doppelaufzug: Während der erste Teil schon die requête reproduziert, gleicht das Dispositiv der requête, wenn das Parlement ihrem Vorschlag folgte. Hieran erkennt man auch, welchen großen Einfluss der Procureur général in der Gestaltung der arrêts de règlement hatte.

e) Plaintes

Eine weitere Spielart der Anfrage ist die plainte, die man in einigen Quellen zitiert findet. Sie war ein außergerichtlich verfasstes Ersuchen an die Richter seitens der Untertanen. Damit wandten sie sich unmittelbar an den Gerichtshof, ohne dass sich der Procureur général mit dem Sachverhalt beschäftigen musste. Denn die Untertanen-Beschwerde konnte das Parlement auch annehmen, ohne dass sie vorher vom Procureur in eine formelle requête gegossen worden war. Deswegen präsentieren sich die überlieferten plaintes aber auch sehr uneinheitlich.

Die plaintes, die das Parlement de Provence zu arrêts veranlasst haben, können sowohl als sehr kurze Anzeigen, Rügen oder Beanstandungen in den Quellen auftauchen. Manchmal sind sie aber auch in seitenlangen Beschwerdetexten mit konkreten Forderungen überliefert. Sie sind oft einfach an das Parlement adressiert. In Ermangelung einer requête des Procureurs général haben sie gemeinsam, dass sich der Gerichtshof für seine Entscheidung unmittelbar auf sie bezieht, weswegen sie in den arrêts auch benannt, zum Teil zitiert sind. Das lässt sich an einer Entscheidung nachvollziehen, die solche Beschwerden anführt:

„La Cour pourvoyant aux plaintes faites contre les fermiers de la glace au subjet du greffier d'expedier la glace aux domestiques des officiers en icelle quoy qu'ils soient absants a ordonne et enjoint aux[dits] fermiers de distribuer les huit

974 Arrêt de règlement vom 27. Juni 1763, ADBR, B 3705.

livres de glace par jour aux domestiques des officiers en la cour nonobstant leur absance a paine de trois cents livres d'amande pour laquelle ils seront gagés"[975]

Der Gerichtshof, in Abhilfe auf die gegen die [Eislieferanten] gemachten Beschwerden gegenüber dem Gerichtsschreiber, dass sie das Eis an die Hausdiener der Beamten desselben liefern, obgleich sie abwesend sind, hat angeordnet und trägt es den [Lieferanten] auf, die acht Pfund Eis pro Tag an die Hausdiener der Beamten des Gerichtshofs zu liefern ungeachtet ihrer Abwesenheit unter der Geldstrafe von 300 Pfund, für die sie belangt werden.

In dem aufgeführten Akt waren es also Beschwerden, die beim Gerichtsschreiber eingegangen waren, um das Parlement einen arrêt de règlement gegen die Eislieferanten zu erlassen. Allerdings waren es nicht irgendwelche Untertanen, sondern niedere Beamte des Gerichtshofes selbst. Vielleicht sahen sich die Richter deswegen gezwungen, auf die gleich mehreren plaintes zu reagieren. Leider ist nicht nachzuvollziehen, ob sie schriftlich gestellt wurden. Es ist zumindest davon auszugehen, dass sie ihrem Inhalt nach identisch waren und sich so konkret wie das Dispositiv der Entscheidung gegen die ausgebliebenen Eislieferungen an die Hausdiener der bei Gericht tätigen Beamten richten. Somit führten diese plaintes einen konkreten Sachverhalt aus. In Anbetracht der Formulierung des Dispositivs ist es aber unwahrscheinlich, dass sie dafür eine ausgefeilte Vorlage bereithielten.

Demgegenüber konnte auch der Procureur général sich der Beschwerden der Untertanen annehmen und eine echte requête formulieren, sodass sich die Richter mit dem Gegenstand befassen mussten. Obwohl das aus Verfahrenssicht nicht notwendig war, beziehen sich immerhin einige überlieferte Suppliken des Procureurs général an das Parlement ausdrücklich auf bei ihm eingegangene Beschwerden der Untertanen, so zum Beispiel eine requête von 1763:

„A Nos Seigneurs Du Parlement Supplie Le Procureur General Remontre qu'on se plainte de divers abus dans la police des Spectacles"[976]

Unseren Herren vom Parlement unterbreitet der Procureur général, stellt dar, dass man sich über die verschiedenen Missbräuche der Spektakel-Police beschwert.

Ripert de Monclar[977], Procureur général und wiederum Autor dieser requête[978], stellte darin direkt nach der typisierten Anrede dar, dass man sich über

975 Arrêt de règlement vom 21. Juni 1670 „la glace distribuee", ADBR, B 3699.
976 Supplik vom 19. Februar 1763, ADBR, B 3705.
977 Jean-Pierre-François Ripert de Monclar (1711–1773), Procureur général am Parlement de Provence ab 1738.
978 Das ergibt sich aus der Signatur in der Supplik vom 19. Februar 1763, ADBR, B 3705.

Missbräuche in der „Spektakel-Police" beschwert. Den Unmut der Untertanen hat er damit ganz ohne ihre direkte förmliche Eingabe beim Parlement aufgenommen. Die Beschwerde der Untertanen spiegelt sich anschließend im Text des darauf ergangenen arrêts wider[979], das Dispositiv bezieht sich aber ausschließlich auf die requête[980], wie sie vom Procureur eingereicht wurde. Denn hier war es wiederum die requête des Procureurs, die die Problematik unmittelbar und verbindlich an die Richter herantrug.

Genauso verhielt es sich bei einer älteren requête, auf die der arrêt vom 28. September 1669[981] ergangen ist und die dort zunächst Erwähnung findet – zusammen mit den Beschwerden, auf die sich der Procureur in der Anfrage stützt:

„[L]a requeste presentée a la Chambre ordonnee durant les vaccations par le procureur g[énéral] du roy [tend] a fin pour les causes y contenues, attandu qu'il a receu des plaintes de ce qui à la ville royalle de Seyne [et autres] dans lesquelles villes & lieux y a grand nombre d'habitants faisant proffession de la religion pretendue & refformee & dans aucune par permission du roy"[982]

> Die der während der Gerichtsferien tagenden Kammer vom Procureur général vorgelegte requête gibt als die in ihr enthaltenen Gründe vor, [dass] er Beschwerden darüber erhalten hat, dass in der königlichen Stadt Seyne und anderen, in denen sich eine große Zahl an Einwohnern befindet, die die vorgeblich reformierte Religion ausüben ohne Erlaubnis des Königs.

In dem Fall ging es um Gelübde des protestantischen Glaubens in bestimmten Städten der Provence ohne die dafür erforderliche Erlaubnis des Königs. Der arrêt der über die Gerichtsferien tagenden Kammer (Chambre ordonnée durant les vaccations) führt diesen Sachverhalt über die teilweise Wiedergabe der requête aus, die wiederum auf entsprechende Beschwerden der Untertanen beim Procureur général zurückging. Auch hier war es also erst die requête, die das Parlement dazu anstieß, einen arrêt zu erlassen. Die Anfrage selbst stützte sich aber auf beim Procureur eingereichte Beschwerden. Somit kam auch er als Beschwerdestelle für die Untertanen außerhalb des Parlements in Betracht.

Ein interessantes Zusammenspiel aus einer Anfrage von außerhalb des Gerichts und formeller requête des Procureurs präsentiert sich bei der Betrachtung des arrêts vom 23. Januar 1766[983] zum Austausch der Bänke in der Gemeindekirche der Ortschaft Les Pennes. Der arrêt erging ausdrücklich auf die requête

979 Arrêt de règlement vom 19. Februar 1763, ADBR, B 3705.
980 Arrêt de règlement vom 19. Februar 1763, ADBR, B 3705.
981 Arrêt de règlement vom 28. September 1669, ADBR, B 3699.
982 Arrêt de règlement vom 28. September 1669, ADBR, B 3699.
983 Arrêt de règlement vom 23. Januar 1766, ADBR, B 3705.

des Procureurs général. Zunächst wandten sich aber die Konsuln und Kommissare von Les Pennes mit einer eigenen „Supplik“ an das Parlement. Obwohl diese Qualifikation auf den ersten Blick plausibel erscheint, handelt es sich um eine plainte. Sie orientiert sich allerdings erstaunlich penibel an der Form der Suppliken des Procureurs général. Das nur in Fragmenten überlieferte Dokument offenbart die Formalien- und Verfahrenskenntnisse sowie den Einblick in die Gerichtsabläufe der Verfasser: Ohne genauere Prüfung ist das Schriftstück nicht von einer Supplik des Procureurs général zu unterscheiden. Es bedient sich derselben Formeln und desselben Aufbaus. Die Einleitung adressiert die Richter mit der üblichen Anrede „A Nosseigneurs du Parlement“ und verrät dann die Autoren. Es folgt die Darstellung der Umstände, die die Konsuln und Kommissare zur Anfrage bewegten, über die Formel „Remontrent que“. Danach kommt wie bei den requêtes das echte Ansuchen, das hier nur eine etwas andere Einkleidung findet: Wohl im Bewusstsein ihrer Stellung gegenüber dem Parlement konnten die Konsuln und Kommissare die Herren Richter nur um eine Regelung bitten („Vous plairra Messeigneurs“). Ob sich die plainte mit der Absicht an die requêtes des Procureurs anlehnte, dem Ansuchen Seriosität und vielleicht auch etwas Eindringlichkeit zu verleihen, ist ungewiss. Offenbar hat sich das Parlement aber vorerst gar nicht um diese Beschwerde gekümmert. Erst die requête des Procureurs, die auf die Anfrage sogar Bezug nimmt, mündete in einem arrêt[984]. An diesem Beispiel wird deutlich, dass die requête die Richter unter Zugzwang setzen konnte, während informelle Eingaben vernachlässigt wurden. Das geschah hier möglicherweise aus Trotz der Richter gegen eine unvorsichtige Anmaßung der Konsuln, die außerhalb und unterhalb des Gerichts standen und keine eigenen direkten Anfragen formulieren konnten.

Allgemein steht die plainte in den Fällen, wo es eine requête gibt, also völlig außerhalb des Verfahrens zum Erlass eines arrêt de règlement. Schließlich konnte auch nicht jede Äußerung der Untertanen über ihren Unmut einen Erlass des Gerichts zur Folge haben. Gleichwohl gaben die Untertanen dem Procureur général hin und wieder Anlass, eine requête zu formulieren, sodass sich das Parlement mit ihren Anfragen auseinandersetzen musste. In anderen Fällen konnten sie hingegen mit einer direkten plainte an die Richter den Filter des Procureur umgehen. Wie genau das möglich war und wann eine solche von den Richtern Beachtung fand, ist leider nicht aufzuklären. In solchen Fällen handelte es sich aber jedenfalls nicht mehr um eine einfache Beschwerde, sondern um eine unmittelbare Vorstufe zum arrêt-Verfahren ohne formelle requête, wie es

984 Arrêt de règlement vom 23. Januar 1766, ADBR, B 3705.

die jeweiligen arrêts de règlement mit dem ausdrücklichen Bezug auf die plaintes verdeutlichen.

2. Ermittlungen und Zwischenakte

Waren die Verfahren zum Erlass eines arrêts de règlement einmal eingeleitet, arbeitete das Parlement in der Regel sofort daran. Das belegen datierte Suppliken, die höchstens Tage vor den jeweiligen arrêts de règlement ergingen[985]. Allerdings verfügte das Parlement nicht immer über ausreichend notwendige Informationen, um ein angemessenes zielführendes Règlement zu erstellen. Um sie zu beschaffen, befahl es Zwischenmaßnahmen, veranlasste Auskünfte und hörte sich Beteiligte an[986].

Davon zeugen sowohl arrêts, die solche Zwischenmaßnahmen anordnen, als auch solche arrêts, die auf eingeholten Auskünften beruhten. So offenbart ein arrêt de règlement vom 18. September 1669, dass sich das Parlement unmittelbar durch einen Befund eines Armeebeamten, den es um Rat gebeten hatte, zu den getroffenen Maßnahmen veranlasst sah[987]. Zwar ist die Vorgeschichte wegen der lückenhaften Überlieferung nicht mehr nachvollziehbar. Es ist aber wahrscheinlich, dass das Parlement zuvor auf die requête des Procureurs général[988] tätig geworden ist und die Einschätzung seitens der Marine eingefordert hatte, weil die vom Procureur vorgetragenen Gründe keine ausreichende Grundlage für einen effektiven arrêt de règlement darstellten. Das Parlement vertraute den sachkundigen Beamten.

Andersherum konnten sich arrêts de règlement in Zwischenverfügungen erschöpfen, die bestimmte Beamte zu Einschätzungen anhielten. Sie ergingen häufig als „Zwischen-arrêts" auf dem Weg zu einem endgültigen Règlement mit einer angemessenen und effektiven Lösung. So verhielt es sich mit dem arrêt de règlement vom 8. Februar 1670:

„La Cour a ordonné & ordonne qu'il sera informé par M. de Thomassin con[seiller] du Roy en ce qui sera a faire en cette ville et par le premier juge royal sur ce requis en ce qu'il aura a faire au dehors [...]"[989]

---

985 Sh. C.IV.1.d) Suppliken.

986 Hierzu zeichnet Payen ein sehr umfassendes Bild für das Parlement de Paris, Les arrêts de règlement du Parlement de Paris au XVIIIe siècle, S.

987 Arrêt de règlement vom 18. September 1669, ADBR, B 3699.

988 Zur Rolle des Procureurs général in solchen Fällen vgl. Payen, La Physiologie de l'arrêt de règlement du Parlement de Paris au XVIIIe siècle, S. 181.

989 Arrêt de règlement vom 8. Februar 1670 („Reales Orange"), ADBR, B 3699.

> Der Gerichtshof hat angeordnet und ordnet an, dass er von M(onsieur) de Thomassin, Conseiller du Roi darüber informiert wird, was in dieser Stadt zu tun ist und von dem ersten königlichen Richter darüber, was er außerhalb zu tun hat.

Unter einer strengen Betrachtung aus der Forschungsperspektive wird man kaum sagen können, dass es sich bei solchen Anordnungen um arrêts de règlement handelt. Sie wenden sich nämlich an einzelne Personen innerhalb der Verwaltungsorganisation, denen sie Pflichten zu ganz konkreten Handlungen auferlegten, in der Vorbereitung eines endgültigen arrêts mit einem echten Règlement. Aber genau deswegen gehören sie als Verfahrensschritte auch untrennbar zur Vorgeschichte des definitiven arrêts de règlement[990]. Payen verwendet für sie eine Bezeichnung, die er in Prost de Royers Dictionnaire[991] in einem anderen Zusammenhang gefunden hat[992]. Er machte daraus einen Forschungsbegriff, der sich ein Stück weit vom ursprünglichen Verständnis entfernt[993]. Er überträgt die Bedeutung der „arrêts préparatoires", die eigentlich in einem Parteiverfahren einer definitiven Entscheidung der Sache den Weg ebneten, auf das Verfahren zum Erlass eines endgültigen arrêt de règlement[994]. Zum einen umgeht er damit den Umstand, dass es kein ordentliches Verfahren[995] und somit keine besonderen Verfahrensinstrumente für den Erlass von (endgültigen) arrêts de règlements gab. Zum anderen verschafft er diesen vorbereitenden Verfügungen eine gewisse Eigenständigkeit, die sich sehr leicht mit den Quellen rechtfertigen lässt. Auch die „vorbereitenden" arrêts des Parlement de Provence sind, wie die übrigen, als arrêts de règlement überliefert und weisen im Vergleich dazu keine formellen Unterschiede auf. Aber so ganz lassen sie sich nicht aus dem Kontext des eigentlichen und endgültigen arrêt de règlement herausnehmen und ordnen sich seiner Bedeutung mit der enthaltenen Lösung des Problems unter. Außerdem verlieren die arrêts préparatoires ihre Eigenständigkeit vor dem Hintergrund, dass sie einförmig und seriell wirken. Gleichwohl konnten sie sich an alle Untertanen wenden und sind deswegen durchaus als „arrêts" zu qualifizieren. Insofern passt der kompromisshafte Begriff arrêt préparatoire auch auf die arrêts de règlement des Parlements de Provence, wenn sie nur Zwischenverfügungen enthalten.

---

990 Payen, La Physiologie de l'arrêt de règlement du Parlement de Paris au XVIIIe siècle, S. 175.

991 Sh. A.I.2.b) Der Quellenbegriff

992 Prost de Royer, Dictionnaire, Bd. 6, S. 677.

993 Vgl. Prost de Royer, Dictionnaire, Band 6, S. 677, 690

994 Payen, La Physiologie de l'arrêt de règlement du Parlement de Paris au XVIIIe siècle, S. 174.

995 Payen, La Physiologie de l'arrêt de règlement du Parlement de Paris au XVIIIe siècle, S. 175.

Von den arrêts préparatoires lassen sich die arrêts provisoires abgrenzen[996], die ebenfalls Zwischenverfügungen enthalten. Sie hatten aber nicht den Zweck, die Informationsgrundlage zu erweitern, sondern den regelungsbedürftigen tatsächlichen Zustand vorerst zu sichern. Auch Prost de Royer erkannte ihnen eine gewisse Eigenständigkeit zu[997], womit es sich hierbei nicht nur um einen Forschungsbegriff handelt. Das Parlement erließ sie aber dessen ungeachtet ohne besondere Bezeichnung. Ein arrêt de règlement, der eine solche präventive Zwischenverfügung enthält, die zumindest bis zum endgültigen arrêt die Lage sichern sollte, findet sich in dem arrêt vom 8. Februar 1670:

„[La Cour] a fait & fait inhibitions & deffances a toutes personne de quelque estat & qualité qu'elles soient, de donner, recevoir, exporter, transporter, voiturier, embarquer et desbarquer lesdits reales a bouquet a paine de la vie & de la confiscation des charges."[998]

> Der Gerichtshof [verbietet es] jeder Person, welchen Standes und welcher Qualität sie auch sei, die besagten [Güter] zu geben, empfangen, exportieren, transportieren, fahren, einzuladen und zu auszuladen unter der Strafe [der Hinrichtung] und Konfiszierung der Ladung.

Ungeachtet des provisorischen Charakters solcher Anordnungen muss man auch hierin einen arrêt de règlement erkennen. Er hatte immerhin bis zum endgültigen Règlement in der Sache Bestand und wurde gleichermaßen durchgesetzt. Dass das Parlement die Anordnungen der arrêts provisoires ernst nahm, erkennt man an der drakonischen Strafandrohung.

3. Bekanntmachung

Stand die Fassung des arrêts de règlement, ging es an die Kommunikation nach außen. Das war ein wesentliches Merkmal der arrêts de règlement:

„La marque qu'un Arrêt est Arrêt de règlement, c'est quand il est dit à la fin qu'il servira de reglement, & qu'il sera lù & publié à cet effet."[999]

> Das Kennzeichen dafür, dass ein arrêt ein arrêt de règlement ist, ist wenn es am Ende gesagt wird, dass er als Règlement dienen wird und dass er zu diesem Zweck verlesen und veröffentlicht wird.

---

996 Vgl. Payen, La Physiologie de l'arrêt de règlement du Parlement de Paris au XVIIIe siècle, S. 175; ders., Les arrêts de règlement du Parlement de Paris au XVIIIe siècle, S. 315; Lemonnier-Lesage, Les arrêts de règlement du Parlement de Rouen, S. 41f.

997 Prost de Royer, Dictionnaire, Bd. 6, S. 677

998 Arrêt de règlement vom 8. Februar 1670 („Reales Orange"), ADBR, B 3699.

999 Ferriere, Introduction ou Dictionnaire, „Arrêt", Bd. 1, S. 96

Die Aufzeichnungen der Gerichtsschreiber entfalteten in diesem Verfahrensabschnitt ihren größten Nutzen. Sie waren zwar in erster Linie für das Register bestimmt, dienten aber eben auch als Vorlage der Veröffentlichung. Gleichwohl ist die Eintragung eines arrêts de règlement in das Register des Parlements von seiner Veröffentlichung zu unterscheiden[1000]. Während es sich bei der Eintragung um einen selbstverständlichen internen Aufzeichnungsvorgang handelte, der stets gleichförmig ablief, kannte die häufig ausdrücklich angeordnete Veröffentlichung mehrere Spielarten, um die arrêts de règlement der Außenwelt des Parlements, also sowohl den Untertanen als auch den unteren Verwaltungsträgern, bekanntzumachen.

Nach den Bekanntmachungsformeln der arrêts lassen sich im Wesentlichen zwei Arten unterscheiden, die entweder eigenständig angeordnet oder miteinander kombiniert wurden. Dabei handelt es sich um die schriftliche Vervielfältigung und die vielseitig angeordnete öffentliche Verlesung, worüber es aber keine gesonderten Zeugnisse wie z. B. Protokolle gibt. Je nach Bedeutung, Ausrichtung und Reichweite der Entscheidungen konnte das Parlement in den arrêts entweder nur einen oder beide Modi zur Bekanntmachung anordnen.

Zahlreiche arrêts der Register enthalten demgegenüber gar keine spezielle Anweisung zu ihrer Veröffentlichung. Das lässt sich in nahezu allen Fällen mit der Ausrichtung der Verfügungen dieser arrêts erklären. So waren sie entweder nur an Akteure gerichtet, die ohnehin Teil der lokalen oder provinziellen Gerichts- und Verwaltungsorganisation waren[1001]. Oder sie erfassten nur bestimmte Personen(-gruppen), denen der Inhalt des arrêts auch ohne Veröffentlichung zeitnah zugehen musste. Dann war eine flächendeckende Verbreitung nicht erforderlich und im arrêt auch nicht angeordnet. Insoweit hilft eine Veröffentlichungsanweisung auch dabei, die Verfügungen mit allgemeiner Bedeutung für die Untertanen von den übrigen abzugrenzen. Die in dieser Untersuchung fokussierten Police-arrêts enthalten demgemäß in der Regel Veröffentlichungsformeln, die einige Aussagen über diesen letzten Schritt der allgemeinverbindlichen Rechtsetzung des Parlement de Provence ermöglichen.

1000 Payen, La physiologie de l'arrêt de règlement du Parlement de Paris, S. 391f.

1001 So verhält es sich beispielsweise mit den arrêts de règlement, die Regeln in Angelegenheiten der Justiz aufstellten und daher nicht unbedingt einer besonderen Außenbekanntmachung bedurften.

Die wohl modernste und nachhaltigste Art der Bekanntmachung durch Vervielfältigung der arrêts de règlement bestand in dem angeordneten Druck. Eine gute Anzahl der arrêts de règlement des Parlement de Provence ist in gedruckter Form und unabhängig von Kompilationen oder Sammlungen überliefert[1002]. Diese eigenständigen Druckstücke sind Zeugnisse der massenhaften Verbreitung der arrêts. In ihrer Form entsprechen sie Flugblättern. Sie bestehen aus grob geschnittenen, rechteckigen Papierstücken und sind ungeachtet der Länge des Textes stets einseitig bedruckt[1003]. Im Gegensatz zu den Schriftstücken der Gerichtskanzleien handelte es sich nicht um taxiertes Papier. Die kunstvolle Aufmachung und der Vermerk des Druckers unter dem Text mussten genügen, um die Echtheit der Ausfertigung zu garantieren.

Die Vorteile dieser Art der Bekanntmachung liegen auch aus heutiger Sicht auf der Hand. Druckpressen konnten eine hohe Anzahl von Exemplaren in kürzester Zeit herstellen. Die rasch zu verteilenden Flugblätter gaben den Wortlaut der Verfügungen überall gleichförmig leserlich und fehlerfrei[1004] wieder. In vielerlei Hinsicht entspricht diese Form der Veröffentlichung der Bekanntmachung von Gesetzen. Schließlich scheint damit auch die gesetzesgleiche Qualität in den arrêts de règlement hervor[1005].

Bei dem Druck handelt es sich zwar um einen Modus der Veröffentlichung, der in dem arrêt selbst festgehalten ist. Ob es sich dabei aber noch um einen Teil des Verfahrens handelte, ist zweifelhaft. Schließlich verfügte das Parlement nicht über eine eigene Druckwerkstatt[1006]. Es war dafür also, um es in modernen Worten auszudrücken, auf externe Dienstleister angewiesen. Diese waren wiederum durch königliche Privilegien zum Druck befugt und genossen regelmäßig eine Art öffentliches Monopol. Daher befanden sich die Drucker nicht außerhalb

---

1002 Z.B. der arrêt de règlement vom 27. August 1669 zur Jagd mit verbotenen Waffen, BM: Aff. 1669.08.27; der arrêt de règlement vom 13. September 1720, BM: Aff. 1720.09.13 und der arrêt de règlement vom 7. September 1776, BM: Aff. 1776.09.07.

1003 Längere Texte stellten die „Affiches“ ähnlich wie Tageszeitungen in bis zu drei Spalten mit kleinen Buchstaben dar, z.B. beim arrêt de règlement vom 21. November 1775 zum Tragen von Waffen, BM: Aff.1775.11.21.

1004 Fehler in den Texten der Flugblätter sind indes auch nur im Vergleich mit den arrêts der Register festzustellen. Stichproben zeigen, dass die Drucker Satzzeichen eingefügt und bei einzelnen Wörtern andere Schreibweisen verwendet haben. Die Formulierungen finden sich aber ansonsten wortgetreu reproduziert.

1005 Payen, Les arrêts de règlement du Parlement de Paris au XVIIIe siècle, S. 453.

1006 Alle überlieferten gedruckten Exemplare der arrêts de règlement stammen aus der Druckerei der Familie David, die für den Geschäftssitz eine vom Gerichtshof unabhängige Adresse auf den Flugblättern angibt.

der Verwaltungsorganisation der Provinz, sondern waren von ihr unmittelbar abhängig. In der Provence genoss lange Zeit die Familie David ein solches exklusives Privileg zum Druck der Akte des Königs, des Parlements de Provence und der Stadt Aix, wie sich aus den Druckervermerken zahlreicher dort im 17. und 18. Jahrhundert erschienenen Werke ergibt.

Der direkte Einfluss des Parlements auf den Druckvorgang mag zwar nur bis zur Erteilung des Auftrags gereicht haben. Die Veröffentlichung als Abschluss des gesamten Verfahrens vollzog sich aber nicht allein durch den Druck. Die anschließende Verteilung der gedruckten Exemplare war dafür notwendig. Sie lag wiederum in der Hand von Angehörigen, vermutlich Boten des Parlements. Wenngleich also das Parlement den Druck nicht unmittelbar kontrollierte, musste es sehr wohl das Anschlagen der Blätter verhindern können, wenn der darauf gedruckte Text nicht mit dem eigentlichen arrêt übereinstimmte. Damit oblag dem Parlement auch der letzte Schritt zur Veröffentlichung, die das Verfahren zum Erlass des arrêts abschloss und die Umsetzung folgen ließ.

Der Druck war, wie grundsätzlich auch bei anderen Bekanntmachungsarten, niemals allein angeordneter Veröffentlichungsmodus. In Zeiten geringer Alphabetisierung[1007] und relativ hoher Druckkosten[1008] war die Verbreitung von Flugblättern auch kein zuverlässiges Mittel, um allgemeinverbindliche Regelungen an einen großen Kreis von Untertanen zu kommunizieren. Deswegen war gerade im 17. Jahrhundert die öffentliche Verlesung der arrêts de règlement die wichtigste, und in vielen Fällen sogar die einzige Form ihrer Außenbekanntmachung. Für die arrêts ab der Mitte des 18. Jahrhunderts ist aber eine eindeutige Tendenz des Parlements festzustellen, den Druck regelmäßig ausdrücklich und unmittelbar im Dictum anzuordnen. Fast alle außenwirksamen arrêts der Jahre 1763 bis 1766 wiesen den Procureur général an, den Druck vornehmen zu lassen. Die Anweisungen dieser arrêts umfassten allerdings – im Unterschied zu zahlreichen arrêts des 17. Jahrhunderts – in der Regel nicht die öffentliche Verlesung. Der Verzicht auf eine ausdrückliche Anweisung zur Verlesung lässt sich nicht einfach mit einem über die Zeit gestiegenen Alphabetisierungsgrad der Untertanen in der Provence erklären: Er hat sich zwischen 1670 und 1786

1007 Fleury, Valmary, Les progrès de l'instruction élémentaire de Louis XIV à Napoléon III, d'après l'enquête de Louis Maggiolo (1877–1879), Population, 1957, 12-1, S. 71ff.

1008 Eine gute Aufstellung und Erklärungen dazu liefern Febvre, Martin, L'apparition du livre, S. 194ff. Das Thema taucht auch in offiziellen Dokumenten aus dem Umfeld des Parlements de Paris auf, Payen, Physiologie des arrêts de règlement du Parlement de Paris au XVIIIe siècle. S. 474ff.

verdoppelt; aber noch in den 1780ern konnte nur jeder fünfte lesen[1009]. Vielmehr belegen einige Anordnungen, dass die Untergerichte im 18. Jahrhundert dafür verantwortlich waren, die arrêts des Parlements in ihren jeweiligen Ressorts verlesen zu lassen, und die entsprechenden Vorkehrungen dafür demzufolge selbst getroffen haben. Also ist die Zuständigkeit für einen Teil der Veröffentlichung der arrêts de règlement nach unten gewandert. Das Parlement hingegen konzentrierte sich nunmehr auf den Druck der arrêts de règlement, den es sich ausschließlich vorbehielt zu gestatten[1010].

Gedruckte arrêts scheinen aber bis ins 18. Jahrhundert hinein weder die Regel noch eine Selbstverständlichkeit gewesen zu sein. Die außenwirksame Verbreitung der arrêts in Schriftform setzte ihren Druck nicht notwendig voraus. Und kein einziger arrêt de règlement der Jahre 1669 bis 1673 enthält eine ausdrückliche Anweisung zum Druck. Viele ordnen hingegen nur an, dass sie an besonderen Orten angezeigt bzw. angeschlagen werden. Das erlaubte sinngemäß auch die Verbreitung handschriftlicher Vervielfältigungen eines arrêts. Gleichwohl sind zahlreiche arrêt-Drucke aus der Zeit vor 1700 für das Parlement de Provence überliefert[1011], darunter viele in der oben beschriebenen Flugblattform[1012]. Diese dürften unmittelbar im Zusammenhang mit dem Erlass des jeweiligen arrêts in Auftrag gegeben worden sein. Das ergibt sich zwar nicht direkt aus ihren Anordnungen, zumal viele dieser arrêts gar keine Anweisung über die Art

1009 Der literate Bevölkerungsanteil für ein bestimmtes Jahr in einer bestimmten Region ist schwer zu messen. Auf der Grundlage von unterschriebenen Heiratsurkunden beurteilt, soll er sich aber in der Provence bis zum Ende des 18. Jahrhunderts im Durchschnitt bei unter 20 Prozent befunden haben, vgl. Fleury, Valmary, Les progrès de l'instruction élémentaire de Louis XIV à Napoléon III, d'après l'enquête de Louis Maggiolo (1877–1879), Population, 1957, 12-1, S. 71ff. (81).

1010 Das soll auch beim Pariser Parlement der Fall gewesen sein, Payen, Physiologie des arrêts de règlement du Parlement de Paris au XVIIIe siècle. S. 465f. Einige arrêts des Parlements de Provence aus dem 18. Jahrhundert enthalten auch ausdrückliche Druckverbote.

1011 Darunter befindet sich auch der älteste arrêt de règlement des Parlement de Provence, der sich im Rahmen dieser Untersuchung ausfindig machen ließ: Es handelt sich um einen arrêt zur Rechtsprechung der unteren Amtleute vom23. März 1545, der 1554 bei Pierre de Tours in Lyon gedruckt worden ist, ADBR, Γ 8474.

1012 Dossier mit Auszügen aus dem Register des Parlements von 1616 bis 1664, France. Parlement de Provence, “Extraits des registres de Parlement – 1622–1664,” Bibliothèque numérique patrimoniale.

ihrer Veröffentlichung enthalten[1013]. Das wiederum belegt aber nur, dass die Entscheidung über den Druck nicht in dem arrêt selbst getroffen werden musste. Angesichts der überlieferten arrêt-Drucke muss man auch ohne wörtliche Druckanweisung des Parlements in den arrêts davon ausgehen, dass die schriftliche Außenbekanntmachung in der Regel mit gedruckten Kopien des arrêts erreicht wurde. Die terminologischen Unterschiede in den Veröffentlichungsformeln der arrêts zwischen dem 17. und dem 18. Jahrhundert sind damit ohne große Bedeutung für die endgültige Form der schriftlichen Verbreitung.

Anders sieht es bei den Orten der Bekanntmachung aus. Die arrêts sowohl des 17. wie auch des 18. Jahrhunderts legten häufig fest, soweit sie eine schriftliche Bekanntmachung anordneten, wo die sog. placards ausgehängt werden sollten, damit die Untertanen von dem jeweiligen Règlement Kenntnis erlangen konnten. Die entsprechenden Formeln deuten bemerkenswerte Unterschiede an. Während die arrêts des 17. Jahrhunderts ihren Aushang meist an den gewöhnlichen Orten und Kreuzungen vorsahen, sollten die arrêts des 18. Jahrhunderts in der Regel überall dort ihren Aushang finden, wo es notwendig ist. Hier mag es Überschneidungen gegeben haben. Aber die gewöhnlichen Orte der Bekanntmachung waren starr, während die notwendigen Orte je nach Gehalt und Gegenstand des Règlements sehr flexibel waren. Es kann gut gewesen sein, dass ein arrêt vor allem an einem Ort einer gesonderten Bekanntmachung bedurfte, wo seine Regeln sonst nicht eingehalten worden wären und gewöhnlicherweise eben keine Bekanntmachung erfolgt wäre. Mit der Formel „partout où besoin sera" erreichte das Parlement ohne eine konkrete Vorbezeichnung auch diejenigen Orte, die es eigentlich mit seinen Verfügungen anvisierte, aber nicht genau ausmachen konnte. Das war im Rahmen der Veröffentlichung nach dieser Maßgabe die Aufgabe des Procureurs général bzw. seiner Subalternen. Gleichzeitig gab das Parlement damit aber auch die Bestimmung dieser Orte aus der Hand, was angesichts der Skepsis der Parlements gegenüber den Druckern bei der schriftlichen Verbreitung[1014] wie ein Vertrauensbeweis wirkt.

Dass das Parlement de Provence im Hinblick auf den Druck seiner Akte durchaus empfindlich auf eine mögliche Konkurrenz anderer Gerichte reagierte,

---

1013 Aus dem Dossier: zwei arrêts de règlement vom 13. August 1627; arrêt de règlement vom 17. Februar 1629; arrêt de règlement vom 21. März 1629; arrêt de règlement vom 12. Juni 1629.

1014 Payen führt neben den Kosten sogar vor allem die Skepsis der Parlements gegenüber den Druckern an, um die bis ins 18. Jahrhundert verhältnismäßig geringe Zahl gedruckter arrêts zu erklären, Physiologie des arrêts de règlement du Parlement de Paris au XVIIIe siècle. S. 465ff.

zeigt der arrêt de règlement vom 6. April 1763. Hintergrund seines Erlasses war ein Streit mit der Cour des Aides de Provence. Das war eine Art Fachgericht auf der Ebene der Cours souveraines, das nur eine gegenständlich beschränkte Règlement-Gewalt ausübte. Gleichwohl erließ dieses Gericht am 20. März 1763 einen als arrêt betitelten Akt, der nach Ansicht des Parlements seiner Règlement-Gewalt unterstand. Nachdem es die anmaßenden Akte der Cour des Aides schon vorher für nichtig erklärt hatte, befahl das Parlement die gefährliche Verbreitung des schon gedruckten arrêts zu verhindern:

„La Cour [. . .] a ordonné & ordonne que les exemplaires de l'acte emané de la Cour des aydes sous le nom arrêt, en date du vingtieme mars mille sept cent soixante trois, ensemble les Placards et affiches seront et demeurront suprrimès et a cet effet que les huissiers de la cour se porteront sur le champ chez david, imprimeur, pour saisir lesdits exemplaires, et dans tous les lieux et carrefours de la ville, pour retirer les Placards et affiches, et les apporter au greffe de la cour."[1015]

> Der Gerichtshof ordnet an, dass die Exemplare des Aktes der Cour des Aides unter dem Namen „arrêt" vom 20. März 1763 zusammen mit den Plakaten und Druckblättern nichtig bleiben und dass die Gerichtsvollzieher des Gerichtshofes zu diesem Zweck auf das Feld beim Drucker David erscheinen, um die besagten Exemplare sicherzustellen, und zu all den Orten und Kreuzungen der Stadt gehen, um die Plakate und Flugblätter einzuholen und zum Gerichtsschreiber zu bringen.

Die Anordnungen an die Beamten zum Vollzug lassen das Parlement panisch wirken. Die Sicherstellung sollte verhindern, dass die Untertanen in dem arrêt der Cour des Aides eine vom Parlement anerkannte Autorität sehen. Weil es dafür aber schon zu spät war und ein offener Kompetenzkonflikt entbrannte, musste das Parlement den weiteren Druck der Akte ausdrücklich verbieten und unter Strafe stellen:

„[La Cour] fait inhibitions et deffences a tous imprimeurs d'imprimer, et a toutes personnes d'afficher aucun acte contraire a la suppression ordonnée, a peine de punition exemplaire."[1016]

> Der Gerichtshof [verbietet] es allen Druckern zu drucken und allen Personen anzubringen, jeglichen Akt wider die angeordnete Nichtigkeit unter exemplarischer Bestrafung.

Gleichzeitig ordnete das Parlement Maßnahmen zur flächendeckenden Verbreitung seines Revokations-arrêts an:

1015 Arrêt de règlement vom 6. April 1763, ADBR, B 3705.
1016 Arrêt de règlement vom 6. April 1763, ADBR, B 3705.

„[La Cour] ordonne que le present arrêt sera imprimé et affiché partout ou besoin sera et copies collationnées d'iceluy expediées au Procureurs general du Roy, et envoyées aux senechaussées du Ressort pour y etre lû, publiés et enregistrés."[1017]

> Der Gerichtshof ordnet an, dass der vorliegende arrêt gedruckt und überall angebracht wird, wo es notwendig ist und kollationierte Kopien an den Procureur général du Roi versendet werden und an die Untergerichte des Ressorts geschickt werden, um dort verlesen, veröffentlicht und aufgezeichnet zu werden.

Dieser arrêt fasst die Bedeutung der Bekanntmachung für die arrêts de règlement des Parlements de Provence zusammen. Er enthält die wirksamste Verbreitungsform durch die Kombination aller Modalitäten und belegt, welche eindringlichen Folgen die gedruckten Akte hatten.

1017 Arrêt de règlement vom 6. April 1763, ADBR, B 3705.

D. Schlussteil

Nachdem die Untersuchung die Grundlagen der arrêts de règlements in der zeitgenössischen Theorie gezeigt und die praktischen Aspekte der arrêts de règlement des Parlements de Provence vorgestellt hat, führt der letzte Abschnitt dieser Arbeit die Erkenntnisse in einem Schlussteil mit Ausblick anschaulich zusammen.

I. Das Parlement de Provence: Gesetzgeber im Gewand eines Gerichtshofes

Das 16. Jahrhundert war die große Zeit der arrêts de règlements.[1018] Bestärkt in theoretischen Abhandlungen sahen sich die Parlements selbst als Teilhaber der gesetzgeberischen Gewalt in der Monarchie, pars corporis principis[1019]. Das lag auch an der relativen Schwäche des Königs zu Beginn der Frühen Neuzeit. Auch wenn die königliche Herrschaft spürbar war, bedeckte sie noch bis ins 17. Jahrhundert nur wenige Bereiche des alltäglichen Lebens in Frankreich[1020]. Die Texte der verhältnismäßig wenigen und mitunter kaum beachteten königlichen Ordonnances des 16. Jahrhunderts füllten die Parlements vor allem in den Provinzen mit konkreteren Regeln aus, in einer Funktion als intermediäre Autoritäten[1021]. Die dafür geschaffenen arrêts de règlement gingen auf die regionalen und zum Teil lokalen Bedingungen der Ressorts besser ein. So lässt sich eine Reihe wichtiger arrêts de règlement im Bereich des Zivilrechts aufführen[1022], die alle in die Zeitspanne der ersten Dreiviertel des 16. Jahrhunderts fallen. Zwar erließen

---

1018 Gouron, Jurisprudence, in Europäische und amerikanische Richterbilder, S. 62

1019 Gouron, Jurisprudence, in Europäische und amerikanische Richterbilder, S 62.

1020 Vgl. Reinhard, Geschichte der Staatsgewalt, S. 28.

1021 In dieser Rollen sahen sich die Parlements in der Kommunikation untereinander: „Rien de plus certain que le Prince n'ayant reçu de puissance que pour le bonheur de son peuple, il doit y avoir nécessairement une puissance intermédiaire, qui réprime dans lui l'abus du pouvoir, & qui, par conséquent, incapable d'abus elle-même, parce qu'elle est toujours au dessus des passions & préjugés, juge en dernier ressort de la sagesse des Loix du Souverain, aussi bien que d'autres parties de l'administration civile, afin de protéger l'honneur, la fortune & la vie des citoyens contre les surprises qu'on pourroit faire à Sa Majesté.“, Lettre écrite a M***, Président du Parlement de Rouen, par un Membre du Présidial dans le Ressort de ce Parlement, Bibliothèque patrimoniale de l'Université Aix-Marseille, RES-34785/1/1.

1022 Gouron, Jurisprudence, in Europäische und amerikanische Richterbilder, S. 62f.

die Parlements auch im 17. Jahrhundert und später noch in unveränderter Weise arrêts de règlement. Ihr Anteil an der überlieferten Zahl aller Akte der Parlements dieses Zeitabschnitts sinkt jedoch.[1023] Zudem wenden sie sich einem sehr viel kleineren Themenkreis zu. Es geht vor allem um die Police, prozedurale Fragen, gerade in der Strafgerichtsbarkeit, sowie die Gerichtsverwaltung[1024].

Genau dieses Bild zeichnet sich auch für die ausgewerteten arrêts de règlement des Parlements de Provence ab dem 17. Jahrhundert. Sie bestehen überwiegend aus arrêts de police und im Übrigen fast ausschließlich aus arrêts de règlement zu Justizsachen. Dazwischen mischen sich nur einige wenige Akte mit Einzelfallregelungen, die gleichwohl in der Form von arrêts de règlement erlassen wurden[1025]. Daraus bleibt aber nicht zu schließen, dass sie ihren Schein als Gesetze verloren hatten. Noch am Ende des Ancien Régime beschworen Rechtswissenschaftler, dass die arrêts de règlement mindestens die gleiche Verbindlichkeit aufweisen. So tat es unter anderem Julien[1026] 1778, allerdings mit dem Vorbehalt, dass arrêts de règlement trotz der gleichen Wirkung nicht wesensgleich mit den allgemeinen Gesetzen seien.

„Les [arrêts de règlement] sont regardés comme des loix générales dans le ressort de la Cour qui les a rendus. Ce ne sont pourtant que des Règlements provisionnels, qui peuvent être retractés en tout tems & sans requête civile. Car en France [. . .] les Cours ne peuvent rien définir par une loi générale, sur-tout contre la disposition des loix & des Ordonnances.“[1027]

> Die arrêts de règlement werden als allgemeine Gesetze in dem Ressort des Gerichtshofs, der sie erlassen hat, angesehen. Doch sie sind nur provisorische Règlements, die jederzeit und ohne requête civile zurückgenommen werden können. Denn in Frankreich können die Gerichtshöfe nicht mit einem allgemeinen Gesetz definieren, schon gar nicht gegen die Festlegungen der Gesetze und Ordonnances.

Deutlicher und ohne einen derartigen Vorbehalt formulierte es Prost de Royer in den 1780er Jahren, an unterschiedlichen Stellen seines Dictionnaires:

1023 Für diese Schlussfolgerung zitiert Gouron die arrêts einer zeitgenössischen Sammlung, Jurisprudence, S. 62.

1024 Gouron, Jurisprudence, in Europäische und amerikanische Richterbilder, S. 63.

1025 Z. B. der arrêt de règlement vom 13. August 1743, Régusse, S. 410f., der die „Verurteilung“ (!) von Hausbewohnern, notfalls den Eigentümern der Häuser wegen unsicherer Anbringung von Vasen an Fenstern ausspricht; gleichfalls der arrêt de règlement vom 17. August 1743, Régusse, S. 411ff. mit der „Verurteilung“ von Apothekern wegen Verkaufs wirkungsloser Drogen nach Kontrollvisite.

1026 Jean-Joseph Julien provenzalischer Rechtswissenschaftler.

1027 Julien, Nouveau commentaire sur les Statuts de Provence, Bd. 1, S. XX.

„Ils sont véritablement des Loix, ils en ont le caractère, la forme, le langage, et nous les recueillerons avec soin."[1028]

Sie sind echte Gesetze, sie haben deren Eigenschaft, die Form, die Sprache und wir sammeln sie sorgfältig.

„Quelquefois les Cours donnent des loix sous le titre de règlement."[1029]

Manchmal erlassen die Gerichtshöfe Gesetze unter dem Titel des Règlements.

Für die Theorie des späten 18. Jahrhunderts hatten die arrêts de règlement ihre Gesetzlichkeit also nicht verloren, auch wenn sie nunmehr in der Praxis keine zivilrechtlichen Fragen mehr auflösten.

Aber möglicherweise waren die Betrachtungen dieser Rechtswissenschaftler noch vorsichtig in der Würdigung hinsichtlich der Beständigkeit der arrêts de règlement. Denn die Untersuchung der tatsächlich erlassenen arrêts de règlement des Parlements de Provence zeigt, dass die Einschränkungen, wie sie Julien[1030] im Gleichklang mit Le Bret[1031] den arrêts de règlement gegenüber den allgemeinen Gesetzen vorgehalten hat, praktisch nicht existierten. Viele dieser Akte des Parlements de Provence waren gar nicht provisorisch, sondern sehr beständig. Das belegt der arrêt de règlement vom 22. Mai 1625 exemplarisch und in zweifacher Hinsicht. In ihm erlegte das Parlement allen Seefahrern die Pflicht auf, Beute aus Kaperfahrten (Prisen) gegen feindliche Schiffe in der Admiralität abzuliefern. Gleichzeitig verbot es ihnen ausdrücklich, die erlangten Güter aus den Häfen der Provinz zu führen[1032]. Für Zuwiderhandlungen ordnete der arrêt hohe Strafen an, auch für den Fall, dass die Amtsträger den Vollzug des Règlements nicht gewissenhaft durchsetzen. Das Parlement berief sich in der Sache auf die Rechte und Interessen des Königs. So heißt es auch Régusses Kommentar zu diesem arrêt:

„La sureté du Commerce maritime exigeoit, qu'on remît à l'Amirauté toutes les prises faites sur mer, afin que si elles n'étoient pas selon les regles, les effets ne fussent pas divertis, & que si elles étoient declarées nulles, ils fussent rendus en leur entier, & que les droits du Roy, sous le pavillon duquel on naviguoit, fussent payés & retirés par les officiers de l'amirauté. Il n'y avoit aucune loy sur ce sujet quand les Parlement de Provence rendit cet arrêt."[1033]

1028 Prost de Royer, Dictionnaire de jurisprudence, Bd. 1, S. XXX.
1029 Prost de Royer, Dictionnaire de jurisprudence, Bd. 3, S. 7.
1030 Julien, Nouveau commentaire sur les Statuts de Provence, Bd. 1, S. XX.
1031 Le Bret, Traité de la Souveraineté, Buch I, Kapitel 9, S. 73.
1032 Régusse, S. 12.
1033 Régusse, S. 12

> Die Sicherheit des Seehandels erfordert es, dass man all die Prisen bei der Admiralität abliefert, damit, wenn sie nicht nach den Regeln waren, die Erträge nicht verteilt werden und wenn sie für nichtig erklärt werden, sie vollständig zurückgegeben werden und dass die Rechte des Königs, unter dessen Flagge man fährt, bezahlt werden und von den Beamten der Admiralität einbehalten werden. Zu diesem Thema gab es kein Gesetz, als das Parlement de Provence diesen arrêt erlassen hat.

Demnach verlangte es die Sicherheit des Seehandels, dass man die Beute der Admiralität übergibt, gerade für den Fall, dass die Kaperfahrt nicht ordnungsgemäß stattgefunden hat. Auf diese Weise ließen sich zu Unrecht erlangte Güter zurückführen und gleichzeitig die Anrechte des Königs erfüllen. Dabei redet Régusse ganz offen von fehlenden Gesetzen zu diesem Thema. Tatsächlich wurde erst 1681 eine Ordonnance maritime erlassen[1034], eine umfassende gesetzliche Regelung zum Handels- und Seerecht[1035], die den Gegenstand erfasst[1036]. Diese spätere Ordonnance enthielt im Kern dieselbe Regelung, wenngleich mit einer etwas anderen Formulierung und ohne nähere Begründung[1037].

Allein das Thema des arrêts von 1625 scheint brisant: Das Prisenrecht, also die rechtliche Grundlage für das Kapern von feindlichen Schiffen, ist auch heute wesentlicher Bestandteil des Seekriegsrechts und damit des Völkerrechts im weiteren Sinne. Frankreichs Schiffe segelten damals unter der Flagge des Königs. Das entsprach der allgemein verbreiteten Auffassung, dass Seekrieg und Seehandel die Außenbeziehungen des Königreichs betrafen und damit der Hoheit des Königs unterworfen waren. Régusse hebt hervor, dass das Parlement mit dieser Regelung handelte, um die Rechte des Königs zu schützen. Dieser Hinweis war auch sein Hauptmotiv für die Aufnahme dieser Entscheidung in die Sammlung. Das Parlement schütze hier also die Interessen des Königs, indem es die Rechte des Königs ausübte, was Régusses Kommentar wiederum verschweigt. Die gesetzliche Grundlage – nach seinem Vorwort die Bedingung für den Erlass

---

1034 Ordonnance de la Marine de 1581

1035 Vgl. Reinhard, Geschichte der Staatsgewalt, S. 303.

1036 Ordonnance de la Marine de 1581, Livre III, Article XVII: „Enjoignons aux Capitaines qui auront fait quelque Prise de l'amener ou envoyer avec les Prisonniers au Port où ils auront armé, à peine de perte de leur droit, & d'amende arbitraire, si ce n'est qu'ils fussent forcez par la tempête ou par les Ennemis de relâcher en quelqu'autre Port, auquel cas ils seront tenus d'en donner incessament avis aux Interessez de l'Armement."

1037 Hier sind die Kapitäne dafür verantwortlich, sowohl Beute als auch Gefangene in den Hafen zu führen, wo sie sich ausgerüstet haben, vgl. Ordonnance de la Marine de 1581, Livre III, Article XVII.

von Règlements[1038] – fehlte beim Erlass gänzlich. Das Parlement handelte und behob den Mangel mit einem arrêt de règlement. Hier mag man darüber nachdenken, ob die Parlements „nothilfeartig“ mit ihren Mitteln dem König zum Schutz seiner Rechte auf hoher See zur Seite springen konnten. Klar ist aber, dass Règlements auch völlig außerhalb gesetzlicher Regelungen vorkamen, ohne dass dies ihrer Autorität entgegenstand[1039]. Damit erscheint der arrêt de règlement des Parlements de Provence wie ein Gesetz und das Prinzip durchbrochen, dass arrêts de règlement nur provisorisch sind und einer vom König gesetzten Grundlage bedürfen. Das Règlement vom 22. Mai 1625 kam über einen Zeitraum von fast 60 Jahren ohne sie aus und zwar in einem Bereich, der der königlichen Gesetzgebung vorbehalten war.

Die Gesetzlichkeit lässt sich aber auch noch weiter belegen. In einem arrêt de règlement vom 29. Mai 1670 erklärte das Parlement de Provence, wie es einen früheren arrêt de règlement versteht[1040]. Damit zeigt sich das Parlement als authentischer Interpret der allgemeinen Regeln, die es aufgestellt hat. Die gleiche authentische Interpretation behielt sich der König für seine Gesetze vor[1041].

Bei aller Gesetzlichkeit der Inhalte blieb es für die Règlements jedoch bei den Formen und Mitteln der Justiz, wie sie Le Bret als Einschränkung sah[1042]. So wie sie eingerichtet waren, arbeiteten die Parlements wie Gerichte und erließen eben gerichtliche Rechtsakte. Das zeigt sich schon im Aufbau und im Verfahren zum Erlass, wie sie in dieser Arbeit dargestellt wurden. Es zeigt sich aber auch besonders deutlich in der kuriosen Symbiose von arrêts de règlement und arrêts aus Parteiverfahren. Das Dictum eines arrêts, der als arrêt de règlement überliefert ist, erschöpfte sich in der Regel in seinen Maßnahmen und Anweisungen. Es gab aber auch Prozess-arrêts, die allgemeine Verfügungen im Sinne von Règlements enthielten[1043]. Diese lassen sich trotz ihrer andersartigen formalen und

1038 Régusse, Vorwort, S. i–ii.

1039 Das gibt Régusse in einem Kommentar unter Verweis auf den höheren Zweck auch zu Régusse, S. 13, unter dem „Arrêt contre les Huguenots“.

1040 „La Cour en explicant les arrests de reglement par elle faits au subjet des eslections des officiers du prince damour declare avoir entendu ne pouvoir estre nommé auxd[ites] charges des escholiers natifs hors de ceste ville (mais) seulement des ceux qui en sont.“, Arrêt de règlement vom 29. Mai 1670, ADBR, B 3699.

1041 Sh. dazu Miersch, Der sog. référé législatif.

1042 Le Bret, Traité de la Souveraineté, Buch I, Kapitel 9, S. 73.

1043 Régusse kennzeichnet solche arrêts de règlement in seiner Sammlung als arrêts d'audience, also solche, die in einem Parteiverfahren erlassen wurden. Allerdings handelt es sich hierbei in der Regel nicht um Police-arrêts.

materiellen Einkleidung in arrêts aus Parteiverfahren als arrêts de règlement qualifizieren[1044]. Sie ergingen dann zusammen mit einer konkreten Fallentscheidung in derselben Sache. Somit trafen eigentlich zwei Akte aufeinander. Der Tenor des Urteils und das Dispositiv des Règlements standen dann, wie im Folgenden zu sehen, direkt nebeneinander und voneinander abgrenzbar in einem zusammenhängenden Dictum:

„[La] Cour prononçant sur toutes les fins & conclusions des Parties, [. . .] faisant droit aux Requêtes & appellations des du Subsitut au Siege general de cette Ville [. . .] & à l'appel de ladite Martin [. . .] & en confirmant la Procedure & lesdites Sentences du Lieutentant Juge Royal, a declaré & declare les Ordonnances renduës par le Bureau de Police d'Aix [. . .] nul & incompetent, & comme tel l'a cassé & casse; a fait & fait iteratives inhibitions & défenses audit Bureau [. . .] de connoître d'autres matieres, que de celles contenuës dans l'Edit du mois d'Octrobre 1699."[1045]

Der Gerichtshof, urteilend zu allen Anträgen und Schlussfolgerungen der Parteien und in Stattgabe auf die Anfragen und Berufungen des Vertreters am Generalsitz dieser Stadt und auf die Berufung der besagten [Frau] Martin und in Bestätigung des Verfahrens und der besagten Urteile des Statthalters [und] königlichen Richters, hat erklärt und erklärt die Ordonnanzen des Bureaus de Police von Aix nichtig und inkompetent, und hat sie als solche kassiert und kassiert sie; hat erlassen und erlässt wiederholte Verbote und Untersagungen an das besagte Bureau andere Sachverhalte als die in dem Edikt des Monats Oktober 1699 enthaltenen anzunehmen.

In dieser Entscheidung nahm das Parlement eine Berufung in der konkreten Rechtssache zwischen einer Frau Martin und einem Herrn Grognardon vor dem Bureau de Police[1046] der Stadt Aix an, das eine Ordonnanz[1047] erlassen hatte,

1044 Deswegen hat auch Régusse sie in seine Sammlung aufgenommen.

1045 Bonnet, Recueil d'arrêts de la cour de parlement de Provence, S. 9.

1046 „Bureau de police" meint hier die Konsuln als unterste Police- und Verwaltungseinheit mit beschränkten justiziellen Befugnissen im Gebiet einer städtischen Gemeinde, sh. dazu Sautel, Le Bureau de police d'Aix-en-Provence; Harouel, Harouel et al. Histoire des institutions de l'époque franque à la Révolution, Rn. 391, 455, 456.

1047 Ordonnanz meint hier nicht die königlichen Gesetze, sondern einen allgemeinverbindlichen Akt der Police-Behörde. Sh. für eine umfassende Thematisierung des Begriffs Michaud, Les actes intitulés règlements sous l'Ancien Régime in Bibliothèque de l'École des chartes, Bd. 115 (1957), S. 156ff. und für eine Abgrenzung zu den arrêts der Parlements Payen, Les arrêts de règlement du Parlement de Paris, S. 71ff. Sh. außerdem die zahlreichen aufgeführten Ordonnanzen in Duchesnes zeitgenössischem Werk, Code de Police, Bd. 2. Ein arrêt des Parlement de Provence, der eine solche Ordonnanz „autorisiert", findet sich unter C.II.2. thematisiert.

für die es eigentlich keine Kompetenz hatte. Während das Parlement in dem Berufungsverfahren Frau Martin Recht gab und die Entscheidung der niederen Instanz bestätigte, ordnete es nochmals ausdrücklich per arrêt de règlement an, dass das Bureau de Police nur für die in dem königlichen Edikt von 1699[1048] bestimmten Sachen zuständig ist. Die Entscheidung in dem Berufungsverfahren setzte keinen arrêt de règlement voraus. Das Bureau de Police war gar nicht an dem Streit beteiligt. Per arrêt de règlement in dem Prozessurteil stellte das Parlement de Provence für die Zukunft und ganz allgemein klar, dass das Bureau nur in bestimmten Bereichen Ordonnanzen erlassen kann. Damit befinden sich eine Entscheidung für ein Parteiverfahren und ein Règlement in einem Akt. Die Verfügung des arrêts de règlement beansprucht zwar keine unmittelbare Verbindlichkeit gegenüber Untertanen, weil sie nur die Police-Zuständigkeiten eines untergeordneten Verwaltungsträgers regelt. Die vom Entscheidungstenor unabhängige allgemeine Anordnung in Form eines Règlements ist gleichwohl außenwirksam[1049] und spiegelt die Ratio der Entscheidung im Parteiverfahren.

Zwar lassen sich noch einige weitere Fälle ausfindig machen, in denen das Parlement de Provence die Gelegenheit eines Parteiverfahrens genutzt hat, um einen arrêt de règlement unmittelbar einem Urteil anzuschließen[1050]. Die jeweiligen Akte blieben dann aber regelmäßig voneinander getrennt[1051]. Das hebt z.B. ein arrêt de règlement vom 16. Februar 1661 hervor, der sich ausdrücklich auf ein Strafverfahren gegen einen Suizidenten bezieht:

„La Cour, après avoir jugé le cadavre de ... qui s'étoit empoisonné, a enjoint à tous les Apoticaires [...]de tenir sous la clef l'arsenic."[1052]

Der Gerichtshof, nach [Verurteilung] der Leiche von ..., [der] sich vergiftet hat, trägt es den Apothekern auf, das Arsen [verschlossen] zu halten.

1048 Edit du Roy portant création de lieutenans de police. Donné à Fontainebleau au mois d'octobre 1699.

1049 Das erscheint auch konsequent, wenn man bedenkt, dass das Parlement über die Autorisierung solcher Ordonanzen ebenfalls per arrêt de règlement befand, sh. C.II.2.b) Fischverkauf.

1050 Diese sog. arrêts contradictoires sind für das Parlement in Aix so gut wie gar nicht überliefert. Bei anderen Parlements müssen sie aber auch ihrer Menge nach eine größere Rolle gespielt haben, vgl. Payen, La physiologie de l'arrêt de règlement du Parlement de Paris, S. 149ff.

1051 Z.B. beim arrêt de règlement „Pour les Apoticaires, marchands, Droguistes & Épiciers" vom 13. Februar 1681, der im Anschluss an ein Strafverfahren mit Todesurteil erlassen wurde, Régusse S. 135f.

1052 Arrêt de règlement „Pour les Apoticaires" vom 16. Februar 1661, Régusse, S. 37f.

Solche arrêts de règlement sind eigenständig in der Form und im Inhalt und nehmen nur auf die vorangegangenen Verfahren Bezug, ohne dass die Entscheidung im selben Akt besteht. Insoweit gelangten die anlassgebenden Verfahren auf die Motivationsebene des arrêts de règlement. Gleichwohl handelte es sich dann um zwei unterschiedliche Akte: Ein arrêt als Prozessurteil und ein arrêt de règlement.

In jedem Fall zeigen diese Symbiosen oder zusammengehörigen Akte, dass das Parlement zwischen „normalen" arrêts und arrêts de règlement unterschied, die Akte in ihrer Entstehung aber nicht konsequent trennte. Vielmehr ließ es sie in der Praxis zusammenfallen, wenn sich die Gelegenheit dafür bot. Mit dieser fallweisen Verknüpfung offenbaren sich die arrêts de règlement als das praktische Produkt eines gerichtlich organisierten Gesetzgebers.

II. Das Problem der Durchsetzung

Die Rolle des Parlements als Gesetzgeber lässt sich nur schwer bestreiten. Mit dieser Erkenntnis geht aber auch eine typische Eigenschaft einher, die eine Schwierigkeit für die zeitgenössischen Herrschaftsträger bedeutete. Denn wie die Gesetze als Rechtsakte im frühneuzeitlichen Frankreich ließen sich die arrêts de règlement ungeachtet ihrer ausgefeilten Fassung, des sorgfältigen Verfahrens, der eindringlichen Anweisungen und ihrer flächendeckenden Bekanntmachung nur schwer durchsetzen.

Das hatte mehrere Gründe, auf die ich nochmals kurz eingehen möchte. Zu aller erst erschwerte die schiere Menge an arrêts de règlement, die in der Regel nicht außer Kraft gesetzt wurden, eine konsequente Anwendung. Zwar versuchten die arrêtistes mit ihren Sammelwerken und das Parlement mit den Aktualisierungen bestehender arrêts die getroffenen Verfügungen im Bewusstsein der Untertanen zu halten[1053]. Das verschlimmerte das Problem aber gleichzeitig. Ein weiterer Grund liegt im mangelnden Eifer der Verantwortlichen im Vollzug der Règlements. Nicht umsonst enthalten viele überlieferte arrêts de règlement gesonderte Strafandrohungen für die Beamten, die mit der Ausführung der Verfügungen betraut wurden[1054]. Und zuletzt dürfte es auch einen ganz menschlichen Grund dafür gegeben haben, dass die Durchsetzung der arrêts de règlement nachließ. Sie konnten schlicht und ergreifend in völlige Vergessenheit geraten.

1053 Sh. dazu C.I.2.c) Zweck und Bedeutung der Sammlung von Régusse.
1054 Sh. C.III.2.d) Strafandrohungen.

Das Parlement war angesichts eines fehlenden funktionierenden Vollzugsapparates kreativ. Es verließ sich ähnlich wie der König[1055] in seinen Gesetzen nicht auf die unerschütterliche Treue seiner Beamten und Subalternen. Stattdessen band es die Allgemeinheit über Denunziantenmechanismen ein. Der Arrêt de règlement vom 9. September 1628 ist das älteste überlieferte Beispiel eines später häufig verwendeten raffinierten Anreizes:

„[L]e tout sur peine [...] d'amende arbitraire [...], équipoullant la valeur [des bleds], moitié sur le vendeur & l'autre moitié sur acheteur, dont le tiers sera donné au dénonciateur."[1056]

> All das unter arbiträrer[1057] Geldstrafe nach dem Wert des Weizens, hälftig gegen den Verkäufer und anderhälftig gegen den Käufer, wovon ein Drittel dem Denunzianten gegeben wird.

In diesem Fall versprach die Regelung demjenigen, der den nicht-öffentlichen Verkauf anzeigt, einen Drittel der in gleichen Teilen von Käufer und Verkäufer zu bezahlenden Geldstrafe quasi als Belohnung für die Aufdeckung. Denselben Denunzianten-Mechanismus verwendet auch ein arrêt vom 16. Dezember 1673 für den Verkauf von Fisch[1058]. Ganz allgemein sind vergleichbare Belohnungsmechanismen in vielen zeitgenössischen Texten mit Verboten zu finden, die für eine effektive Durchsetzung auf die Mitwirkung der Untertanen angewiesen waren[1059]. Der Denunziantenmechanismus sollte speziell im arrêt de règlement vom 9. September 1628 dafür sorgen, dass die Händler kaum Möglichkeiten zur Abwicklung solcher Geschäfte haben. Das Risiko, von einer nur am Rande beteiligten Person gemeldet zu werden, war nicht gering. Je nach Größe des Geschäfts durften die Denunzianten auf eine saftige Belohnung hoffen. Auf diese Weise konnte jeder Untertan in der Provence den Missständen entgegenwirken, indem

---

1055 Zur mühsamen Durchsetzung von Regeln zum Waffenbesitz in Frankreich und Deutschland sh. Montazel, La répression du port d'armes prohibées en France et en Allemagne (16ème-18ème siècle), Zeitschrift für Europäische Rechtsgeschichte, Bd. 24 (1997), S. 41ff.

1056 Arrêt de règlement vom 9. September 1628, Régusse, S. 16.

1057 Zur Herkunft vom frz. „arbitraire" und zur zeitgenössischen und heutigen Verwendung in der deutschen Sprache, Schulz, Basler, Deutsches Fremdwörterbuch, Bd. 2, S. 159ff. m. w. N.

1058 Arrêt de règlement vom 16. Dezember 1673, ADBR, B 3699 bzw. arrêt de règlement „Concernant la vente de Poisson", Régusse, S. 112ff.

1059 Das betrifft, wie gesagt, auch königliche Gesetze, z.B. das Edikt vom August 1679, Isambert, Réceuil des anciennes lois françaises, Bd. 19, S. 211ff., das die Anzeige von verbotenen Duellen belohnt.

er als „schlafender“ Helfer zur Aufklärung beiträgt. Das war im Interesse der Allgemeinheit, die im gezeigten Beispiel die existenzbedrohenden Schwarzmarktpreise nicht bezahlen konnte und auf ein öffentliches Marktmonopol angewiesen war, das flächendeckend stabile und bezahlbare Preise versprach. Mit derlei Kniffen behalf sich das Parlement bei der unsicheren Durchsetzung seiner mühselig aufgestellten Regeln und konnte dem typischen Verblassen der arrêts de règlement entgegenwirken.

III. Das revolutionäre Verbot und die leise Rückkehr

Das Parlement de Provence erließ noch bis in das Jahr 1789 hinein arrêts de règlement. Im Sommer dieses Jahres reißt die Überlieferung ab, obwohl die Register weiterhin geführt wurden. Das Parlement fürchtete die ausgebrochene Revolution und das zurecht: Ein Jahr später schon wurden die Parlements abgeschafft, das Parlement de Provence stellte seine Arbeit ein zunächst ohne, dass ein anderes Gericht seine Funktion übernahm. Das war auch das Ende der arrêts de règlement.

Ironischerweise übertrug die Revolution den Begriff arrêt de règlement in die moderne Rechtswelt Frankreichs, indem es sie abschaffte. Es war der frühe Revolutionsgesetzgeber[1060], die sie erstmals ausdrücklich verboten hat. Über das anhaltende politische Tauziehen in den Folgejahren hinweg fand das Verbot immer neue Bestätigung. Die letzte und endgültige fand das Verbot der arrêts de règlement im Code Civil von 1804. Die Regelung, die zunächst nur das zivilrechtliche Verfahren betraf, knüpfte an das im Umfeld der Entstehung der Codes noch sehr aktuelle Verständnis von den arrêts de règlement des Ancien Droits an. Im seit der Einführung unveränderten Text des Artikels 5 der nach wie vor geltenden Kodifizierung heißt es:

„Il est défendu aux juges de prononcer par voie de disposition générale et réglementaire sur les causes qui leur sont soumises.“[1061]

Dem Verbot liegt das revolutionäre Ideal zugrunde, dass die Judikative nunmehr unter dem Gesetz steht und keine allgemeine Rechtssetzungsbefugnis hat[1062]. Diese grundlegende und nicht nur für das Zivilrecht bedeutsame Regel drängte die Rechtsprechung aus ihrer vormals gesetzgeberischen Rolle und prägt die juristische Tradition Frankreichs bis heute. Das extreme und offene

---

1060 Artikel 12 des Gesetzes vom 24. August 1790, Titel 2, Archives nationales: AE II 3075 ou A 22/578.

1061 Artikel 5 des Code Civil, titre préliminaire.

1062 Vgl. dazu Miersch, Der sog. référé législatif.

politische Misstrauen der Revolutionäre in der Rolle des Gesetzgebers hat sich demgegenüber nicht, zumindest nicht im selben Maße erhalten.

Das Verbot ist daher ein echter Dialog mit der Vergangenheit. Heute beschreibt es wohl nur noch einen Zustand. Damit schlägt es aber eine Brücke von unserer Zeit in die Epoche der Parlements. Es stellt auch den modernen Juristen vor den Ausgangspunkt für die schon in der frühen Staatstheorie behandelten Fragen zum Verhältnis zwischen Gesetzgebung und Rechtsprechung.

Ungeachtet der in der Theorie untergeordneten Rolle der Rechtsprechung in Frankreich kommt ihr heutzutage immerhin eine allgemeine gesetzeskonkretisierende Funktion zu. Davon ist die richterliche Rechtsschöpfung nicht zu trennen, soweit Präzedenzfälle eine gewisse Entscheidungskonsequenz begründen, die über die Autorität und Instanzenhierarchie der Gerichte Verbindlichkeit beansprucht. So erlässt die Cour de cassation arrêts de principe, also Grundsatzentscheidungen, die Vorhersehbarkeit suggerieren und die Rechtsanwender durch schwieriges Terrain führen. Darin kann man eine anerkannte Ausnahme[1063] von der in Art. 5 und Art. 1351 Code Civil sowie Art. 23 des Code judiciaire verankerten Relativität von Urteilen erblicken[1064]. Hier bestehen aber jedenfalls zwei gewichtige Unterschiede zu den traditionellen arrêts de règlement. Beide gründen auf der klassischen Auffassung[1065], dass die alleinige, für alle verbindliche Rechtsquelle nur das Gesetz ist[1066]. Zum einen sind die arrêts de principe wie auch alle anderen Entscheidungen der Cour de cassation nicht von Rechts wegen für die Untergerichte bindend – das schon, weil sie selbst nur ausnahmsweise eigene Rechtskraft entfalten[1067]. Zum anderen fügen sich auch diese Urteile in den Rahmen der Umstände des Einzelfalls ein, ohne abschließende Kriterien für andere Sachverhalte aufzustellen: „Le moyen, tout le moyen, rien que le moyen." Auf das Verhältnis von Urteil und Gesetz bezogen kann man deswegen poetisch artikulieren: Wie der Mond bloß das Licht der Sonne reflektiert, spricht der Richter Recht nur mit der Kraft des Gesetzes[1068].

1063 Drooghenbroeck, Balot in: De Leval/Georges, L'effet de la décision de justice S. 173, Rn. 33; Henninger, Europäisches Privatrecht und Methode, S. 139.

1064 Relativité de la chose jugée, dazu: Moulin, Laforêt, Introduction au droit, S. 115.

1065 De Leval, Droit judiciaire, Bd. 2 (Manuel de procédure civile), Rn. 7.48f., 7.56.

1066 Vgl. Urteil des Cour de cassation v. 4. Februar 1970, N° de pourvoi: 68-93464.

1067 De Leval, Droit judiciaire, Bd. 2, Rn. 7.53.

1068 Cavinet, La création du droit par le juge, Archives de philosophie du droit, Bd. 50, 2007, bezugnehmend auf Boden, L'ordre public, S. 522, Rn. 423 (Hier allerdings hinsichtlich der Lehre als generell-abstrakte Fürsprache – Die Formel trifft nach Boden aber auch auf die Rechtsprechung zu, Rn. 1068).

Diese schon traditionelle Sichtweise[1069] der französischen Rechtswissenschaft, dass das Gesetz über der Rechtsprechung leuchtet[1070], sieht sich aber immer wieder Einwänden in der rechtswissenschaftlichen Diskussion[1071] ausgesetzt, die eine strenge Subordination der Judikative relativieren wollen. Schon Gény[1072], der Begründer der modernen Methodenlehre in Frankreich, kritisierte die sogenannte exegetische Herangehensweise 1899 in seinem Werk „Méthode d'interprétation et sources de droit positif". Er sprach von einem „fétichisme de la loi écrite et codifiée"[1073], der die Allmacht des Gesetzgebers zementiert. Aus den Beschwerdegründen der Parteien eines Gerichtsstreits auszubrechen und eine Grundlinie und allgemeine Regel, ja eventuell echtes Richterrecht zu begründen, bedeutet jedoch heute wie früher die verbotene Flucht in den Bereich der Règlement-Gewalt[1074]. Doch die praktische Beachtung der heutigen arrêts zeigt, dass sich die Rechtsprechung möglicherweise und zunehmend von einem engen traditionellen Korsett befreit: Das Interesse der Rechtswissenschaft an den Urteilen der höchsten Gerichte Frankreichs ist genauso hoch wie in anderen europäischen Rechtskulturen. Seit 2008 gehen die ordentlichen Gerichte in Frankreich sogar so weit, die Verfassungsmäßigkeit von anzuwendenden Vorschriften zu untersuchen, um sie dem Conseil constitutionnel zur Vorabentscheidung vorzulegen. Damit sind die Gerichte nicht darauf verwiesen, nur in treuem Glauben an die Rechtmäßigkeit der Gesetze die richtige Anwendung auf einzelne Sachverhalte zu überprüfen[1075]. Wenn Geltung und Anwendung von formellen Gesetzen heute wieder zur Disposition von Gerichten stehen, nähert sich die Rechtsprechung jedenfalls wieder dem einst gefürchteten Terrain allgemeinregelnder gerichtlicher Akte, vormals arrêts de règlement.

1069 Vgl. Geny, Méthode d'Interprétation, Bd. 1, S. 23ff.

1070 Steiner, French Law: A comparative Approach, S. 104.

1071 Steiner, French Law: A comparative Approach, S. 104.

1072 François Gény (1861–1959), Französischer Rechtswissenschaftler, Kritiker des strengen Rechtspositivismus.

1073 Gény, Méthode d'Interprétation, Bd. 1, S. 70.

1074 Gouron, Jurisprudence, in: Europäische und amerikanische Richterbilder, S. 59.

1075 Steiner, French Law: A comparative Approach, S. 105.

Quellenverzeichnis

A. Ungedruckte und gedruckte Archivquellen

I. Archives départementales des Bouches-du-Rhône (ADBR) Serie B: „Le parlement de Provence“

Côtes (Aktenzeichen) 3692 bis 3721 – „Arrêts d'Etat ou de règlement (1566–1790)“ (ungedruckt)

II. Bibliothèque Méjanes (BM)

Affiches anciennes (Aff.): Druckblätter

1. Arrêt de règlement vom 3. Dezember 1771, Aff.1771.12.3.
2. Arrêt de règlement vom 21. November 1775, Aff. 1775.11.21.
3. Arrêt de règlement vom 27. August 1669, Aff. 1669.08.27.
4. Arrêt de règlement vom 13. September 1720, Aff. 1720.09.13.
5. Arrêt de règlement vom 7. September 1776, Aff. 1776.09.07.

III. Bibliothèque nationale de France (BNF)

Département Droit, économie, politique:

1. Lettres patentes des Conseils d'État „concernant plusieurs égouts de Paris“ vom 15. März 1717, F-21077 (58) (gedruckt).
2. Arrêt des Conseils d'État „qui casse l'arrêt du parlement de Provence“ vom 6. April 1726, F-21102 (8) (gedruckt).

IV. Bibliothèque municipale de Lyon (BML)

„Arrêt de la Cour de Parlement, qui homologue des articles de réglement convenus entre les officiers de la Sénéchaussée & Siege Présidial de Lyon, pour l'administration de la justice & les fonctions de leurs charges.“ vom 1. März 1664, 113336 - Recueil factice, Fonds Coste (gedruckt).

V. Bibliothèque numérique patrimoniale

Dossier mit Auszügen aus dem Register des Parlements von 1616 bis 1664, France. Parlement de Provence, Extraits des registres du Parlement – 1622–1664.

VI. Bibliothèque patrimoniale de l'Université Aix-Marseille

Lettre écrite a M***, Président du Parlement de Rouen, par un Membre du Présidial dans le Ressort de ce Parlement, RES-34785/1/1.

VII. Bibliothèque historique de la Ville de Paris

Édit „portant création de lieutenans de police." vom Oktober 1699, 4-BRO-138450 -- (16–76).

B. Gedruckte Literaturquellen und Normtexte

I. Historische Fachliteratur

Ohne Verfasser, Répertoire des travaux de la Société de Statistique de Marseille publié sous la direction de P.-M. Roux, Bd. 7, Marseille 1843.

Achard, Claude-François, Description historique, géographique et topographique des villes, bourgs, villages & hameaux de la Provence ancienne & moderne, du Comté-Venaissin, de la Principauté d'Orange, du Comté de Nice, &c. pour servir de suite au Dictionnaire de la Provence, Aix-en-Provence 1787.

Bodin, Jean, Les six livres de la République, Paris 1580 (1576).

Boniface, Hyacinthe, Arrests notables de la Cour du Parlement de Provence, Cour des Comptes, Aydes & Finances du même Païs, Paris, Lyon, Molin 1689–1708.

Bonnet, Receuil d'arrêts de la cour de parlement de Provence, Aix 1733–1737.

Bourguignon-Dumolard, Claude-Sébastien, Dictionnaire raisonné des lois pénales de France, Garney, Paris 1811.

Brûlons, Jacques Savary des, Dictionnaire universel de commerce, Paris 1741.

Cabasse, Prosper, Essais historiques sur le parlement de Provence: depuis son origine jusqu'à sa suppression, 1501 – 1790, Pihan Delaforest, Paris 1826.

Camus, Armand Gaston, Lettres sur la profession d'avocat, Bibliothèque choisie des livres de droit: qu'il est le plus utile d'acquérir et de connaître, Paris 1818, Brüssel 1833.

Champagny, Napoléon de, Traité de la police municipale ou De l'autorité des maires, de l'administration et du gouvernement en matières réglementaires, Videcoq, Paris 1844.

Coriolis, Gaspard-Honoré de, Traité sur l'administration du Comté de Provence, Aix-en-Provence 1786.

Darluc, Michel, Histoire naturelle de la Provence contenant ce qu'il y a de plus remarquable dans les règnes végétal, minéral, animal et la partie géoponique, Avignon 1782.

Debézieux, Balthasar, *Eirie*, Sauveur, Arrests notables de la Cour du Parlement de Provence, Paris 1750.

Delamare, Nicolas, Traité de la Police, où l'on trouvera l'histoire de son etablissement, les fonctions et les prerogatives de ses magistrats; toutes les loix et tous les reglemens qui la concernent, Paris 1705.

Denisart, Jean-Baptiste, Collection de décisions nouvelles et de notions relatives a la jurisprudence actuelle, 5. Auflage, Paris 1765.

Diderot, Denis, *Alembert* Jean Baptiste le Rond d', Encyclopédie ou Dictionnaire raisonné des sciences, des arts et des métiers, Paris 1751–1780.

Duchesne, Code de la Police ou, Analyse des règlemens de police, Paris 1758.

Dumas, Jean, Traité du Suicide, ou du meurtre volontaire de soimeme, Amsterdam 1773

Duvair, Guillaume, Arrests sur quelques questions notables prononcez en robbe rouge au Parlement de Provence, Paris 1607.

Expilly, Jean-Joseph, Dictionnaire géographique, historique et politique des Gaules et de la France, Amsterdam/Avigon 1763–1770.

Féraud, Jean-François, Dictionaire critique de la langue française, Marseille 1787–1788.

Ferriere, Claude-Joseph de, Nouvelle introduction à la pratique, contenant l'Explication des Termes de Pratique, de Droit et de Coutumes, Brüssel 1739.

Frisch, Johann Leonhard, Nouveau Dictionnaire des Passagers François-Allemand et Allemand-François, Leipzig 1737.

Grimaldy de Régusse, Charles Louis Sextius, Arrêts de règlement, rendus par le Parlement de Provence, Aix-en-Provence 1744.

Grimaldy de Régusse, Charles Louis Sextius, Arrêts notables, rendus par le Parlement de Provence avec les motifs de leurs décisions, Aix-en-Provence 1746.

Guyot, Joseph-Nicolas, Répertoire universel et raisonné de Jurisprudence civile, criminelle, canonique et bénéficiale, Paris 1775–1783.

Guyot, Joseph-Nicolas, Supplément au Répertoire universel et raisonné de jurisprudence civile, criminelle, canonique et bénéficiale, Paris 1786.

Haas, Johann Gottfried, Neues Teutsches und Französisches Wörterbuch, Leipzig 1786.

Halfpenny, F. W., Catalogue of books on foreign law, Laws and Jurisprudence of France, London 1849.

Hébrail, Jacques, *De La Porte*, Joseph La France littéraire, Paris 1769. Bd. 2, S. 143.

Honnorat, Simon-Jude, Dictionnaire provençal-français, Digne 1846–1848.

Imbert, Jean, La Practique Iudiciaire tant Civile que Criminelle, recue et obseree par tout le Royaume de France, Villefranche 1615.

Janety, Journal du palais de Provence, ou, Recueil des arrêts rendus depuis les derniers Journalistes, par le Parlement & la Cour des Aides de cette Province, Aix-en-Provence 1775–1784.

Julien, Jean-Joseph, Nouveau commentaire sur les Statuts de Provence, Aix-en-Provence 1775.

Jung, Johann Heinrich, Lehrbuch der Staats-Policey-Wissenschaft, Leipzig 1788.

Kritzinger, Christian Wilhelm, Nouveau dictionaire des proverbes François-Allemand, oder neues Französisch-Deutsches Sprichwörtberbuch, Leipzig 1742.

La Chesnaye-Desbois, François Alexandre Aubert de, Dictionnaire historique des mœurs, usages, et coutumes des François, Paris 1767.

La Roche-Flavin, Bernard de, Treze livres des parlemens de France, esquels est amplement traicté de leur origine et institution et des présidens conseilliers gens du roy, greffiers, secrétaires, huissiers et autres officiers, et de leur charge, devoir et jurisdiction, Bordeaux 1617.

Lapeyrère, Abraham, Décisions sommaires du Palais, mises par ordre alphabétique, illustrées de notes et de plusieurs arrests de la cour de parlement de Bourdeaux, Bordeaux 1717.

Le Bret, Cardin, Traité de la Souveraineté, Paris 1632.

Lemery, Nicolss, Dictionnaire universel des Drogues simples, 3. Auflage, Paris 1758.

Limiers, Henri Philippe de, Mézeray, François Eudes de, Abregé chronologique de l'histoire de France, Amsterdam 1740.

Loyseau, Charles, Cinq Livres du Droit des offices, Paris 1610.

Loyseau, Charles, Traité des seigneuries, Paris 1610.

Merlin, Philippe-Antoine, Répertoire universel et raisonné de jurisprudence, 5. Auflage, Brüssel 1828.

Michel, Claude-Sidoine, L'indicateur fidèle ou guide des voyageurs, Paris 1767.

Muyart de Vouglans, Pierre-François, Les loix criminelles de France dans leur ordre naturel, Paris 1780.

Noël, François, *Carpentier*, L. J., Philologie française: ou, Dictionnaire étymologique, critique, historique, anecdotique, littéraire ... pour servir à l'histoire de la langue française, Paris 1831.

Oswaldt, Johann, Jean Bodin: Respublica, Mümpelgard 1592.

Panckoucke, Charles-Joseph, *Agasse*, Thérèse-Charlotte, Encyclopédie méthodique par ordre des matières, Paris/Liège 1782–1832.

Pitton, Jean Scholastique, Histoire de la ville d'Aix Capitale de la Provence, Aix-en-Provence 1666.

Prost de Royer, Antoine, *Brillon*, Pierre-Jacques, Dictionnaire de jurisprudence et des arrêts, ou Nouvelle édition du Dictionnaire de Brillon, Paris/Lyon 1781–1788.

Richard, Charles-Louis, Dictionnaire universel dogmatique, canonique, historique, géographique et chronologique des sciences ecclésiastiques, Paris 1760.

Richelet, Pierre, Dictionnaire françois, Genf 1680.

Schmidlin, Johann Joseph, Catholicon Ou Dictionnaire Universel De La Langue Françoise, Hamburg 1771.

St. Jean bzw. *Etienne Saint Jean de la Salle*, François d' Decisiones vel eiusdem Curiæ placita, illo Collectore, Paris 1618.

II. Normative Quellen bei Isambert, Recueil général

Ordonnance „sur la réformation de la justice civile" von 1667, Isambert, Recueil général des anciennes lois françaises, Bd. 18, S. 103 ff.

Ordonnance „de Villers-Cotterêts sur le fait de la justice" vom August 1539", Isambert, Recueil des anciennes lois françaises, Bd. 12, S. 600 ff.

Édit „portant établissement du Parlement de Provence" vom Juli 1501, Isambert, Recueil général des anciennes lois françaises, Bd. 11, S. 422 ff.

Déclaration vom 19. März 1673 Isambert, Recueil général des anciennes lois françaises Band 19, S. 89 ff.

Lettres pattentes „portant règlement sur l'enregistrement dans les cours souveraines" vom 24. Februar 1673, Isambert, Réceuil général des anciennes lois françaises, Bd. 19, S. 70 ff.

Édit „qui ordonne que la vente des bleds et grains aura lieu aux marchés publics, et que le petit peuple, à quelque heure qu'il se présente sera toujours servi le premier" vom 7. November 1544, Isambert, Recueil général des anciennes lois françaises, Bd. 13, S. 886.

Ordonnance vom 21. November 1519, Isambert, Recueil général des anciennes lois françaises, Bd. 12, S. 168.

„Erlass" des Pariser Parlements vom 5. Januar 1776, Reformenkatalog des Finnazministers Anne Robert Jacques Turgot, Lautemann/Schlenke, Geschichte in Quellen, Bd. 4, S. 142; Schelle, Œuvres de Turgot, S. 238 (Édit de suppression), 248 ff.

Règlement „sur la procédure des prises faite en mer" vom 6. Juni 1672, Isambert, Recueil général des anciennes lois françaises Bd. 19, S. 21.

Literaturverzeichnis

Agulhon, Maurice, La vie sociale en Provence intérieure au lendemain de la Révolution, Bibliothèque d'histoire rèvolutionnaire, Paris 2012 (1970).

Agulhon, Maurice; Coulet, Noël, Histoire de la Provence, Presses universitaires de France, Paris 2007.

Audinet, André, Faut-il ressusciter les arrêts de règlement, in Mélanges offerts à Jean Brèthe de la Gressaye, S. 99 ff., Éditions Bière, Bordeaux 1967.

Avenel, Georges d', Histoire économique de la propriété, des salaires, des denrées et de tous les prix en général, depuis l'an 1200 jusqu'en l'an 1800, E. Leroux, Paris 1894–1926.

Avon-Soletti, Marie-Thérèse, Des vagabonds aux S.D.F. Approches d'une marginalité, Actes du Colloque d'Histoire du Droit de Saint-Étienne, 20 et 21 octobre 2000, Publications de l'Université de Saint-Étienne, Saint-Étienne 2002.

Basdevant-Gaudemet, Brigitte, Gaudemet, Jean, Introduction historique au droit, Librairie Générale de Droit et de Jurisprudence, Paris 2000.

Batiffol, Louis, La vie de Paris sous Louis XIII: l'existence pittoresque des Parisiens au XVIIe siècle, Calmann-Lévy, Paris 1932.

Baulant, Micheline, Le prix des grains à Paris de 1431 à 1788, in Annales 23-3 (1968), S. 520 ff.

Beigner, Bernard, Les arrêts de règlement, in Droits. Revue francaise de théorie juridique Nr. 9 (1989) S. 45 ff.

Bell, Deborah, Masquerade: Essays on Tradition and Innovation Worldwide, McFarland, Jefferson 2015.

Bondois, Pierre, Le commissaire Nicolas Delamare et le traité de la police, Revue d'histoire moderne, Bd. 10, Nr. 19 (1935), S. 313 ff.

Borricand,Réné, Les Hôtels particuliers d'Aix-en-Provence, Aix-en-Provence 1971.

Boudin, Amédée, Histoire de Marseille, Martinon & Terris, Paris und Marseille 1852.

Boulet-Sautel, Marguerite, Police et administration en France à la fin de l'Ancien Régime: Observations terminologiques, in Histoire comparée de l'administration (IVe–XVIIIe siècles) (1980), S. 47 ff.

Bouquin, Laurent, La noblesse dans la France moderne, Belin, Paris 2011.

Bouton, Cynthia, The Flour War: Gender, Class, and Community in Late Ancien Régime French Society, Penn State University Press, University Park 1994.

Buat, Nicolas, Marchés et spéculation à Paris pendant la disette de 1692–1694, in Histoire & Mesure, S. 55ff.

Carbasse, Jean-Marie, Histoire du droit pénal et de la justice criminelle, Presses Universitaires de France, 3. Auflage, Paris 2014.

Cavinet, Guy, La création du droit par le juge, Archives de philosophie du droit, Paris 2007.

Chatonier, Denise, Aiache, Jean-Marc, Sur un document original publié à Clermont en 1656, in Revue d'histoire de la pharmacie, Bd. 86 (1998), Nr. 317, S. 59 ff.

Chénon, Émile, Histoire générale du droit français public et privé des origines à 1815, Reueil Sirey, Paris 1926.

Clapiers-Collongues, Balthasar, Chronologie des officiers des Cours souveraines de Provence, Société d'études provençales, Aix-en-Provence 1904.

Coing, Helmut, Europäisches Privatrecht, Band 1, Beck, München 1985.

Coing, Helmut, Handbuch der Quellen und Literatur der neueren europäischen Privatrechtsgeschichte Band 2, 2. Teilband: Gesetzgebung und Rechtsprechung, Beck, München 1973–1988.

Conlon, Le siècle des lumières: bibliographie chronologique, Librairie Droz, Paris 1970

Coste, Laurent, Mille avocats du Grand Siècle. Le barreau de Bordeaux de 1589 à 1715., S.A.H.C.C., Lignan-de-Bordeaux 2003.

Coulet, Noël, D'un Parlement à l'autre, in Le Parlement de Provence 1501–1790, Presses universitaires de Provence, Aix-en-Provence 2004, S. 11 ff.

Courgeau, La démographie provençale du XIIIe au XVIe siècle in Population 1962, Nr. 3, S. 550 ff.

Courtin, Nicolas, L'Art d'habiter à Paris au XVIIe siècle: L'ameublement des hôtels particuliers, Faton, Paris 2011.

Cros, Philippe, Hôtels particuliers de France, Editions du Pélican, Montpellier 2001.

Cubells, Monique, La Provence des lumières. Les parlementaires d'Aix au 18e siècle, Maloine, Paris 1984.

Cubells, Monique, Mémoires de Charles de Grimaldi, Marquis de Régusse, Président au Parlement d'Aix, Presses universitaires de Bordeaux, Bordeaux 2008.

Dauchy, Serge, Demars-Sion, Véronique, La non-motivation des décisions judiciares dans l'ancien droit: principe ou usage?, in Revue historique du droit 82 (2), S. 223 ff.

Dauchy, Serge, Demars-Sion, Véronique, Les recueils d'arrêts et dictionnaires de jurisprudence (XVIe-XVIIIe siècles), La Mémoire du Droit, Paris 2005.

Déclareuil, Joseph, Histoire générale du droit français des origines à 1789, Recueil Sirey, Paris 1926.

Degron, Robin, Les anciennes chambres des comptes de province: des origines floues et une étonnante résilience, in La revue du Trésor, mars-avril 2008, Nr. 3–4, S. 25 ff.

Deharbe, Karine, Le grand hiver de 1709 en Provence orientale: L'exemple de Grasse, in Revue recherches régionales: Alpes-Maritimes et contrée limitrophes, Avril-juin, 186, 48, S. 39 ff.

Delcer, Antoince, Les arrêts de police du Parlement de Paris, Paris 1959.

Déteix, Geneviève, Les arrêts de règlement du Parlement de Paris, Paris 1930.

Devaux, Alexandre, Les papiers et parchemins timbrés de France: ancien Régime, 1673–1791, Lefebvre-Ducrocq, Lille 1911.

Dubédat, Jean-Baptiste, Histoire du parlement de Toulouse, Rousseau, Paris 1885.

Duverger, Maurice, La Monarchie républicaine - ou comment les démocraties se donnent des rois, Robert Laffont, Paris 1974.

Eibach, Joachim, Institutionalisierte Gewalt im urbanen Raum: „Stadtfrieden“ in Deutschland und der Schweiz zwischen bürgerlicher und obrigkeitlicher Regelung (15.-18. Jahrhundert), in: Ulbrich et al. (Hrsg.), Gewalt in der Frühen Neuzeit, VHD, Berlin 2005, S. 189 ff.

Emmanuelli, Le Parlement de Provence et la politique (XVIIe-XVIIIe siècles). Réflexions sur un parcours en zigzag, in: Le Parlement de Provence 1501–1789, Presses universitaires de Provence, Aix-en-Provence 2004, S. 117 ff.

Esmein, Adhémar, Cours élémentaire d'histoire du droit français à l'usage des étudiants de première année, L. Larose et L. Tenin, Paris 1912.

Febvre, Lucien, Martin, Henri-Jean, L'apparition du livre, Les Éditions Albin Miche, Paris 1958–1971.

Fleury, Valmary, Les progrès de l'instruction élémentaire de Louis XIV à Napoléon III, d'après l'enquête de Louis Maggiolo (1877–1879), Population, 1957, 12-1, S. 71 ff.

Floquet, Amable, Histoire du parlement de Normandie, É. Frère, Rouen 1840–1842.

Fourrier, Nicolas, L'impossible Sixième Rèpublique, Liberté et séparation des pouvoirs en France, L'Harmattan, Paris 2016.

Garrisson, Francis, Histoire du droit et des institutions, Montchrestien, Paris 1984.

Gény, François, Méthode d'interprétation et sources en droit privé positif, Paris 1899.

Gourdon de Genouillac, Henri de, Nobiliaire du département des Bouches-du-Rhône, C. Lacour, Nîmes 2002 (1863).

Gouron, André, Jurisprudence de la Cour de Cassation et arrêts de règlement, in: Gouron et al. (Hrsg.), Europäische und amerikanische Richterbilder, Vittorio Klostermann, Frankfurt 1996, S. 53 ff.

Guilhiermoz, Paul, Enquêtes et procès: étude sur la procédure et le fonctionnement du Parlement au XIVe siècle, A. Picard, Paris 1892.

Hamscher, Albert N., The Conseil privé and the parlements in the age of Louis XIV: A study in French absolutism, Transactions of the American Philosophical Society, Bd. 77, Nr. 2, Philadelphia 1987.

Hamscher, Albert N., The Parlement of Paris after the Fronde 1653–1673, University of Pittsburgh Press, Pittsburg 1976.

Hanley, Sarah, The Lit de Justice of the Kings of France: Constitutional Ideology in Legend, Ritual, and DiscourseHarouel, Histoire des institutions, Princeton University Press, Princeton 1983.

Harouel et al., Histoire des institutions de l'époque franque à la Révolution, Presses Universitaires de France, Paris 2006.

Härter, Karl, Stolleis, Michael (Hrsg.), Repertorium der Policeyordnungen der Frühen Neuzeit, Vittorio Klostermann, Frankfurt am Main 1996–2017.

Hassen El Annabi, Le Parlement de Paris sous le règne personnel de Louis XIV: l'institution, le pouvoir et la société, Université de Tunis, Tunis 1989.

Hattenhauer, Hans, Europäische Rechtsgeschichte, 4. Auflage, Heidelberg 2004.

Henninger, Thomas, Europäisches Privatrecht und Methode: Entwurf einer rechtsvergleichend gewonnenen juristischen Methodenlehre, Mohr Siebeck, Tübingen 2009.

Hilaire, Jean, Jugements et jurisprudence, in: Archives de philosophie du droit Bd. 39: Le procès (1995), S. 181 ff.

Hildesheimer, Françoise, La monarchie administrative face à la peste, Revue d'Histoire Moderne & Contemporaine, 1985 (32-2), S. 302 ff.

Hochedlinger, Michael, Aktenkunde: Urkunden- und Aktenlehre der Neuzeit, Böhlau/Oldenbourg, Wien, Köln, Weimar 2009.

Hurt, John J, Louis XIV and the Parlements: The assertion of royal authority, Manchester University Press, Manchester 2004.

Isambert, François-André et al., Recueil général des anciennes lois françaises, Belin-Leprieur/Plon, Paris 1821–1833.

Iseli, Andrea, „Bonne Police". Frühneuzeitliches Verständnis von der guten Ordnung eines Staates in Frankreich, bibliotheca academica (Ergon), Epfendorf 2003.

Jacquot, Laurent, 1709, une misérable année, in Revue Drômoise de la Société d'Histoire, d'Archéologie et de Géographie de la Drôme, Nr. 530 (Dezember 2009).

Jaeger, Friedrich, Enzyklopädie der Neuzeit, J.B. Metzler, Stuttgart 2005–2012, „Absolutismus".

Kada, Nicolas, Mathieu, Martial, Dictionnaire d'administration publique, Presses universitaires de Grenoble, Grenoble 2014.

Kaplan, Steven L., Bread, Politics and Political Economy in the Reign of Louis XV., Martinus Nijhoff, Den Haag, 1976.

Lachiver, Marcel, Les années de misère, Les années de misère. La famine au temps du Grand Roi, Fayard, Paris 1991.

Lalanne, Ludovic, Dictionnaire historique de la France, Hachette, Paris 1877.

Langlois, Charles-Victor, Textes relatifs à l'histoire du Parlement depuis les origines jusqu'en 1314, Alphonse Picard, Paris 1888.

Le Roy Ladurie, Emmanuel, Les fluctuations du climat de l'an mil à aujourd'hui, Fayard, Paris 2011.

Lécrivain, Les jésuites et le Parlement d'Aix au XVIIIe siècle, Le Parlement de Provence 1501–1790, S. 173ff.

Lemonnier-Lesage, Virginie, Les arrêts de règlement du Parlement de Rouen, Panthéon-Assas Paris II, Paris 1999.

Leuwers, Hevé L'Invention du barreau français 1660–1830: La construction nationale d'un groupe professionnel, Éditions de l'École des Hautes Études en Sciences Sociales, Paris 2006.

Leval, Georges de, Droit judiciaire, Larcier, Liège 2015.

Leval, Georges de, L'effet de la décision de justice, Anthemis, Paris 2009.

Mahue, Alexndre, Un hôtel particulier du Grand siècle à Aix-en-Provence: l'hôtel d'Olivary (XVIIe-XIXe s)., Architectures et décors des grandes demeures de France, Paris 2015.

Meiss, Marjorie, La culture matérielle de la France: XVIe-XVIIIe siècle, Armand Colin, Paris 2016.

Mellottée, Paul, Histoire Économique de l'Imprimerie, Hachette, Paris 1905.

Mestre, Jean-Louis, Introduction historique au droit administratif français, Presses universitaires de France, Paris 1985.

Michaud, Hélène, Les actes intitulés règlements sous l'Ancien Régime, in: Bibliothèque de l'École des chartes, Bd. 115 (1957), S. 156ff.

Mohnhaupt, Heinz, Grundlinien in der Geschichte der Gesetzgebung auf dem europäischen Kontinent vom 16. bis 18. Jahrhundert. Ein experimenteller Überblick., in: Zeitschrift für Neuere Rechtsgeschichte 28 (2006), S. 124 ff.

Mohnhaupt, Heinz, Potestas legislatoria und Gesetzgebung im Ancien Régime, Ius Commune IV (1972) S. 188 ff.

Montazel, Laurence, La répression du port d'armes prohibées en Fance et en Allemagne (16ème-18ème siècle). Un cas de „rupture" entre normes et dorctrine, in: Ius Commune XXIV (1997), S. 41 ff.

Moulin, Françoise, Laforêt, Edwige, Introduction au droit, Dunod, Paris 2009.

Niedhart, Gottfried, Jean Bodin - Über den Staat, Reclam, Stuttgart 2005 (1976).

Olivier-Martin, François, Histoire du droit français des origines à la Révolution, Domat Montchrestien, Paris 1951.

Olivier-Martin, François, L'administration provinciale à la fin de l'Ancien Régime, Librairie Générale de Droit et de Jurisprudence, Paris 1998.

Olivier-Martin, François, Les lois du roi, Librairie Générale de Droit et de Jurisprudence, Paris 1997.

Payen, Philippe, La physiologie de l'arrêt de règlement du Parlement de Paris au XVIIIe siècle, Presses Universitaires de France, Paris 1999.

Payen, Philippe, Les arrêts de règlement du Parlement de Paris au XVIIIe siècle - Dimension et doctrine, Presses Universitaires de France, Paris 1997.

Pollien, Alexandre, Histoire des régulations de l'usage de drogue et d'alcool, in Dépendances Nr. 29 (2006), S. 25 ff.

Poumarède, Jacques, Thomas, Jack, Les Parlements de province. Pouvoirs, justice et société du XVe au XVIIe siècle., Framespa, Toulouse 1996.

Puigelier, Catherine, Dictionnaire juridique, Bruylant, 2. Auflage, Brüssel 2017.

Regnault, Henri, Les ordonnances civiles du chancelier Daguesseau. Les donations et l'ordonnance de 1731, Recueil Sirey, Paris, 1929.

Regnault, Henri, Manuel d'histoire du droit francais, Recueil Sirey, 5. Auflage, Paris 1947.

Reinhard, Wolfgang, Geschichte der Staatsgewalt, München 1999.

Rigaudière, Albert, Les ordonnances de police en France à la fin du Moyen Âge, in: Stolleis, Michael (Hrsg.), Policey im Europa der frühen Neuzeit, Vittorio Klostermann, Frankfurt am Main 1996, S. 120 ff.

Robert, Paul-Albert, Les remontrances et arrêtés du Parlement de Provence au XVIIIe siècle. 1715–1790., Arthur Rousseau, Paris 1912.

Royer, Jean-Pierre et al., Histoire de la justice en France, Presses Universitaires de France, 5. Auflage, Paris 2016.

Ruff, Julius R., Violence in Early Modern Europe 1500–1800, Cambridge University Press, Cambridge 2001.

Schilling, Lothar, Vom Nutzen und Nachteil eines Mythos, in Schilling, Absolutismus, ein unersetzliches Forschungskonzept? L'absolutisme, un concept irremplaçable? Eine deutsch-französische Bilanz. Une mise au point franco-allemande., De Gruyter/Oldenbourg, München 2008, S. 13 ff.

Schlosser, Hans, Die Strafe der Galeere als poena arbitraria in der mediterranen Strafpraxis, Zeitschrift für Neuere Rechtsgeschichte 10 (1988), S. 19 ff.

Sinay, Hélène, La résurgence des arrêts de règlement, Dalloz, Paris 1958.

Steiner, Eva, French Law: A comparative Apporoach, Oxford University Press, Oxford 2010.

Stolleis, Michael (Hrsg.), Policey im Europa der Frühen Neuzeit, Vittorio Klostermann, Frankfurt am Main 1996.

Sueur, Philippe, Histoire du droit public francais XVe-XVIIIe siècle, Presses Universitaires de France, 1993.

Timbal, Pièrre-Clement, Castaldo, André, Histoire des institutions publiques et des faits sociaux, Dalloz, 9. Auflage, Paris 1993.

Verpeaux, Michel, La naissance du pouvoir règlementaire 1789–1799, Presses Universitaires de France, Paris 1991.

Wailly, Natalis de, Mémoire sur les variations de la livre tournois depuis le règne de saint Louis jusqu'à l'établissement de la monnaie décimale, in Mémoires de l'Institut de France, Académie des Inscriptions et belles lettres, Bd. 21-2 (1857).

Walter, Gerhard, Bibliographie der französischen Rechtsprechungssammlungen des Ancien Régime, Ius Commune V (1975), S. 210 ff.

Walter, Gerhard, Die französische Rechtsprechung des Ancien Régime und ihre Sammlungen, Frankfurt am Main 1972.

Walther, Gerrit, Protest als schöne Prose, Gehorsam als ‚Event', in: Schilling, Lothar (Hrsg.), Absolutismus, ein unersetzliches Forschungskonzept? L'absolutisme, un concept irremplaçable? Eine deutsch-französische Bilanz. Une mise au point franco-allemande, De Gruyter/Oldenbourg, München 2008, S. 173 ff.

Warnkönig, Leopold August, Stein, Lorenz von, Französische Staats- und Rechtsgeschichte, Schweighauser, Basel 1846.

Wolff, Louis, Le Parlement de Provence au XVIIIe siècle: organisation, procédure., Dragon, Aix-en-Provence 1920.

Zénaty, Frédéric, La jurisprudence, Dalloz, Paris 1991.

Zysberg, André, Galères et Galériens en France de l'âge classique aux lumières, Les Marginaux et les exclus dans l'histoire, Cahier Jussieu Nr. 5, 10/18 (1979), S. 354 ff.

www.ingramcontent.com/pod-product-compliance
Ingram Content Group UK Ltd.
Pitfield, Milton Keynes, MK11 3LW, UK
UKHW021847290926
8980IPUK00005B/703

9 783631 823293